「所得増税」の経済分析

日本における財政再建と格差縮小

下野恵子
［著］

ミネルヴァ書房

七年でその後の賃金は低迷し、現在の賃金水準は二五年前の一九九〇年と同水準である。労働者派遣法を推し進めたのは自民党・公明党連合であり、民主党政権は二〇一二年に派遣労働者の保護・制限を目的とする法改正を行った。政治は「誰がやっても同じ」ではない。

戦後長く日本を支配してきたのは自民党（一九九〇年からは自民党・公明党を中心とする連合政権）であり、自民党の経済政策の基本は〝自助努力〟と〝小さな政府〟である。その政策は正社員が雇用者の主体であった時代には妥当であり、企業・家計の税負担を最小限にとどめることで高い成長率を達成した。しかし非正規労働者が就業者の四割を占める現在において、自助努力を求める「小さな政府」では国民の生活を守れない。生活保護制度を例にとれば、受給資格を有する貧困世帯の二〇％以下しか受給できず、しかも受給世帯の半分が六五歳以上の高齢者世帯である。もし老齢基礎年金の給付水準を引き上げ、そして生活保護にまわす財源があれば、貧困問題のかなりの部分は解決できる。子供の六人に一人が貧困世帯で育つという状況も改善できる。しかし問題は財源となる税収の不足である。〝無い袖は振れぬ〟というのは真実で、財源が確保できなければ、どんなに素晴らしい夢を語っても意味は無い。

減税を優先し財政赤字の膨張に無頓着な政権を選択してきた二〇歳以上の日本人には、ＧＤＰの二・三倍にもなる借金を将来世代に押し付けるのではなく、借金を減らす責任がある。財政赤字削減のためにはやむを得ないと、将来世代の生活を支える社会保障や教育の切捨てをだまって見過ごすのはあまりに無責任ではないか。所得増税を正面から議論し国民の納得を得る努力をする政党を期待する。

「所得増税」の経済分析——日本における財政再建と格差縮小

目次

第Ⅱ部　公的サービス縮小と国民生活

第Ⅲ部　所得増税という代替案

序　章　所得増税という選択

1　本書の目的

この本の大きな目的は次の三点である。第一の目的は、現在の財政赤字の原因が経済の低迷でも、高齢者の増加による社会保障費の急増でもなく、毎年のように実施されてきた所得税を中心とする減税政策であることを明らかにすることである（第1章）。減税による歳入不足を埋めるために発行された「赤字国債」こそが、八〇〇兆円近い国債残高の大半を占める。財政赤字の原因が所得税を中心とする減税なので、財政赤字削減の手段は〝歳出削減〟ではなく〝所得増税〟である。

第二の目的は、公務員削減、社会保障費削減に反対することである（第5章）。公務員が多すぎたことや社会保障費が急増したことによって、財政赤字が膨張したわけではない。むしろ公務員削減は雇用者報酬を減少させ、社会保障費削減は低・中所得世帯の消費を抑制することにより、直接的にGDPを縮小させる。これらのマイナスを打ち消すだけのメリットがなければ、公務員や社会保障の削減はたんに経済成長を減速させるだけである。著者はマクロ経済学者として二％程度の経済成長は必要と考えており、このような経済成長にマイナスの効果を与える国内需要抑制政策には強く反対する。

第三の目的は、不景気になると当然のように日本政府が実施してきた〝積極的財政政策〟（減税と公共事業費の増額）の中止を求めることである（第3章）。日本では積極的財政政策と金融緩和が景気刺激策と考えられているが、積極的財政政策はバブル崩壊以降二五年間失敗し続けてきた政策である。もう十分な時間を費やしており、結果を直視すべきである。サービス業や卸・小売業などの第三次産業がGDPの七五％を占める日本で有効な景気刺激策は、積極的財政政策と金融緩和ではなく、賃上げを伴う雇用政策と所得増税・社会保障給付の充実による所得再分配の強化であると、著者は考える。

さらにこの本では、国際比較データから、以下の日本の重要な特徴を明らかにしている。①日本は税・社会保障負担を合計してももっとも国民負担の軽い国であり、同時に公務員数も少なく社会保障関係支出規模も小さい〝低福祉低負担〟の国である（第4章）。第5章では、公務員の不足、社会保障費の不足が国民の命と財産と将来を危機に陥れていることを具体例によって示す。②日本は個人番号を持たない特殊な国であり、そのために正確な所得把握ができず、公正な税・社会保障負担の実現が困難になっている。また豊かな日本で餓死者がでるのは、個人番号による所得把握がなされないため、本人が直接申請しない限り、自治体に貧困者を把握する手段がないからであることを理解すべきである。

さて二〇一四年度末の国債残高は七八〇兆円、中央政府・地方政府・社会保障基金を含む政府債務の総額は一一四二兆円とGDPの二・三倍にまで膨らんでおり、財政破綻を避けるためには財政赤字の削減に早急に取り組む必要がある。そして財政赤字の原因が所得税を中心とした減税である以上、財政赤字削減策は〝歳出削減〟ではなく〝所得増税〟であるはずだが、長年に渡りマスコミが増税に対するマイナスのイメージを植えつけてきた結果、大多数の国民は所得増税に頭から反対する。

しかし、わずかな所得増税で財政赤字を削減し財政破綻リスクを低下させることができ、社会保障の維持も可能となると言えば、意見を変える人も多いのではないだろうか。それに現行の税制度のもとでの所得税負担は驚くほど低い。例えば国税庁のホームページでは、年収七〇〇万円のサラリーマン（専業主婦と子供二人からなる「標準世帯」）の所得税負担がわずか一六万六〇〇〇円であることを確認できる（所得控除が多いため。詳しくは第7章を参照）。日本のＧＤＰ比でみた所得税負担割合はＯＥＣＤ諸国の平均をはるかに下回り、先進国中最低水準にある。さらにすべての税・社会保障負担を含めた国民負担でみても、ＯＥＣＤ三三カ国中二七位という低さである（図表５－13）。

先進国最低クラスの税・社会保障負担で多くを望むのは無理なことで、日本人が思うほど日本の社会保障水準は高くない。そのうえ安倍政権は、発足後直ちに年金、医療、介護サービスを切り下げ、今後についても社会保障費の削減計画が練られている。その一方で減税政策は継続されている。消費税率の八％から一〇％への引き上げは一年半の延期で二〇一七年四月に実施されることになっていたが、安倍首相はさらに二年半の再延期を決定した。この二回の増税延期により社会保障財源は四年間で二〇兆円減少するので、社会保障費削減は確定した。社会保障給付の全般的な切り下げは低所得者を追い詰めるだけでなく、中所得層の生活をも不安定化させ、マクロの家計消費を縮小させる。将来の不安が大きければ、たとえ賃金が多少上がったとしても、家計は将来に備えて貯蓄に回す。家計消費の低迷は企業の設備投資の抑制につながり、経済の停滞を長引かせる。減税は決して日本経済を活性化しない。

さらに日本の人口あたり公務員数はアメリカよりも少なく先進国でも最低レベルであるが、にもかかわらず公務員削減は粛々と実行されている。しかし少ない公務員では国民の命と財産を守れない。例えば日本の労働基準監督官の人口あたり人数は欧米先進国の半分でしかなく、賃金や残業代の不払い、長時間労働の摘発は限定的であり、過労死の撲滅など到底不可能である。人や食品などの移動を管理する税関職員、租税負担の公正性を守る税務署員、子供の将来にかかわる教員なども、財政赤字削減という口実で人員削減・非正規化が進んでおり、公的サービスの低下・劣化が進行している。

それに加え、安倍政権の歳出削減は将来への投資にも及ぶ。著者が心底驚いたのは、二〇一六年度予算編成の際の四〇人学級を前提として一〇年間で小中学校の教員を四万三〇〇〇人削減するという財務省の提案である。歳出削減額は年間七八〇億円、オスプレイの購入費用は一七機で三六〇〇億円なので三機半分の費用で賄える金額である。新国立競技場建設費の半額である。安倍政権は主要先進国の小中学校一クラスの人数が三〇人未満（フィンランドは二〇人）であることを知りながら、四〇人学級を維持し少子化による教員削減を計画する。民主党政権がようやく小学校一年生だけを三五人学級にし、今後他の学年にも三五人学級を広げると決定した政策をもとに戻したのである。このような歳出削減が、日本の将来にとって望ましいと思う人がどれだけいるであろうか。

以上のように公務員と社会保障費・教育費をターゲットとした「歳出削減」は、現在と将来の日本経済に悪影響を及ぼす政策である。財政赤字の原因はバブル崩壊以降の大規模な所得減税にあるのだから、それへの対応は「所得増税」で行うのがよい。大規模減税により財政赤字が積みあがってきた過程と所得増税の妥当性をこの本の第1章で詳細に説明する。ここだけでも読んでほしい。

できるだけわかりやすく説明したつもりであるが、耳慣れない経済用語・財政用語もあり、説明がわかりにくい所もあるかもしれない。しかし自分の将来に深く関係する話なので、少し我慢して読んでいただきたい。特に財政赤字削減のために実施されている歳出削減によって、将来大きな不利益を受けることになる若い世代には、大人に任せているうちに何が起きたのかをデータや事実に基づいて学んで欲しい。そして自分たちの将来を大人に任せることなく、自分たちで決めていくことを願う。

2　本書の構成

本書は三部七章からなる。第Ⅰ部では、巨額の財政赤字の原因とそれが存在することによる歳出への影響を論じる。財政赤字の原因は景気対策として継続的に実施されてきた所得税を中心とする減税政策である。そしてサービス産業が七割を占める日本にとっての景気対策は減税ではなく、雇用対策であることを明らかにする。第Ⅱ部では、減税・歳出削減・公務員削減により、現在の日本はアメリカよりも「小さな政府」になっていることを明らかにする。さらに〝低福祉低負担〟の小さな政府には、国民の生命と財産と未来を守れないことを、具体例を挙げて説明する。第Ⅲ部では、財政再建と社会保障の維持・教育費の増額・公務員数の増員を可能とする〝所得増税〟の方法を具体的に提案する。内需に依存するサービス業がＧＤＰの七割を占める現在の日本では、所得格差の縮小＝低所得層の底上げこそが経済成長を可能とする。そして所得格差を縮小するためには〝所得再分配効果〟の強化、すなわち所得増税と社会保障給付の拡充が必要となる。それは「小さな政府」との決別を意味する。

第Ⅰ部は三章からなる。第1章は、財政赤字の原因がバブル崩壊以降毎年のように行われた減税政策にあることを、各種のデータを用いて明らかにする重要な章である。戦後長らく歳出の七〇～八〇％を税収が占めていたが、大規模な経済対策が実施された一九九四年を境に税収割合は急低下し、現在では五〇％程度である。その税収不足を補ったのが「赤字国債」（＝特例公債という）である。赤字国債は国会の議決により〝特例〟として認められるが、現実には国会が何の歯止めにもなっていない。この減税による税収不足とそれを補う赤字国債こそが財政赤字拡大の原因である。さらにこの章では、財政赤字の膨張で歳出の四分の一が「国債費」（利払い、償還などの借金返済）になってしまったこと、消費税率の引き上げの遅れによる財源不足が、社会保障費削減の圧力となっていることを明らかにする。

第2章では各種のデータにより、日本の財政破綻リスクが高まっていることを指摘する。もし財政破綻すれば、敗戦後の日本と同様に、物の値段が年に二～四倍にもなる物価の暴騰（ハイパーインフレ）が起こるであろう。政府にとってハイパーインフレは巨額の財政赤字を解消する手段になるが、大多数の国民にとっては生活破壊であり、ギリシャ人のように国外に出稼ぎに行かざるを得なくなるかもしれない。それゆえ財政破綻は絶対に避けるべきであり、財政赤字削減は至上命題のはずである。しかし現在もなお減税政策が継続され財政赤字は拡大している。そして巨額の財政赤字は日本国債の格付けの低下を招き、国際社会における日本の地位を低下させている。現在の日本国債の格付けは、韓国や中国の国債よりも低い。日本経済に対する評価の低下は、海外での日本企業の資金調達や経済活動を困難にし、経済成長を減速させる可能性がある。

第3章では、景気刺激策としてのケインズ政策の限界を明らかにしたうえで、サービス産業国家となった日本において有効な景気刺激策は、ケインズ政策ではなく、雇用の安定と賃金の引き上げ策であると主張する。バブル崩壊以降に日本政府が実施してきた減税と公共事業費の増額という〝積極的財政政策〟は、国会の議決が必要なので、景気の動向に対して政策のタイミングがずれる可能性が高く、また財政負担も重いので、財政規律と政策の有効性を重視する欧米ではほとんど実行されなくなっている。また金融緩和は、金利を押し下げることで利子所得を減少させ、家計消費にマイナスの影響を与えている。いわゆる〝アベノミクス〟は従来と同様の景気刺激策を大規模にしたもので、その限界はバブル崩壊以降実施されてきたケインズ政策が二五年間以上成功していないことから明らかである。

第Ⅱ部は二つの章からなる。第4章では、最初に政府の役割を説明し、日本がアメリカよりも「小さな政府」であることを明らかにする。政府とは税金によって運営される機関であり、税金の配分を決定するのは選挙で選ばれた議員である。もし投票率が低ければ、いい加減な議員が選ばれ、税金の使い方もいい加減になる。権利を行使せず「誰がやっても同じ」という国民が多ければ、「小さな政府」でいるしかない。「小さな政府」とは〝低福祉低負担〟を意味する。そして自助努力を強調する政党は、社会保障、教育などの公的サービスを低水準におさえようとする。

第5章では「歳出削減」のターゲットとなっている社会保障費と公務員の削減に焦点をあて、これらの政策が国民の生命と財産と将来を危機に陥れていることを統計データによって明らかにする。公務員削減に喝采する人も少なくないが、公務員削減は公的サービス水準の低下を意味する。この章では、輸入食品の安全性を確認する食品衛生監視員、労働者の生命と財産を守る労働基準監督官、日本の未来を担う教員という専門職公務員を取り上げるが、一般行政職の公務員も大幅に削減され、政府や地方自治体の職員の残業時間が増加している。さらに、生活保護と基礎年金、介護サービス、医療サービスを取り上げ、財源不足による社会保障給付の低下が貧困者を増加させ、社会保障制度の崩壊を招く危険性さえあることを指摘する。

第Ⅲ部は二つの章からなる。第6章では、所得再分配と経済成長の関係を取り上げる。バブル崩壊以降二〜四兆円規模の大規模な減税五回を含めて毎年のように実施してきた減税政策が、景気の改善にほとんど効果がなかったことは、二〇〇〇年から二〇〇六年に政府税制調査会会長を務めた石（2008）も認めている。しかも減税による所得税収の縮小と社会保障給付の削減は、日本の再分配効果を低下させ、所得格差を拡大させた。この所得格差の拡大はＧＤＰの六割を占める家計消費を抑制し、経済成長を低迷させる結果となった。家計消費に依存する第三次産業がＧＤＰの七五％を占める現代日本では、所得格差の縮小こそが経済成長に結び付く。ヨーロッパ型の〝高福祉高負担〟の「大きな政府」への転換は、日本人の大多数にとって、決して悪い選択ではない。

第7章では、所得税制と所得増税の方法について論じる。所得増税の前提は、公正・簡素・中立的な租税制度の確立である。個人番号を用いて正確に所得を把握し、所得の多寡に応じて所得税を課すのが公正というもので、高齢者や寡婦・寡夫などを無条件に弱者として優遇すること、逆に高所得者だけに特別の負担を求めることは公正とは言えない。公正・簡素・中立的という観点から、現行の所得税制度に二〇以上存在する所得控除・特例の廃止・縮小、非課税所得の廃止、非課税枠の廃止による〝課税ベースの拡大〟を主張する。年収七〇〇万円の標準世帯の課税ベースは、アメリカ七割、イギリス九割に対し、日本はわずか四割である。所得控除の廃止・縮小によって課税ベースを四割から六割に拡大すれば、所得税収は二・五倍になる（図表7-9を参照）。それでも収入に対する所得税の割合はわずか六％弱である。決して重税とは言えない。日本の法人税の課税ベースも三二％と低い。各種控除や特例を廃止して、アメリカ並みの五割を目指したい。

最後になるが、もう一度強調しておきたい。日本の財政破綻リスクが高まっていることに疑問の余地はなく、少しずつでも財政赤字を削減させていかなくてはならない。その方法は「歳出削減」ではなく「所得増税」である。将来世代に借金を押し付ける赤字国債の発行に目をつむり、目先の減税を優先させる政府を支持してきた世代の責任は重い。この世代に属するものとして、著者は減税政策から増税政策への転換を求め、自らの責任として借金を返済していきたい。そのために所得税と法人税の各種控除や特例の縮小・廃止、遺族年金や障害年金などの非課税所得の廃止・縮小、贈与や株式投資の非課税枠の廃止を要求する。公正・簡素・中立的な所得税制度のもとにおける収入に応じた公正な税負担は、所得増税の大前提である。

第Ⅰ部　減税政策による財政赤字と財政破綻リスク

第1章　財政赤字の原因

第1章の目的は二〇一四年度末で七八〇兆円にまで膨れ上がった財政赤字（＝国債残高）の原因を明らかにし、その原因に応じた財政赤字削減策を提案することである。政府は景気低迷による税収減と高齢者増加による社会保障支出の増加が財政赤字の原因と主張し、景気回復のための公共事業と減税、〝異次元〟の金融緩和策を正当化し、同時に医療・介護などの社会保障費の削減を粛々と実行している。しかし丁寧にデータをみれば、上記の通説は誤っている。財政赤字の原因は継続的に実施されてきた赤字国債発行を伴う減税政策である。財政赤字の原因が所得減税であるならば、財政赤字削減策は所得増税である。社会保障費をターゲットとした歳出の削減ではない。

1節では財政赤字の原因が毎年のように実施された減税政策（今も減税政策は続いている）にあることを明確にする。一九九〇年のバブル崩壊以降に実施されてきた主な減税政策をみることにより減税が所得税を中心に行われてきたことを確認し、さらに減税により失われた税収の規模を推定する。その額は少なくとも四〇〇兆円という膨大な額になる。2節では、減税を埋めるために特例公債（＝赤字国債）を発行し始めたことが、財政赤字を際限なく拡大させた原因であることをデータによって示す。財政赤字が急速に増加し始めたのは一九九四年の大規模な経済対策で、大減税による税収減を補うために「赤字国債」の発行を開始して以降である。マスコミや政治家が言う高齢者数の増加による社会保障費の膨張が歳出の拡大を招いたのではない。

3節では国債の利払いや償還にあてる「国債費（国債の利払い、償還費）」に注目する。国債費は国債残高の増加により、二〇一五年予算では歳出の二四％を占めるまでになっている。財政赤字の増加に伴う国債費の膨張が、社会保障費や教育費など国民生活に必要な歳出を押さえ込んでいることを認識すべきである。4節では、社会保障費がなぜ政府の歳出削減のターゲットになるのか、を明らかにする。そのうえで、社会保障費を歳出削減のターゲットにすることは国民の生命と財産を守るという政府の目的に反するだけでなく、経済の低迷を招くことを論じる。

1　減税政策により失われた四〇〇兆円の税収

この節では、財政赤字の直接の原因が継続する「減税政策」にあることを明確にし、バブル崩壊以降の減税政策の継続により失われた税収額を推定すると、一九九一年から二〇一四年までの二四年間で少なくとも四〇〇兆円に達することを明らかにする。

最初に財政赤字の定義を明確にしておこう。財政赤字の定義は様々であるが、まず中央政府に関する二〇一四年度末の数字を紹介すると、以下のようになる。

国債残高　七八〇兆円

「国の借金」＝（国債＋財投債＋借入金＋政府短期証券）の残高　一〇五三兆円

国債は中央政府によって発行される〝公債〟で、地方政府が発行する債券は地方債である。この本では中央政府が発行する公債は特別な場合を除いて「国債」と呼ぶことにする。二〇一四年度末の国債残高は七八〇兆円、国民一人あたり六一五万円にもなる。国債残高が増え始めるのは、大規模な減税と公共投資からなる大型の経済対策が実行された一九九四年以降であり、国債のうち赤字国債残高が急激に増加を始めたのは、赤字国債の大量発行が常態化した一九九八年以降のことである（図表1-5を参照）。

この七八〇兆円の国債残高に財投債、借入金、政府短期証券の残高を加えたものが「国の借金」である。「国の借金」といっているが、これは中央政府の債務残高であり、地方政府などは含まれていない。財務省にとっては、中央政府＝国なのである。二〇一四年度末の国の借金は一〇五三兆円、国民一人あたり八三〇万円にもなり、雇用者の平均賃金をはるかに超えている。この八三〇万円は赤ん坊から一〇〇歳を超える高齢者までを含めた日本人一人あたりの借金額である。どうやって返済していくのであろうか。

これ以外でよく眼にするのが、国際比較に使われる一般政府の債務残高である。一般政府とは、中央政府のみでなく地方政府と社会保障基金を含んだ広い意味の公的サービスを提供する主体をさす。この債務残高はＳＮＡの定義によって組み替えられて、毎年公表される。二〇一四年度末の一般政府の債務残高は一一四二兆円で、ＧＤＰの二・三倍になる。その内訳は以下の通りである。

（二〇一四年度末の一般政府の債務残高の内訳：一一四二兆円）

社会保障基金の債務　一一兆円

地方政府の債務	一九一兆円
中央政府	九四〇兆円
独立行政法人などの債務	一六兆円
国庫短期証券	一六二兆円
借入金など	六八兆円
国債（割引短期国債をのぞく）	六九四兆円

上記の一般政府の債務残高の内訳をみれば、借金の六割が中央政府の発行した国債であることが明確になる。削減しなくてはならないのは国債残高である。それゆえ、今後この本では「財政赤字」という言葉を、特に断らない限り「国債残高」の意味で用いる。

さて、あまりに大きな金額である一方、日々の生活には影響がないようにも思えるために、財政赤字があっても問題がないと思考停止する日本人は少なくない。しかし手をこまねいていれば、バブル崩壊と同じく、財政破綻は突然やってくる。そして、その破壊力はバブル崩壊どころではない。財政破綻が国民生活にどのような影響を与えるのかは、最近のギリシャをみればよくわかる。財政赤字削減のために徹底した歳出削減策の実行を迫られ、その結果、景気は悪化し失業率は二〇％、若者の失業率は五〇％にも達している。高齢者の生活を支える年金給付額は四割も削減された。一方で、為替レートの下落により物価は大幅に上昇し、就業できない若者を中心に多くのギリシャ人が国を離れている。

読者の中には敗戦後の財政破綻を経験している方々もおられるかもしれない。一年間で二～四倍にもなる異常な物価の上昇が何年も続き、一時的な大増税（財産税）、企業倒産・失業者の増大が同時に起こり、多くの日本人が職を求めて海を渡り、大変な苦労をしたのである（詳しくは第2章3節を参照）。戦後七〇年がたち、敗戦後の混乱を実際に体験した人々も少なくなっているが、多くの高齢者を抱える現在の日本で、財政引き締めによる企業倒産が頻発し多くの人が職を失い、年金給付額が四割も削減されるような過酷な状況を想像して欲しい。大多数の国民は生活を破壊する〝財政破綻〟を絶対に避けたいと願うであろう。

そして財政破綻を避けるためには、財政赤字を少しずつでも確実に削減する計画をたて、着実に実行することが求められる。では財政赤字削減（＝財政再建）のために必要な方策は何か。個人の借金返済と同じく、その方法は二つしかない。支出を抑えるか、収入を増やすか、の二つである。財政収支に即して言えば、「歳出削減」によって支出を抑えるか、「増税」によって収入を増やすか、の二つの方法になる。もちろん、二つの方法をミックスさせることもできるが、財政赤字の原因に応じて、どちらかの方法に重点を置くことになるであろう。

財務省を中心とする政府やマスコミは、財政赤字の原因が歳出増加にあるとする。特に〝高齢者の増加による社会保障費の増加〟や公務員が多すぎることが財政収支を悪化させたと主張する。そして、国民に不人気な増税はできるだけ先送りし、公務員の削減、年金・医療・介護・生活保護などの社会保障関係費の削減と自己負担増という「歳出削減」を粛々と実行している。大多数の国民はこのようなマスコミや政治家の声高な主張を鵜呑みにし、財政赤字の削減のためには公務員の削減、社会保障費の削減もやむを得ないと思い込んでいる。

しかし本当に社会保障費や公務員の人件費の増加という歳出の増加が財政収支の悪化を招いたのであろうか。本当に「歳出削減」が財政再建の切り札なのであろうか。著者は財務省をはじめとする政府やマスコミの財政赤字の原因に関する説明は、全く的外れであると考える。その理由は図表1－1をみれば明らかである。

図表1－1をみると、バブル崩壊後の一九九〇年以降、名目GDPと税収の動きが異なっていることがはっきりわかる。もし税制に大きな変化がなければ、名目GDPが拡大するときには税収も拡大するはずである。しかし図表1－1をよくみてほしい。日本の名目GDPはバブル崩壊以降現在に至るまで一九九〇年より高い水準を維持しており、もし租税制度が変わらなかったとすれば、一九九〇年以降の税収は一九九〇年の税収よりも多くなるはずだが、実際には減少している。

図表1－1で名目GDPをみると、一九九〇年四五七兆円、一九九一年四八〇兆円、一九九二年四八九兆円と、順調に拡大している。一九九三年には足踏みをしたものの一九九四年からアジア通貨危機前の一九九七年までの四年間も日本の名目GDPの成長は継続している。一方、税収の動きをみると、一九九一年の税収は、名目GDPが二二兆円も増加しているにもかかわらず、一九九〇年と同じレベルの

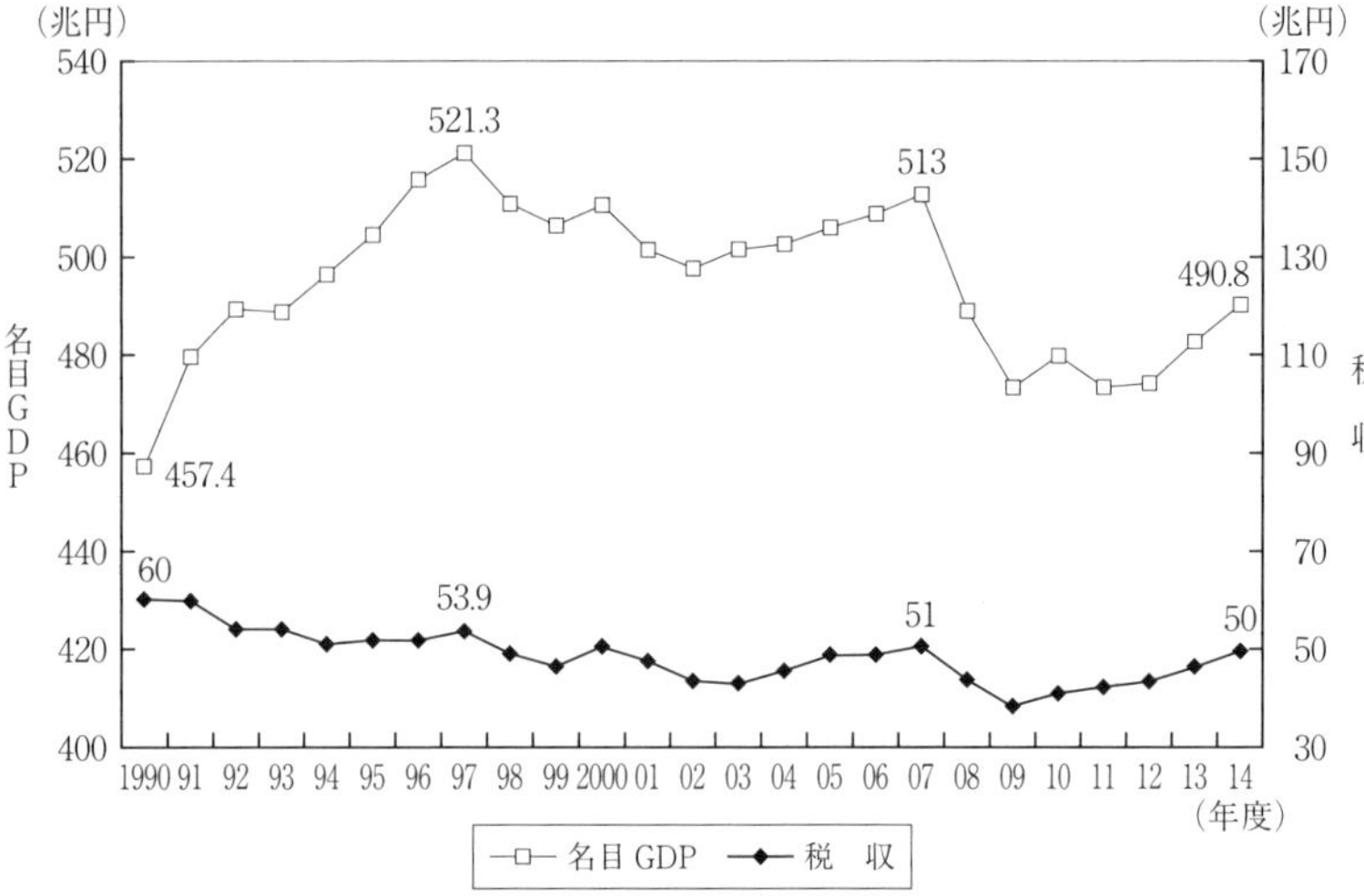

図表1－1　名目 GDP と税収の推移

注：税収は2013年度以前は決算額，2014年度は予算額である。
出典：著者が作成。

約六〇兆円にとどまっている。そして名目ＧＤＰが四八〇兆円から四八九兆円と拡大した一九九二年には、なんと税収は前年より一割も減少して五四兆円となっている。このように名目ＧＤＰと税収の動きを丁寧に追っていけば、〝バブル後の税収の低迷は景気の落ち込みが原因である〟という政府やマスコミによる説明が誤りであることがわかるであろう。

つまり図表１－１に示される税収の動きは、一九九〇年以降、税収を大きく落ち込ませるような税制改正が継続されてきたことを意味する。〝バブル崩壊以降、減税を継続的に実施してきたことが、税収減の原因である〟という簡単な事実を無視して、大規模な税収の落ち込みを景気の減速のせいにする説明は、データをみないままの思い込みで述べているか、意図的な「歳出削減」への誘導としか思えない。

さらに付け加えれば、一九九四年から一九九六年までの間に発行された赤字国債の名称は「減税特例公債」であり、消費税の引き上げに先行して実施された減税の穴を埋めるための赤字国債発行であることを政府も明確に認めている。財政赤字の原因が減税であることは明らかなのに、なぜマスコミや政府はその事実を無視するのであろうか。著者には不可解である。

繰り返しになるが、バブル崩壊後の一九九〇年代以降の税収の落ち込みの原因は、〝景気の低迷による税収の落ち込み〟でも〝高齢化の進展による社会保障費の増大〟でもなく、経済政策として継続的に実施されてきた「減税政策」である。

そして毎年のように継続して実施されてきた減税政策が税収に与えたマイナスの効果はとてつもなく大きい。ここで減税によって失われた税収を推定してみよう。租税制度に変化がなければ税収額は名目ＧＤＰの規模に依存すると仮定したうえで、一九九〇年の租税制度が維持された場合の税収を推定する。図表１－２には実際の税収と一九九〇年の税制を維持した場合の推定税収の両方が描かれており、一九九一年から二〇

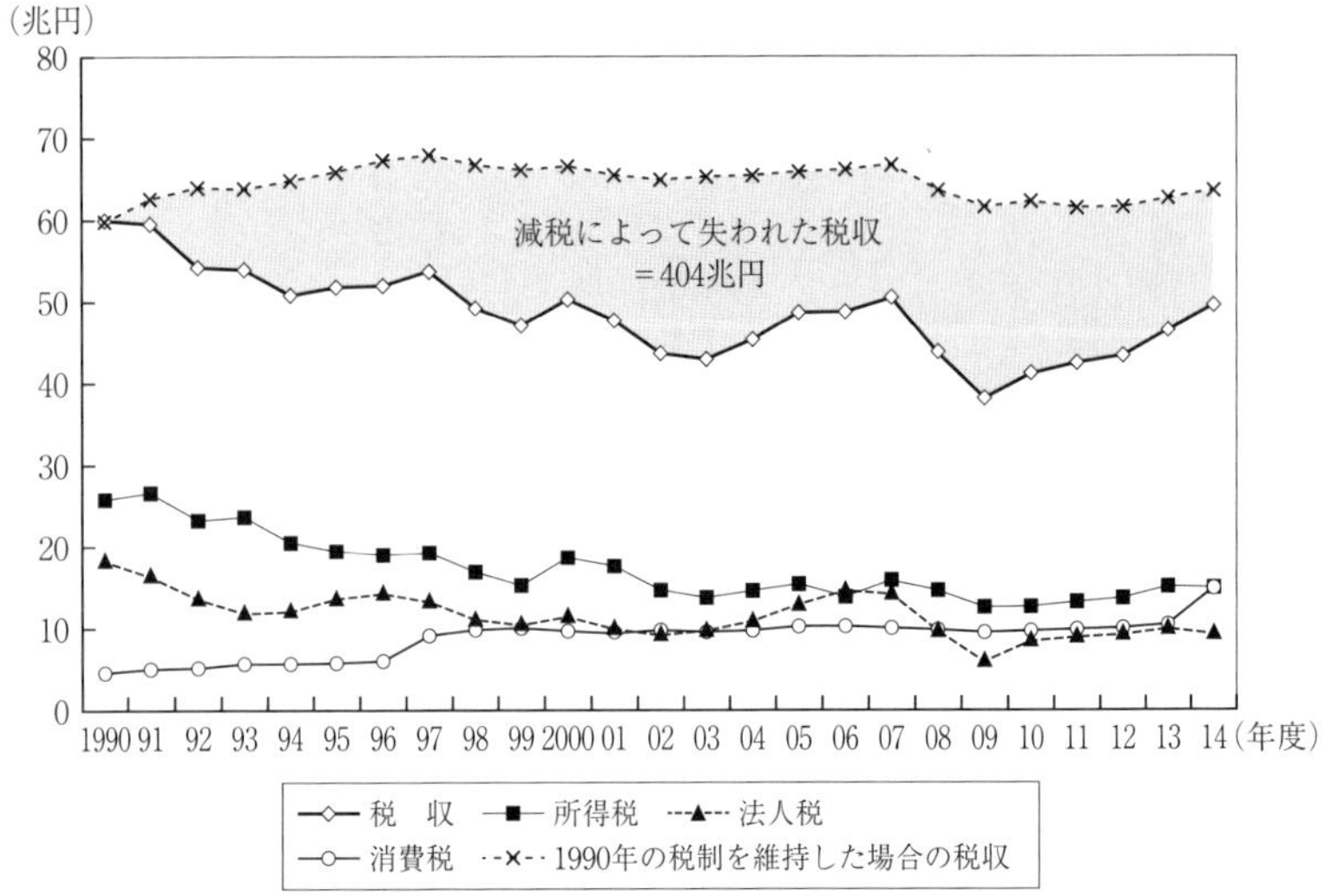

図表1-2　一般会計税収の推移，及び，1990年税制を維持した場合の税収の推定値

注：2013年度以前は決算額，2014年度は予算額である。
出典：著者が作成。

一四年までの二四年間に実施された減税によって失われた税収額が網掛け部分で示されている。

まず一九九〇年の所得税制を維持した場合の税収の推定値を計算する。一九九〇年の名目GDP四五七兆円に対して税収は六〇兆円なので、一九九〇年の租税制度がバブル崩壊以降も維持され、税収が名目GDPと比例的に決まるとすれば、各年の名目GDPの一三・一％が税収となる。この簡便な推定税額と実際の税収の差を〝減税政策によって失われた税収〟とすれば、その額は一九九一年から二〇一四年までの二四年間で四〇四兆円と、四〇〇兆円を超える。

このように減税政策によって失われた税収額の推計値は二四年間で四〇〇兆円を超える大きな数字となるが、この推定には消費税の引き上げが考慮されていない。図表1-2に描かれた実線で示される税収の総額は〝消費増税〟によってかさ上げされており、本当はその分を差し引くべきであろう。一九八九年に導入された消費税率は三％であったが、一九九七年には五％、二〇一四年四月には八％へと引き上げられている。消費税一％で国に入る税収額は約二〜二・五兆円であるが、少ない数字を取って二兆円と仮定すると、消費税率の引き上げを考慮した〝減税によって失われた税収〟は、四〇四兆円＋四兆円×一八年（一九九七年から二〇一三年まで）＋一〇兆円（二〇一四年）＝四八六兆円、になる。つまり五〇〇兆円に近い税収が減税政策によって失われた計算になり、この数字は国債残高のうち赤字国債の残高五〇九兆円に近い。このことは、仮にバブル崩壊以降に減税政策を実施しなかったならば、赤字国債を発行する必要はなかったことを示唆する。

ここで消費税について簡単に説明しておく。消費税は竹下内閣により一九八九年に導入された。最初は税率三％を目指したが、自民党内の反対が強く、税率三％に抑えられ、税収の増加は約六兆円にとどまった。一九九七年には橋本内閣のもとで三％から五％へと税率引き上げが実行され、約四兆円の税収増となり、消費税収は年間約一〇兆円となった。さらに野田民主党内閣は基礎年金の国庫負担引き上げの財源を確保するために二〇一三年からの消費税一〇％への引き上げを目指したが、野党自民党や公明党が反対するのは当然として、なぜかマスコミや世論も消費税率の引き上げに反対したために、消費税率の引き上げを実施することができなかった。結局二〇一二年六月一五日に民主党・自民党・公明党の三党合意として、二〇一四年四月に五％から八％へ引き上げ、二〇一五年一〇月に一〇％に引き上げるという二段階での消費税率引き上げ案が決定した。野田内閣は二〇一二年一二月の総選挙で敗れたため、二〇一四年四月に消費税率の引き上げを行ったのは安倍内閣である。消費税率の五％から八％への引き上げにより二〇一四年度の消費税収は一五兆円となり、前年度より四・五兆円増えた。二〇一四年度の税収の増加はアベノミクスによる景気改善の結果だと言われることが多いが、その説は間違っている。図表1-2をみれば明らかなように、所得税も法人税もわずかに減少しており、唯一増加しているのが消費税であり、二〇一四年度の税収増は明らかに消費税の引き上げによるものである。

なお消費税は社会保障費の増加にあてるという名目で導入された。つまり消費税率の引き上げが遅れると、社会保障費の財源が不足し、そのために社会保障費の削減が強く求められることになる。三党合意によって二〇一五年一〇月に消費税を八％から一〇％へ引き上げることが決まっていたにもかかわらず、安倍政権はこれを二〇一七年四月に延期し、さらにその後二〇一九年一〇月までの再延期を決定した。消費税は社会保障費を支える原資である。それゆえ消費税率の引き上げ延期により、生活保護、医療・介護、年金などの社会保障費は大きく削減されつつある。日本国民は、社会保障費の削減と引き換えに、消費税の引き上げの延期を選んだことになる。

さて図表1－2に示されたように、バブル崩壊以降に実施された減税策により失われた税収額は二〇一四年までで少なくとも四〇〇兆円を超えると推定される。二〇一四年末の国債残高が七八〇兆円、そのうち赤字国債残高が五〇九兆円であり、赤字国債が税収の減少を補うために発行されたことを想起すれば、減税政策の付けの大きさにため息が出る。図表1－1、1－2をじっくりみれば、財政赤字削減のために直ちに減税政策をやめて、増税政策に転換すべきことは明らかであろう。

いかに国民に不人気であろうと、財政破綻したときの国民の不幸を考えれば、増税政策への転換を国民に説得することこそ政治家の重要な役割であろう。財政破綻リスクを小さくするために、財政再建を最重要課題として、一般消費税の導入や増税に取り組んだ自民党の竹下首相、橋本首相、小泉首相、民主党の野田首相は、小泉首相を除くと決して人気のあった首相ではないが、しかし不人気であっても必要な政策に取り組んだことは賞賛に値する。

さらに図表1－2をみながら、減税政策により所得税・法人税といった中心的な税制が崩壊していく過程を確認していこう。日本の税制は、アメリカと同じく、所得税と法人税を中心とする直接税が中心となっていた。特に所得税は、景気の動向に左右される法人税と違い、安定した税収をもたらす中心的な税であった。一九九〇年の税収六〇兆円のうち所得税は二六兆円、法人税は一八・四兆円であり、税収に占める割合はそれぞれ四三％、三一％と、所得税と法人税の二つで税収の四分の三を占めていた。

しかしバブル崩壊以降の減税政策により、所得税収は大きく減少した。一九九〇年の二六兆円が、一九九五年には一九・五兆円、二〇〇〇年には一八・八兆円、二〇〇五年には一五・六兆円へと急減し、二〇一〇年には一三兆円と、一九九〇年の所得税収の半分にまで落ち込んでいる。一九九〇年の名目ＧＤＰは四五七兆円、二〇一〇年の名目ＧＤＰは四八〇兆円と、二〇一〇年の名目ＧＤＰの方が大きいにもかかわらず、二〇一〇年の所得税収は一九九〇年の半分にまで低下しているのである。この所得税収の低下は、どうみても不景気による減収ではなく、一九九〇年から二〇一〇年の間に毎年のように実施された所得減税の結果である（2節を参照）。

もっとも所得税収が二〇一〇年には一九九〇年の半分になり、所得税負担が非常に軽くなっているという事実を多くの人は認識していないと思う。日本では就業者の大部分が雇用者であり、そして雇用者の大半は〝源泉徴収制度〟のもとにあるので、自分の所得税の納税額を正確に把握している人はほとんどいない。日本で所得申告の対象となっているのは、個人業者を除けば、年収二〇〇〇万円以上の勤労所得がある場合、給与所得者で別収入が二〇万円以上ある場合などに限られる。日本以外の先進国では雇用者であっても〝申告納税制度〟が基本であり、各自が自分の納税額をほぼ正確に把握しており、脱税行為に対しては非常に厳しい態度をとる。つまり源泉徴収制度とは所得税の徴収業務を企業に丸投げする制度であり、雇用者に税・社会保障負担を忘れさせ、企業・政府の両者にメリットをもたらす。すなわち、企業は雇用者の個人情報を把握することができるし、政府は税務署員数を少なくできるというメリットである（第7章1節を参照）。

ともあれ、ぜひ一度は自分の支払っている所得税額を確認してほしい。大部分の日本人は所得税の少なさに驚くであろう。例えば、年収七〇〇万円の夫と専業主婦の妻・子供二人からなる標準世帯の二〇一五年度の所得税は、わずか一六万六〇〇〇円である。所得税制が一九九〇年のままであれば、所得税は二倍の年間三〇万円程度である。それが非常に大きな負担なのであろうか。もちろん同じ世帯構成で年収七〇〇万円以下ならば所得税はもっと少なくなり、二六一・六万円未満ならばゼロとなる。

非正規雇用者の増加もあり、日本では所得税がゼロ、つまり所得税を支払っていない勤労者世帯も少なくない（一五〜二〇％）。就業者全員が所得税を支払っているわけではないし、所得税の支払額も多くの日本人が想像している以上に低いのである。そして、その低い所得税をさらに引き下げ続けたことが、現在の財政赤字を引き起こしていることを理解してほしい。

ところで二〇一一年三月に起こった東日本大震災の復興のために、二〇一三年一月一日から二〇三七年一二月三一日の所得を対象として二五年間の「復興特別所得税」が課せられていることをご存知であろうか。復興特別所得税の税率の上乗せ分は二・一％であり、二五年間で一〇兆円の復興増税のうち約七兆円を我々が負担することになる。年に四〇〇〇億円の所得増税であり、決して小さいものではない。このように復興増税がほとんど議論もなく実施されていることを考えると、仮に国民の大多数が財政再建を最重要課題として認めれば、財政赤字削減のための所得増税をすることは決して不可能ではないとも言える。

次に図表1‐2によって法人税の推移をみると、景気の変動を反映して、税収規模には波があるが、所得税と同様に、減税政策により法人税収も緩やかに下落している。一九九〇年の法人税収が一八兆円であったものが、二〇〇〇年代には一〇兆円前後まで下がっている。一九九〇年以降、景気対策として法人税の減税

所得税	特別減税	制度減税
1994年度	△3.8兆円 税額の20%（上限200万円）	
1995年度	△1.4兆円 税額の15%（上限５万円）	△2.4兆円 累進緩和 課税最低限度の引き上げ (327.7万円→353.9万円)
1996年度	△1.4兆円 税額の15%（上限５万円）	
1998年度	△2.8兆円 本人３万8000円，配偶者と扶養者１人あたり１万9000円を税額から控除	
1999年度	△2.7兆円 税額の20%（上限25万円）	△0.3兆円 最高税率の引き下げ(50%→37%)
2006年度		△3.1兆円 最低税率の引き下げ (330万円未満は10%→195万円未満は５%)
法人税	特別減税	制度減税
1999年度		△1.7兆円 税率の引き下げ（34.5%→30%）
2003年度		△1.4兆円 研究開発・設備投資などの控除

図表１-３　主な減税（国税）

出典：内閣府『平成24年度年次経済財政報告』の第３-２-10をもとに，著者が作成。

も積極的に行われたことがわかる。なお、法人税にも東日本大震災からの復興を目的とする復興特別法人税が二〇一二年四月一日から二〇一五年三月三一日までの三年間課されることになっていた。しかし、安倍内閣は景気対策として復興特別法人税を一年間短縮し、二〇一四年度の課税を廃止した。この減税策により、法人税収は約九〇〇〇億円も失われた。この額は財務省が提案した小中学校の教員削減による一〇年間で七八〇〇億円の歳出削減よりも多い数字である。九〇〇〇億円という法人税減税には、教育という将来投資の減少に見合う、明確な経済浮揚効果があったのであろうか。

ここで景気浮揚策として政府が実行してきた減税策の内容と規模を確認しておこう。図表1-3はバブル崩壊後に実施された主な所得税と法人税にかかわる税制改革（=減税）をまとめたものである。この図表は内閣府『平成二四年度年次経済財政報告』の表3-2-10を簡単化したものである。

まず図表1-3から明らかになることは、経済対策として実行されてきた減税の規模の大きさ、減税が主に所得税を中心に実施されてきたことの二点である。図表1-3のもとになった内閣府の表は、図表6-3としても利用したが、その見出し部分には「一九九〇年代の経済対策により個人所得税を中心に減税政策を実施」してきたと述べられている。法人税の減税も実施されているが、所得税の減税に比べれば回数も規模も小さい。

政府が実施してきた所得減税には二つの種類がある。「制度減税（=税制改革による恒久的な減税）」と「特別減税（=一時的な減税）」である。制度減税は主に最高税率の引き下げや累進度の緩和の形で実施され、特別減税は所得税から一定額を差し引く〝定額控除〟、所得税の一定割合を差し引く〝定率控除〟などの形で実施されてきた。これら一連の減税政策は、課税最低限（所得税がゼロになる収入額）以下の所得（二〇一一年以降、夫婦子供二人世帯で二六一・六万円）で所得税を支払っていない低所得者や税負担の少ない中所得者にはほとんどメリットをもたらさない一方で、高所得者の税負担を確実に低下させ、所得格差を拡大させてきた（詳しくは第6章1節を参照）。

図表1－3によって、具体的に減税額をみると、まず「総合経済対策」（一九九四年二月）を受けて一九九四年に実施された特別減税は所得税額の二〇％（上限二〇〇万円）を控除するというもので、減税規模は三・八兆円である。上限二〇〇万円という高額の控除には批判も多く出た。一九九五年には累進構造の緩和と課税最低限の引き上げ（夫婦子供二人で三五三・九万円未満は非課税）を内容とする制度減税二・四兆円と、所得税額の一五％の控除（上限五万円）による特別減税一・四兆円が実施され、合計三・八兆円の大規模な減税となった。一九九六年にも所得税額の一五％の控除（上限五万円）による特別減税一・四兆円を実施している。つまり一九九四年から一九九六年の三年間に実行された所得減税だけで九兆円、消費税四％にも相当する大規模な減税を行っていることになる。財政収支のバランスが崩れるのは当然であろう。

その後も、アジア通貨危機による景気減速への対処として一九九八年に特別減税二・八兆円、一九九九年には特別減税と制度減税の合計で三兆円の減税を実施している。一九九八年と一九九九年の減税額の合計は五・八兆円である。この金額は消費税三％分に近い額である。二〇〇六年には国から地方への権限委譲を目的として、国税である所得税の制度改革が実施され、その制度減税分は三・一兆円と大規模なものとなった。

このようにバブル崩壊以降、景気対策として二～四兆円規模の減税が何度も繰り返し実行されていることが確認できる。そして、図表1－3にまとめられているのは主要な減税策だけであることを忘れてはならない。実際には毎年のように減税が実施されてきたのである。

そして所得減税政策は低・中所得者にはほとんど影響を与えない。例えば、一九九〇年半ばには夫婦子供二人の専業主婦世帯の課税最低限は三五〇万円前後であり、この年収より低い世帯にとって、所得税額の二〇％の控除は何の意味も持たない。もともと所得税を支払っていないからである。中所得者にとっても所得税の控除額が少ないことは明らかである。最高税率の引き下げなどの制度減税と特別減税という一連の減税政策でもっとも利益を受けたのは高所得者である。政府の減税政策の目的は低・中所得者の租税負担の軽減ではなく、景気対策であり、高所得者の税負担を減らすことで投資や消費が増加することを期待したものである。しかし圧倒的に数の多い低・中所得者よりも高所得者に偏った減税政策がほとんど景気浮揚効果を持たず、景気対策として有効でなかったことは驚くべきことではない。一連の減税政策が景気浮揚効果をほとんど持たなかったことを、二〇〇〇年から二〇〇六年まで政府税制調査会の会長を務めた石弘光もその著書（2008）の五三九ページではっきりと認めている。

なお、日本では政治家や政府だけでなくマスコミも景気が悪くなれば常に減税政策を求めるが、欧米諸国では短期の景気政策として減税などの税制改正を用いることはない。なぜならば税制改正には時間がかかり、政策のタイミングがずれると認識されているからである。税制改正は長期の政策目標にそって実施されるべきものであり、短期の経済刺激策には向かないと考えられている。政府の景気対策を積極的に支持したケインズも、大型公共事業の経済効果は認めていたが、減税（税制の変更）を短期の経済刺激策として推奨していないことをここで明記しておきたい（詳しくは第3章を参照）。

著者は減税政策を直ちにやめて所得増税に転換し、所得増税により財政赤字の削減を行うことを主張する。しかし安倍政権の二〇一五年度の予算案をみると、税制改革は減税中心であり、消費税率の八％から一〇％への引き上げを一年半遅らせること（その後さらに二年半の延期を決定）を含めて財政赤字削減への取り組みはあまりにおざなりである。二〇一五年度の税制改正も減税政策が並ぶ。まず法人税関係をみると、法人税率の引き下げ、賃上げ企業の税負担減、地方に本社移転する企業の法人税の優遇があがっている。所得税関係では、住宅ローン減税の一年半の延長、住宅購入資金に対する贈与税の非課税枠を三〇〇〇万円に拡大、結婚資金・子育てに対する贈与税の非課税措置の新設、NISA（少額投資非課税制度）の一二〇万円への拡大、ジュニアNISAの新設など、非課税措置の拡大が図られている。

できる限り課税範囲を広くすることが公正な課税の基本であることを考慮すれば、特定企業の優遇（特例措置）や非課税所得の拡大は、課税する所得の範囲を狭くすることによって、将来に大きな禍根を残す（第7章を参照）。多額の財政赤字を抱えながら、将来の増税に際して公正な税負担を困難にするような特例措置、非課税措置の拡大には強く反対する。

繰り返しになるが、今なすべきことは、財政赤字の削減のために減税政策を直ちにやめ、増税政策に転換することである。図表1－3をみてわかるように、減税政策は所得減税を中心に行われてきたのだから、増税も所得税を中心に実施すべきである。第6章でも詳しく説明するが、所得税は消費税と異なり、所得に応じて負担するので、所得増税は低・中所得者にとって決して大きな負担にはならない。逆に低・中所得者にとって、所得増税によるメリットは大きい。所得税の増収分を財政赤字削減にまわせば、財政破綻リスクを小さくできるし、さらに歳出に占める国債費（国債の利払い＋償還）の縮小分で社会保障給付や必要な公務員数を維持することが可能となる。もし現在実施されている年金・医療・介護サービスの縮小や教員を含む公務員の削減による公的サービスの低下に反対ならば、所得増税による財政赤字の削減を積極的に支持すべきである。

2　税収減を埋める「赤字国債」

1節ではバブル崩壊以後、継続的に実施されている減税政策によって、一九九一年から二〇一四年までの二四年間に少なくとも四〇〇兆円もの巨額の税収が失われたことを確認した。ではこの税収の減少を政府はどのように埋めてきたのであろうか。この節ではこの税収減を埋めてきたのが「赤字国債」であること、そしてその赤字国債こそが財政赤字の元凶であることを明確にする。

図表1－4には一九七五年以降の毎年の一般会計（中央政府の予算案）の歳出（歳入に等しい）と税収とともに、各年の国債（公債ともいう）発行額を示している。さらに歳出に占める税収割合も日本の財政運営を理解するために必要な数字として加えた。

なお図表1－4の歳出の推移を追っていくと、〝歳出が膨らむのは高齢者が増えるから〟という通説の誤りがはっきりとわかる。図表1－4は、歳出の伸びは高齢者数の増加と関係がないことを示している。もし高齢者の増加が社会保障費の増加を招き、歳出増加を招いているという政府やマスコミの主張が正しいのならば、高齢者数は一定の割合で伸びているので歳出も一定割合で伸びていくはずである。しかし、図表1－4の歳出の動きをみると、大規模な不況対策を実施した一九九八年、二〇〇九年に歳出のレベルが一挙に引き上げられ、その後の歳出レベルは同程度を維持している。この事実は、歳出を増加させているのは、高齢者の増加ではなく景気対策であり、景気対策として実施される公共事業が歳出レベルを決定していることを示している。

次に、減税による税収の落ち込みを埋めてきたのが赤字国債（＝特例国債）であり、一九九四年の総合経

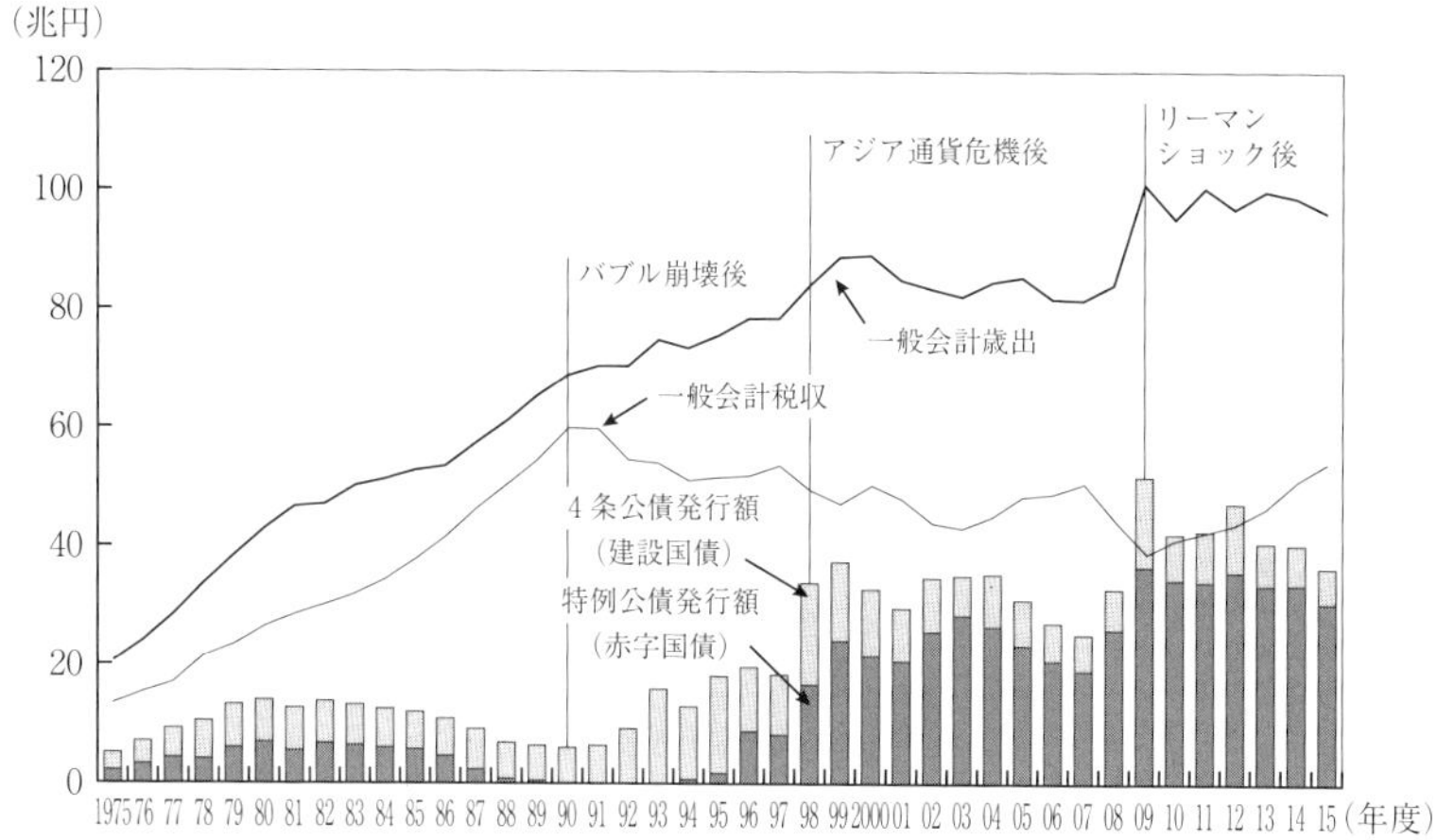

歳出に占める税収の割合（%）

1985	86	87	88	89	90	91	92	93	94	95	96	97	98	99	2000	01	02	03	04	05	06	07	08	09	10	11	12	13（補）	14（予）
72.1	78.1	81.1	82.7	83.4	86.8	84.8	77.2	72.1	69.3	68.4	66.0	68.7	58.6	53.1	56.8	56.5	52.4	52.5	53.7	57.4	60.2	62.3	52.3	38.4	43.5	42.5	45.2	46.2	52.1

図表 1－4　一般会計における歳出・歳入の状況

注 1：2013年度までは決算，2014年度は補正後予算，2015年度は政府案による。

注 2：公債発行額は，1990年度は湾岸地域における平和回復活動を支援する財源を調達するための臨時特別公債，1994～1996年度は消費税率の 3 %から 5 %への引き上げに先行して行った減税による租税収入の減少を補うための減税特例公債，2011年度は東日本大震災からの復興のために実施する施策の財源を調達するための復興債，2012年度，2013年度は基礎年金国庫負担 2 分の 1 を実現する財源を調達するための年金特例公債を除いている。

出典：財務省ホームページ。なお年号を西暦に直し，別の図の下にあった「歳出に占める税収の割合」を入れた。

済対策時の赤字国債発行こそが、財政赤字の始まりであることを明らかにする。

ここで重要なのは、中央政府が発行する公債である国債には、「四条公債」と「特例公債」という全く性質の違った二種類の国債があることを理解することである。まず「四条公債」とは一般に〝建設国債〟と言われるもので、道路、空港、港湾、公共施設など国民全体で使用する大規模な社会的資本の建設のために発行される。社会的資本は建設期間も使用期間も長期にわたり、その利益を現在の世代だけではなく将来世代も享受するので、将来世代にも費用負担を求めることができるとされる。この建設国債が「四条公債」とよばれるのは、財政法の第四条の附則によって発行が認められているからである。

一方「特例公債（＝赤字国債）」は、一九七五年の財政法改正までは発行が禁じられてきた。なぜなら赤字国債は、その名の通り、ただ財政収支の赤字を埋めるためにだけ発行されるからである。日本が戦争を続けることができたのは、戦時国債という名の赤字国債を発行し続けたからであり、敗戦時には国民所得の二・七倍の国債残高を抱えることになった。この反省から、赤字国債の発行は厳しく禁じられてきたのである。それゆえ繰り返すが、赤字国債は建設国債と異なり、現在世代の借金を将来世代に残すだけの国債である。それゆえ赤字国債はできる限り発行しないのが望ましいが、どうしても発行する必要がある場合には国会の議決を必要とする特別な国債という意味で「特例公債」の名がつけられている。

日本の財政の歴史を振り返ると、戦後の日本では長期間にわたり慎重な財政運営がなされ、一九七五年の財政法の改正までは、建設国債以外の赤字国債の発行は禁じられてきた。つまり一九七四年までの日本の財政法は原則として〝歳出は税収の範囲で賄うべし〟と主張してきたのである。これを〝均衡予算主義〟という。均衡予算主義を採り慎重な財政運営をしてきたのは、戦前の日本財政に対する反省があったからである。戦前の日本は戦費調達のために大量の戦時国債を発行したが、敗戦により戦時国債は紙くず同然となった。敗戦後の財政破綻により年間二～四倍もの破壊的な物価上昇が何年も続き、その結果、大部分の国民の生活は窮乏化し、多くの日本人が収入を求めてブラジル、パラグアイ、アルゼンチンなどの南米諸国に移住したり、合法・不法の外国人労働者として働いたりしたという歴史がある（戦後のブラジル移民だけで五万四〇〇〇人）。財政破綻が国民生活を破壊することを思い知った戦後の日本政府は均衡予算主義をとり、財政破綻の原因となる赤字国債の発行を固く禁じてきたのである。

しかし一九七五年には再び赤字国債発行が始まった。一九七四年の石油ショックによる経済の落ち込みに対し、積極的な経済対策を求める声が高くなったが、必要な税収が確保できなかったため、経済対策の原資として戦後はじめて特例国債（＝赤字国債）を発行したのである。その決断をしたのは大平正芳蔵相である。大平蔵相は特例国債の発行のために財政法の改正を行ったが、赤字国債の発行を例外的なものにとどめるために、赤字国債を発行するためには国会で毎年特例法を議決しなくてはならないというルールを導入した。国会による歯止めを期待した措置である。さらに大蔵省（現在の財務省）も均衡財政ではなくとも健全財政を目指して特例国債の発行を厳しく査定したので、赤字国債発行額は一九九〇年まで大きく増加することはなかった（図表1－4を参照）。逆にバブル景気による税収の伸びが大きかったため、毎年のように減税を行ったにもかかわらず一九九〇年から一九九三年までの四年間は赤字国債の発行はなかった。最近では、税収規模は歳出の半分程度という状況が常態化しており、信じられないことかもしれないが、一九九三年までの歳出に占める税収の割合は七〇％を超えていたのである。特に一九九〇年には歳出の八七％を税収で賄っていた（図表1－4の〝歳出に占める税収の割合〟を参照）。

しかし一九九四年を境に、赤字国債発行が常態化し、歳出に占める税収の割合が低下し始める。一九九四年には、総合経済対策の一環として三・八兆円もの大減税が実施され、税収減を埋めるために再び赤字国債が発行され、それ以降の日本は坂道を転げ落ちるように、赤字国債の発行の歯止めを失い財政赤字を際限なく拡大させていく。なお一九九〇年代半ばは、自由民主党の一党政治が終わった時期とも重なる。一九九三年八月には細川内閣が成立し、はじめて自民党が下野し五五年体制が崩壊した。自民党が政権に復帰するのは細川内閣、羽田内閣、村山内閣と続く非自民党内閣の二年八カ月を経た後の一九九六年一月の橋本内閣においてである。そのような政治的混迷の中、経済界・マスコミはバブル崩壊以降の経済回復の遅れに対して経済対策の必要性を声高に唱えた。この世論の声に押されて、一九九四年には大型の景気対策がうち出された（日本の景気刺激策はケインズ政策と言われる。詳しくは第3章を参照）。これにより一九九四年だけで所得税三・八兆円という大規模な減税と一〇兆円規模の公共事業が実施され、歳出に対する税収比率ははじめて七〇％を下回り、八〇〇〇億円という少額であるが税収の不足を補うための「赤字国債」が発行された。

減税額は一九九四年から一九九六年の三年間で九兆円に及び、一九九六年の赤字国債発行額は九兆円と急増した。今からみれば、一九九六年の赤字国債発行額は少ない。しかし一度借金の容易さを知ってしまった人が何度も借金を繰り返すように、政府も借金の誘惑に打ち勝つことができず、一九九八年のアジア通貨危機を境に年間二〇～三〇兆円という赤字国債の大量発行時代に入ってしまった。一度借金に手を染めてしまうと借金は雪だるま式に増えてしまうので、借金を自発的に減らす努力を放棄してしまう人と同様に、日本政府は今も財政赤字を増加させ続けている。

前述したように、一九七五年に赤字国債発行を可能とするように財政法を改正した大平蔵相は、赤字国債の発行に歯止めがなくなることを危惧し、国会で毎年特例法を成立させることを求めたが、一九九六年以降ほぼ継続して政権をにぎっている自民党と公明党による連合政権下では、特例法の国会審議はなんの歯止めにもなっていない。そしてマスコミも赤字国債発行自体を問題視することはなかった。経済学者の責任も重い。著者はマクロ経済学者、財政学者として、もっと早く財政赤字の危険性を警告し、人々にわかりやすく説明しなかったことを深く後悔している。特に若い世代に申し訳ないと思う。

図表1－5は国債残高＝財政赤字の推移である。財政赤字の急激な拡大は一九九〇年代半ばから始まり、二〇一四年度末の国債残高は七八〇兆円、名目GDP四九〇兆円の一・六倍になる。国債残高のうち、五〇九兆円が赤字国債残高（＝特例公債残高）で、二六〇兆円が建設国債残高（＝四条公債残高）であり、残りの一

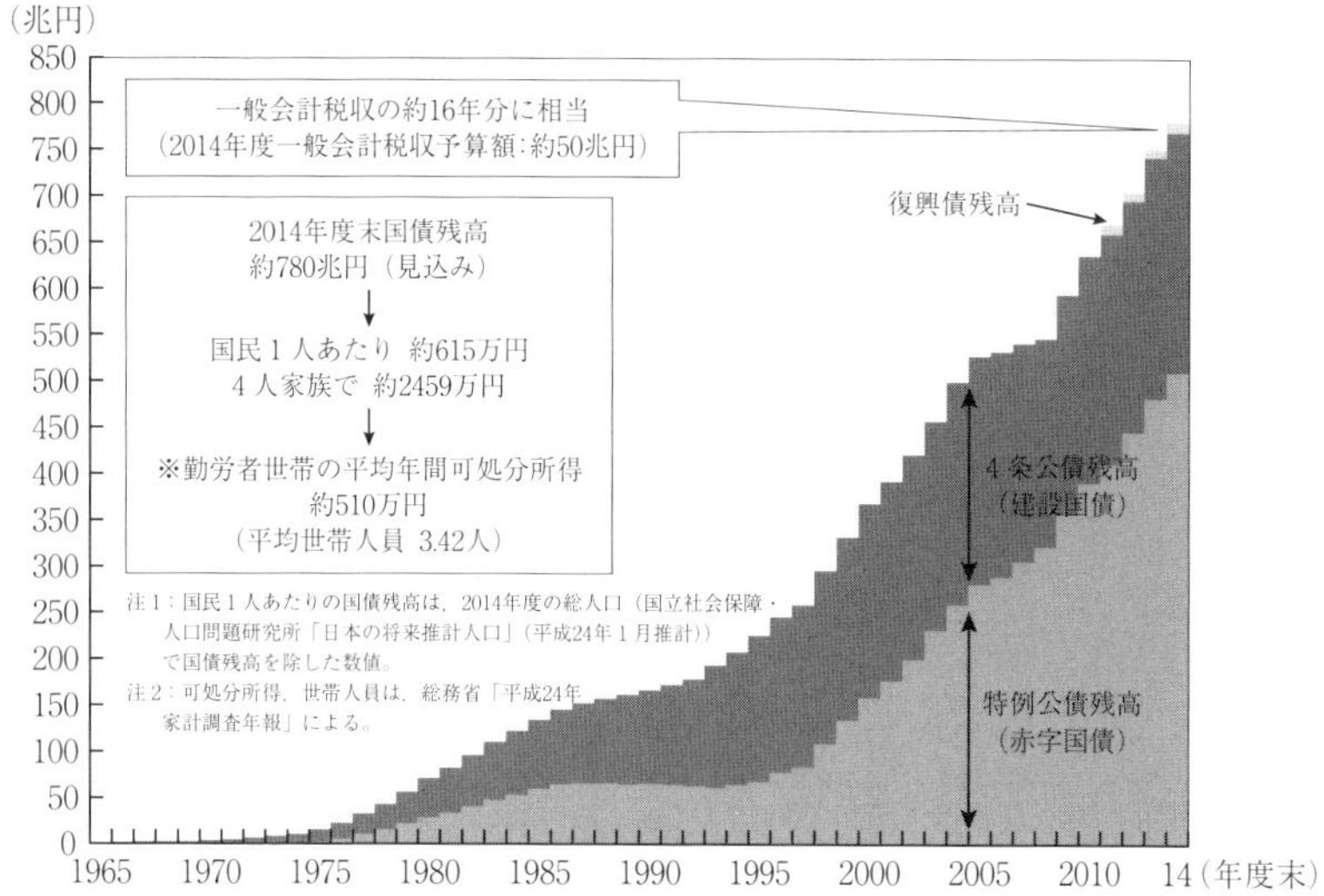

図表1-5　国債残高の累増

注1:国債残高は各年度の3月末現在額。ただし,2013年度末は実績見込み,2014年度末は予算に基づく見込み。

注2:特例公債(赤字国債)残高は,国鉄長期債務,国有林野累積債務等の一般会計承継による借換国債,臨時特別公債,減税特例公債及び年金特例公債を含む。

注3:東日本大震災からの復興のために実施する施策に必要な財源として発行される復興債も公債残高に含めている(2011年度末:10.7兆円,2012年度末:10.3兆円,2013年度末:9.4兆円,2014年度末11.4兆円)。

出典:財務省ホームページ。ただし著者による修正あり。

一兆円は二〇一一年の東日本大震災からの復興のために実施する施策に必要な財源として発行された復興債の残高である。国債残高の六五％が赤字国債である。もし赤字国債の発行にもっと慎重であれば、現在の異常な財政赤字を作り出すこともなかったであろう。しかし前述したようにバブル崩壊以降に財政問題に真剣に取り組んだ内閣は少なかった。橋本内閣、小泉内閣、野田内閣だけであろう。バブル崩壊前の一九八九年に三％の消費税導入を実行した竹下内閣も財政問題に真摯に取り組んだ例外的な内閣である。

　橋本内閣は、高齢化による社会保障費の増加に備えるために、マスコミ、国民、党内の強い反対を押し切り、三％から五％への消費税率の引き上げを実施した。所得税収、法人税収も維持され、橋本内閣のもとでは、税収は歳出の六八％前後を維持した。しかし一九九七年のアジア通貨危機を契機とする景気減速に対応するために実行された一九九八年度の大規模な経済政策により、税収は落ち込み、赤字国債発行額は年一七兆円に急増し、歳出に占める税収の割合は六割を切った。

二〇〇一年から二〇〇六年までの長期政権となった小泉政権は、財政再建策として歳出削減に取り組んだだけでなく、不必要な所得控除の廃止で課税ベースを拡大させ税収増を実現している（図表1-4を参照）。小泉内閣の税収増と歳出の抑制政策の結果として、二〇〇六年度、二〇〇七年度の歳出に占める税収比率は六〇％にまで回復している。小泉政権下での二〇〇四年の労働者派遣法改正（製造業への派遣解禁、紹介予定派遣の法制化）は低賃金労働を蔓延化させる点でマクロ経済学者として賛成しかねる政策であるが、財政学者としては、国民に人気の高くない財政再建策を実施し、赤字国債の発行額を抑えることで国民生活を破壊する財政破綻のリスクを小さくした点を高く評価したい。

この小泉内閣による財政再建の成果を崩壊させたのが二〇〇八年のリーマンショック後の景気停滞である。リーマンショックによる経済の不調に対して、麻生内閣の採った政策は減税と公共事業の増加という財政赤字を拡大させる政策であり、二〇〇九年度の歳出に対する税収比率は三八・四％と史上最低を記録した。その後二〇一〇年から二〇一三年の四年間は歳出に占める税収の割合が四〇％台という低い水準で低迷し、財政赤字は大きく膨らみ続けた。リーマンショックを境に赤字国債の発行額は年間二〇兆円台から三〇兆円台へと増加している（図表1-4を参照）。毎年三〇兆円もの巨額の赤字国債を将来世代に付け回す財政運営はとうてい正常なものとは思えない。

小泉政権以降はじめて財政再建に取り組んだのが、民主党の野田内閣である。自民党・公明党の連合政権である、第一次安倍内閣、福田内閣、麻生内閣が二〇〇九年に予定されていた基礎年金充実（国庫負担を三分の一から二分の一へ引き上げるための財源）のための消費税率の引き上げを先送りしたため、基礎年金の財源を赤字国債に求めざるを得なくなった。それが二〇〇九年を境に赤字国債発行額が三〇兆円を超えるようになった理由である。野田政権は、先送りされた消費税率の引き上げとこの間に膨らんだ財政赤字の縮小を図るために、消費税の五％から一〇％への引き上げを提案した。しかし何のための消費増税なのかを国民に十分説明することに失敗し、増税反対一色のマスコミの影響を受けた国民の投票により、二〇一二年一二月二六日の総選挙で野田民主党政権は自民党に大敗した。しかし政権交代後の二〇一四年四月に実施された消費税率の引き上げによって、財政収支は大きく改善している。図表1－2に描かれているように、二〇一四年四月に実施された消費税率の五％から八％への引き上げにより、六～七兆円の税収増となり、二〇一五年には久しぶりに歳出に占める税収の割合が五〇％を超えた。二〇一四年、二〇一五年の税収増をアベノミクスの成果とする誤った報道もあるが、実際は六兆円から七兆円の増収をもたらした消費増税の成果である。

野田政権は小泉政権以降で財政再建策を真剣に実行しようとした唯一の政権である。野田政権による消費税の引き上げ案はマスコミや日本国民には不人気であったが、消費税の引き上げは、確実に日本の〝財政破綻リスク〟を小さくした。個人的には、消費税ではなく所得税の増税が望ましいと考えるが、それでも不人気な増税に取り組んだことを高く評価したい。

以上のように、図表1－5から確認できるのは、減税政策に伴う巨額の税収減を埋めるために発行されてきた赤字国債こそが七八〇兆円という巨額の財政赤字の原因であることである。そして日本が財政規律を失ったのは、一九九四年に「減税特例国債」と名付けられた減税分を埋めるための特例公債（＝赤字国債）の発行に手を染めて以降のことであること、さらにアジア通貨危機後の一九九八年以降、歯止めを失ったように赤字国債の発行額が拡大していることも確認できる。

安倍政権は残念ながら、多数派の政権に属し、経済の活性化による税収増を期待し、財政再建のための増税策をとろうとはしない。昔さかんに言われた「増税なき財政再建」というスローガンに代表されるように、経済の活性化による自然増収を通じた財政赤字削減は耳に心地よいが、すでにバブル崩壊後の二五年間失敗し続けてきた政策である。二五年間は十分な実験期間ではなかろうか。現在も継続する減税政策と公共事業の拡大という財政政策と、歳入不足を埋めるための赤字国債の大量発行という経済運営について、大多数の日本人は深刻に受け止めず、マスコミも問題視しないことに対して、経済学者として深刻な危機感を抱かざるを得ない。

もし赤字国債の発行を伴う減税政策を行わず、景気対策を公共事業の拡大だけにとどめていたならば、建設国債（＝四条公債）の発行はあっても赤字国債の発行は最小限に抑えられるので、国債残高は建設国債残高の二九〇兆円にせいぜい赤字国債一〇〇兆円程度を加えても、多くて三九〇兆円程度、現在の半分程度の財政赤字に収まった可能性が高い。財政赤字が少なければ、国債の利子支払額や国債償還額も当然少なくなるので、国債費（国債の利子支払いと償還など）は現行の二三兆円ではなく半分程度の一二兆円前後に抑えられたことであろう。

政治家やマスコミを含め我々現在世代は、将来世代への借金の先送りである「赤字国債」の発行をなんと安易に考えてきたことか。そして著者を含めて二〇歳以上の日本人は、選挙で勝つために直近の経済状況だけに一喜一憂するような政治家や政府を選ぶことにより、将来世代に巨額の付けを回すことになってしまった。将来世代のことを考えれば、すぐにでも所得税負担を増やすことにより、日本の借金を返していくのが我々の責務ではないだろうか。

3　歳出を圧迫する「国債費」

この節では一般会計予算案において歳出項目で社会保障費についいで大きい「国債費」を取り上げる。国債費は、満期を迎えた国債の償還費と国債の利払い費からなる。ちなみに、二〇一五年度の予算案の歳出・歳入規模は九六兆三三四〇億円（GDPの約二割）であり、歳出項目の内訳は社会保障費が三一・五兆円、国債費が二三・五兆円、公共事業費・文教科学費・防衛費がほぼ五兆円となっており、国債費が歳出に占める割合は二四・四%と、歳出の約四分の一が借金返済となっている。政府が自由に使える歳出額を増やすために、借金返済（国債費）を減らす方法はないのであろうか。

社会保障費の削減はマスコミや政府によって耳にたこができるほど論じられているが、国債費の削減が論じられることはない。その理由は、国債費とは満期が来た国債の償還（借金の返済）と国債の利払い（借金の利子の支払い）なので、国債残高がはっきりしていれば国債費は制度上自動的に決まり、変更の余地はないと考えられているからであろう。しかし藤井（2012）は、事後的に国債費を検証すると、利子率の設定によって国債費の規模が変わる、つまり利子率を高めに見積もることによって財政当局が財政の余裕資金を生み出していることを見出している。このように国債費は国債残高によって決定されるのではなく、実際には国債の償還制度に大きく左右される。図表1-6は国債残高と国債費の動きが異なっていることを如実に示している。

ここで復習になるが、2節でみたように、国債には〝建設国債〟と言われる「四条公債」と〝赤字国債〟と言われる「特例公債」の二種類がある。二〇一四年度末の国債残高七八〇兆円のうち五〇九兆円が赤字国債であり、建設国債は二六〇兆円にとどまる（残る一一兆円は復興債の残高である）。建設国債は社会的インフ

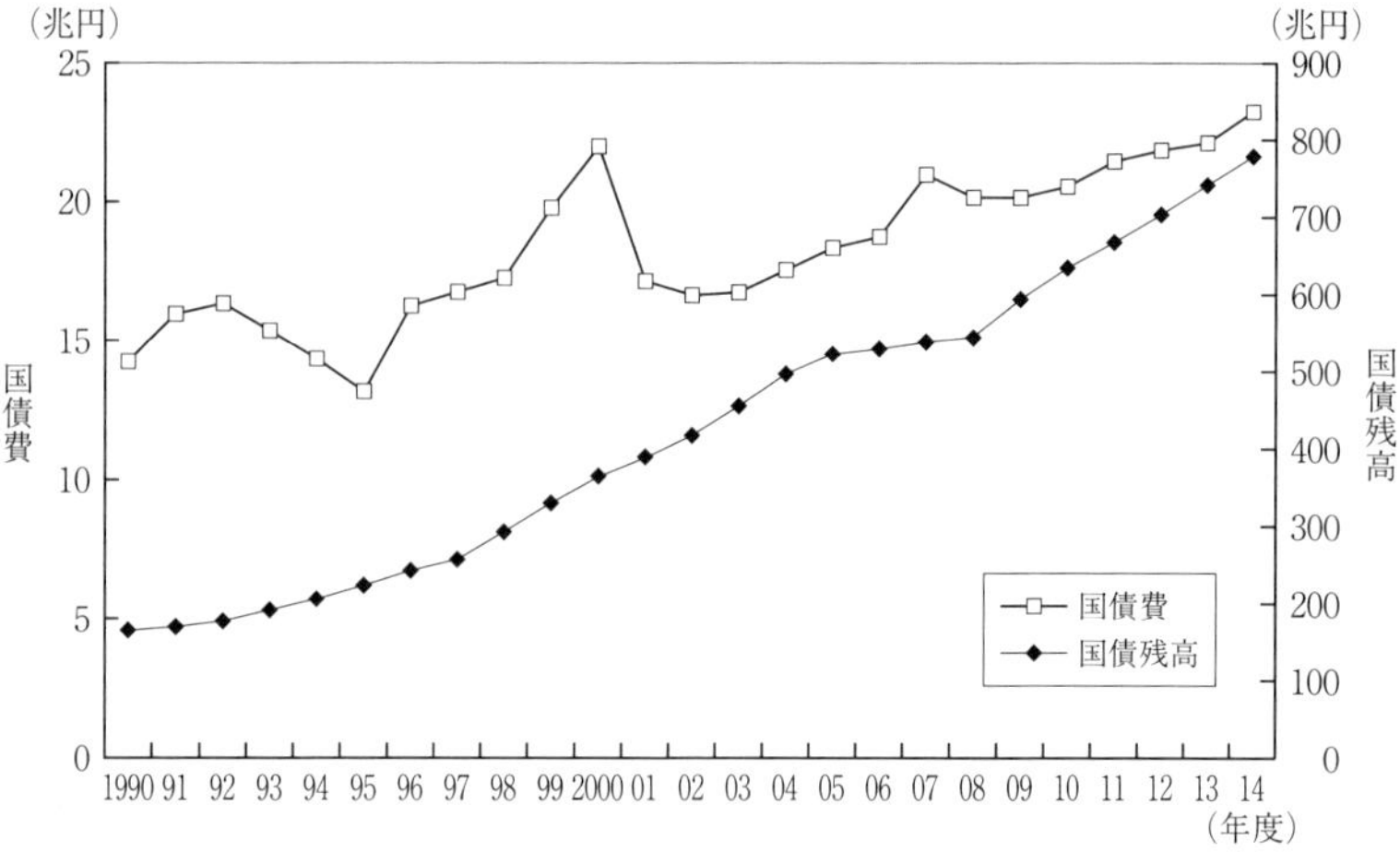

図表1-6　国債費と国債残高

出典：著者が作成。

ラ整備、例えば、ダム、港湾、空港などの公共建築物の原資として発行される国債である。公共建築物は現在世代だけでなく将来世代にも利益をもたらすものとして六〇年間という長期間の償還（国債の満期）が許されている。一方、赤字国債はたんに税収不足を埋めるために発行されるものであり、将来世代への付回しであるために、一九七五年の財政法改正では、発行に際しては特例法を国会で議決する必要があることに加え、一〇年以内に現金償還することが規定された。このようにかつては建設国債と赤字国債とは全く性質が異なっていた。

しかしその後建設国債と赤字国債の区別をなくしたことにより、赤字国債の発行が容易になり、そのことが財政赤字の拡大につながった。この二つの国債の区別をなくしたのは一九八五年の中曽根内閣、竹下大蔵大臣の時代である。一九八五年の特例公債法の改正により、赤字国債の償還期間の上限は一〇年から建設国債と同じく六〇年に延長され、現金償還から借換え債による償還も可とした。借金返済を借金で行うのを可能としたのである。この一九八五年の特例公債法の改正により、赤字国債の法的な歯止めはなくなった（中島〔2013〕を参照）。つまり上限一〇年の現金償還から、上限六〇年で借換え債による償還も可能とした赤字国債の償還制度の変更により、赤字国債発行は容易になり、より遠い将来世代に対する負債が積み上がっていくことになったのである。

ここで図表1－6にもどると、国債費は国債残高の伸びよりも緩やかに増加していることがわかる。例えば二〇〇一年から二〇一四年のあいだに国債残高は三九二兆円から七八〇兆円へと二倍になっているが、国債費は二〇〇一年の一七兆円から二〇一四年の二四兆円へと一・四倍にしかなっていない。国債費の伸びが国債残高の伸びよりも緩やかである理由は次の二つである。国債利子率の低下と長期国債への借換えである。

長期国債の利子率は一九九〇年の六・一％から一貫して低下しており、二〇〇二年には二％、二〇一三年には一・二％となっている。このような利子率の低下が利払い費の増加を抑えている（図表2－3を参照）。

しかし利子率の低下による利払い費の減少だけでは説明できない国債費の動きがある。図表1－6に描かれているように、国債残高が一貫して増加しているにもかかわらず国債費は二〇〇〇年から二〇〇一年にかけて二二兆円から一七兆円へと五兆円も大きく減少し、その後も国債費の増加スピードは緩やかである。このように国債費の増加スピードが緩やかになった理由は、建設国債・赤字国債を含めて償還期間（満期までの年数）の長い国債の割合が多くなったこと、さらに赤字国債をより長期の借換え債による償還によって実行するようになったことにある。つまり一〇年間で返済すると約束した借金を次々により長い返済期間の借金で置き換えていけば、一年あたりの返済額を抑えることができる。図表1－6に示された国債費の低い伸びは、国債がより長期の借換え債によって置き換えられていることも反映しているのである。

このように一九八五年の特例公債法の改正により、赤字国債の償還期間の上限が一〇年から六〇年に延長され、現金償還から借換え債による償還が可能となったことで、赤字国債の発行が容易になった。仮に大平蔵相が設計したように赤字国債の償還制度が一〇年の現金償還で維持されていれば、嫌でも赤字国債の発行に慎重になる。しかし償還期限が一〇年から六〇年に延長され、借金を借金で返済する借換え債が認められるならば、赤字国債の発行に歯止めがかからなくなり財政赤字が膨張するということは、専門家でなくても理解できよう。そして個人が借金を借金で返済していれば、遅かれ早かれ返済不可能な額にまで借金が膨らみ、夜逃げするか自己破産することになるのと同じで、財政赤字を放置する国家はやがて破綻する。国家が借金を借金で返済し始めたら、それは財政破綻リスクを大きく高めていることを意味する。残念であるが、一九八五年の赤字国債償還制度の変更が致命的な誤りであったことが、やがて証明されることになるかもしれない。

なお国債の償還や利払いにあてられるのは一般会計の「国債費」だけではない。借換え債の発行によって国債が償還されるので、一般会計の国債費は特別会計である国債整理基金に入金されたうえで、国債償還や利払いにあてられる。二〇一四年度でみると、国債償還と利子支払額の総計は九一・七兆円になる。一方借換え債による特別会計の歳入は一二二・一兆円にのぼる。七八〇兆円の国債残高に対して、一二二兆円という国債の借換えが現在実行されていることの恐ろしさを考えて欲しい。日本の銀行・保険会社・証券会社、そして一般の日本人は毎年増え続ける大量の借換え債をいつまで買い支えていけるのであろうか。

当然のことであるが、借換え債の発行を許す限り財政赤字は絶対に減少しない。建設国債の借換えを認めることはよいとして、将来世代に借金を押し付けることになる赤字国債の借換えは絶対にすべきではない。まず直ちに実行すべきことは、少なくとも今後発行する赤字国債については借換えを禁止して〝現金償還〟にもどすこと、そして現金償還により赤字国債残高を少しずつでも減らしていくことである。償還期間が一〇年では厳しいというならば、二〇年でもいい。ともかく少しずつでも赤字国債を現金償還していかない限り、国債残高は減少しない。より長期の借換え債に置き換えれば、借金の返済期間が延びていくだけである。そして返済期間が長期になるほど返さなくてはならない借金総額が雪だるま式に増加するのは、住宅ローンと全く同じである。

将来の金利上昇の可能性を考慮すれば、借金を金利の低い今のうちにできるだけ大量に返済するように努力することが、個人にとっても日本政府にとっても重要なことである。ちなみにバブル崩壊以降金利は一貫して低下し、二〇一三年の国債の金利は一・二%と歴史的な低さとなっているが、一九九〇年の利子率は六・一%、二〇〇〇年でも二・七%であり、現在の二倍以上の金利水準であったことを思い起こして欲しい。現在の低金利が永久に続くことを前提とした将来計画を立てることは、個人にとっても国家にとっても非常に危険な賭けである。

もちろん現金で償還しようとしても原資がないという反論があると思うが、東日本大震災への復興という名目で、ほとんど何の議論もなく二五年もの間所得税に二・一%の上乗せがなされているのだから、大震災以上に深刻なダメージを日本人全体に与える財政破綻を避けるために所得税、法人税への上乗せをすることは不可能ではないだろう。フランスでは実際に財政収支を改善するための特別増税を実施している。日本でも十分可能なはずである。

さらに「国債費」に関係する財政赤字の膨張が問題なのは、財政破綻の可能性を大きくするだけではなく、歳出の自由度を下げることにある。同じ予算額であっても国債費の割合が高くなれば、政府が自由に使うことのできる歳出額は減少する。それゆえ国債費以外の歳出項目の削減が求められることになる。つまり個人の場合に、借金が増えればその利払いも自動的に増加し、手元に残るお金も減るので生活費の切り詰めが求められるのと同じことである。

前述したように、二〇一四年度において国債費は一般会計予算のほぼ四分の一を占めており、政府歳出のうち自由に使えるのは七五％しかない。その結果、年金・医療・介護・生活保護を含む社会保障費や教育費など国民生活を支える制度を維持する資金が足りなくなり、政府・財務省は国民にとって大切な社会保障給付、教育支出に対してさえも縮小・廃止を求めるようになる。それゆえ国債費の縮小が必要であり、国債費を確実に縮小するための方策は国債残高の削減である。そして財政赤字削減は、社会保障費をターゲットとした「歳出削減」ではなく、増税によって行われるべきである。1節で説明したように、財政赤字の原因は所得税を中心とした減税政策にあるので、「所得増税」による財政赤字の削減が望ましい。

現在、社会保障費の削減が声高に議論されるのは、国債費が歳出の二五％と大きな比重を占めるために政府の手元資金が減少し、節約が求められるにあたって、歳出の約三割を占める社会保障費が目に付くからであろう。逆に言えば、もし財政赤字が少しずつでも削減されていけば国債費も縮小し、政府の手元資金が豊かになり、社会保障費の削減は必要なくなる。財政赤字削減のためのほんの少しの所得増税が、社会保障制度の維持を通じて将来の不安解消につながるのである。

日ごろあまり考えないことかもしれないが、財政赤字の増加とともに国債の償還や利子支払いに使われる費用も大きく膨らんでおり、その巨額の支出が政府の自由に使える財源を減少させ、その結果、社会保障や教育などの公的サービスの低下を通して国民に大きな不利益を与えているのである。もう少し具体的に言うと、国債費とは国債への利払いや国債の借換えなどに使われる費用なので、もし国債残高が現在の七八〇兆円の半分であれば、国債費も半分の一二兆円程度に抑えられる。仮に予算に一二兆円の余裕があれば、現在のように社会保障費や文教科学費の削減が求められることはなかったかもしれない。

このように七八〇兆円という巨額の財政赤字が存在することにより、国民の生活を支え将来の日本に必要な社会保障制度や教育水準の維持に必要な費用さえ削減が求められることになる。それゆえ国民生活を守るためにこそ、「所得増税」による財政赤字の削減が必要となる。

4　歳出削減のターゲットになる「社会保障費」

「社会保障費」は社会保障給付の国の負担分

この節では、「社会保障費」が政府の歳出削減策のターゲットとなる理由を明らかにする。さらに消費税を「社会保障費」にあてた場合の試算を行う。消費税の導入時や引き上げ時には、常に〝消費税は社会保障の充実に使う〟と言われていたことを思い起こして欲しい。しかし試算結果からは、政府の言葉通り消費税増税分を社会保障費の増加分にあてたとしても、それだけでは賄えないことが明らかになる。消費税率の引き上げの遅れが致命的であった。それゆえ社会保障費の維持には所得増税の方がよい。所得増税による国債残高の削減は、「国債費」を縮小させ、社会保障制度の維持を可能とする。

この節では、さらに〝社会保障費の削減が必要である〟という世論の愚かしさを指摘する。若い世代が自分で自分の首を絞めるように、社会保障費削減を支持するような世論を作り上げたことについて、マスコミの責任は重い。

さて社会保障費について論じる場合には、まずよく使われる「社会保障給付額」と一般会計の「社会保障費」とは異なる概念であることを理解する必要がある。社会保障給付額と社会保障費はよく似ているが、社会保障費は、社会保障給付額の一部であり、政府の負担（＝国庫負担）をさす。スウェーデンなど北欧諸国では社会保障給付の大部分が政府負担（＝税金）であるが、日本では社会保障給付額の大部分が保険料で、政府負担の割合は小さい（図表1－7を参照）。二〇一三年度の数字をみると、社会保障給付額約一一〇兆円のうち保険料が六四兆円を占め、「社会保障費（＝税・国債など国庫負担）」は三一兆円、地方負担が一二兆円、そして、資産収入などからなる。つまり日本の社会保障制度の半分以上が保険料によって支えられており、税や国債などの国庫負担によって支えられている比率はわずか四分の一にすぎない。ただし、図表1－7に示されているように各制度により給付額に占める社会保険、国庫負担、地方政府の負担割合は異なる。

社会保障制度のうち社会保障費削減のターゲットとなっているのは、国や地方の歳出（税・公債）で支えられている制度である。中央政府の支出割合が高い制度は、生活保護（給付額の三／四）、児童手当（同五五・四％）、児童・障害福祉（同一／二）、基礎年金（同一／二）、国民健康保険（同四一／一〇〇）、後期高齢者医療制度（同一／三）、介護保険（同一／四）、雇用保険（同一／四）である。自助努力を強調する安倍政権になって直ちに生活保護の削減が実施されたことは偶然ではない。生活保護費の四分の三は国の負担なので、生活保護給付削減は国の歳出削減に直結するのである。

さらに図表1－7に示された国の負担割合が大きい制度のうちで給付総額がもっとも大きいのは基礎年金である。老齢基礎年金は加入年数が二五年を超える六五歳以上の高齢者すべてに給付される年金であり、二〇一四年現在の受給者数は三〇〇〇万人に近い。基礎年金給付のうち半分が国の負担となるため、基礎年金の水準は「社会保障費」の規模に大きな影響を与える。政府が基礎年金水準の引き下げを図るのは歳出削減策として当然のことであり、厚生労働省は、将来の就業者の減少を考慮した「マクロ経済スライド」を適用すると、三〇年後の老齢基礎年金は現在の七〇％の水準、月四万五〇〇〇円程度まで低下すると試算している。

基礎年金水準の引き下げは財務省の強い要請であり、大幅な歳出削減につながる。しかしよく考えて欲しい。老齢基礎年金額は現在でも四〇年間保険料を支払い続けて満額でやっと月約六万五〇〇〇円、夫婦なら

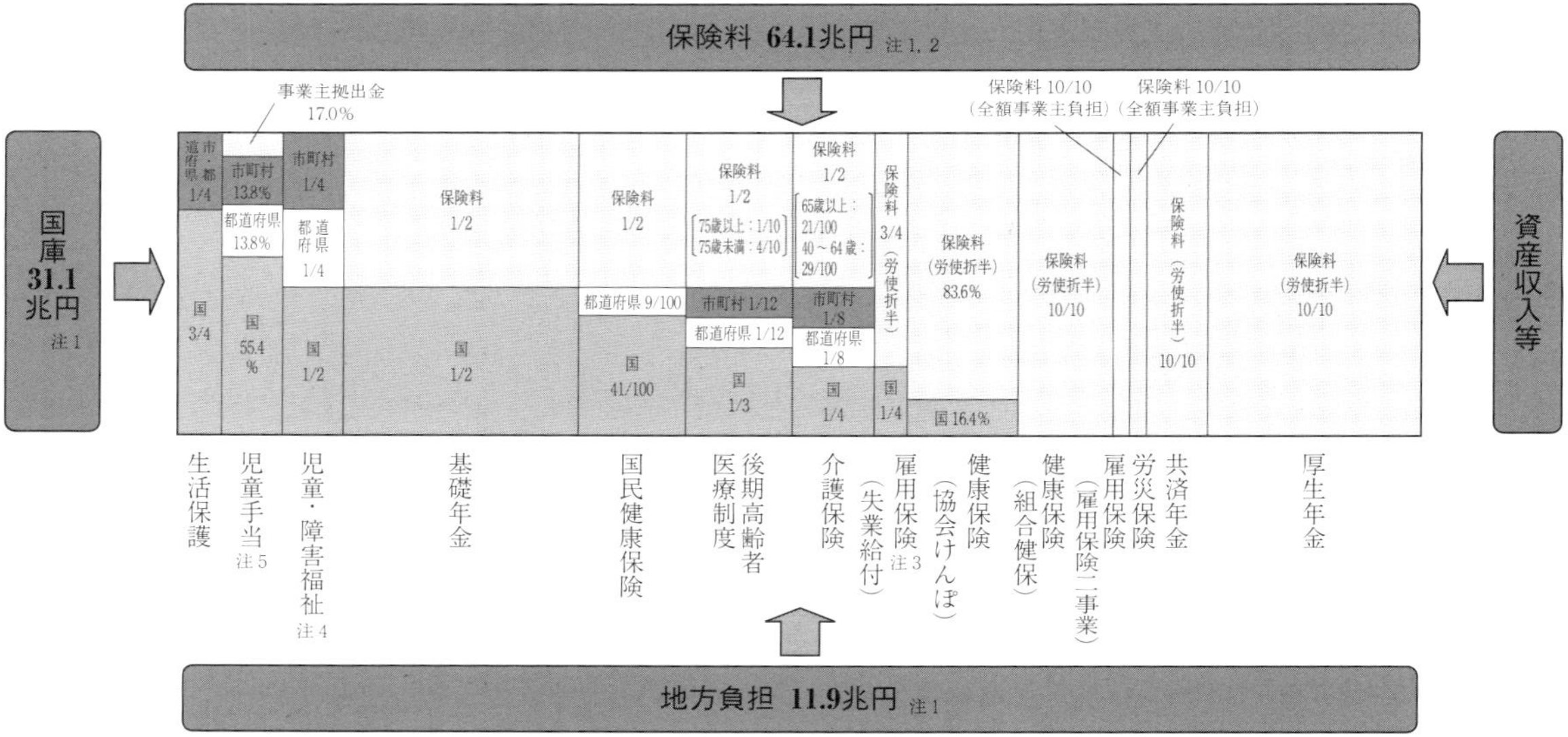

図表1－7　社会保障財源の全体像

注1：保険料，国庫，地方負担の額は2014年度当初予算ベース。
注2：保険料は事業主拠出金を含む。
注3：雇用保険（失業給付）については，当分の間，国庫負担額（1/4）の55％に相当する額を負担。
注4：児童・障害福祉のうち，児童入所施設等の措置費の負担割合は，原則として，国1/2，都道府県・指定都市・中核市・児童相談所設置市1/2等となっている。
注5：児童手当については，2014年度当初予算ベースの割合を示したもの。
出典：厚生労働省ホームページ。

なんとか生活できるレベルであるが、三〇年後にはそれが月四万五〇〇〇円にまで低下するのである。夫婦で九万円の公的年金で生活していけるのであろうか。現在雇用者の四割近くまで増加した非正規雇用者の大半は貯金を持たず、老齢基礎年金しか期待できないので、老後は生活保護水準以下の生活しかできなくなる。このままでは老後を生活保護に頼るしかない高齢者が激増するであろう。

自民党政府は一貫して自助努力を強調し、その自民党を大多数の国民が支持してきた結果がこれである。民主党は「最低保証年金」七万円の導入を提案をしていたが、政権交代と共にあっというまに消えてしまった。ILOなどの国際機関も日本に対し、最低保証年金の導入を求めているが、全く無視されている。著者は今でも民主党の提案した最低保証年金制度が実施に移されなかったことを非常に残念に思う。民主党は厚生年金と共済年金との統合を実現したように、年金制度改革に熱心に取り組んだし、その方向性も正しかったと思う。十分な時間を与えられなかったことが残念である。

国民健康保険（四一／一〇〇）、後期高齢者医療制度（一／三）という国庫負担の大きな医療制度についても基礎年金と同様のことが起こっている。日本の医療費は高齢化により膨らみ続けており医療費の削減、自己負担の増額が必要であると言われるが、それもまた誤った議論である。高齢者が増加すれば医療費が増加するのは当然のことであるが、日本は高齢者比率が高いにもかかわらず、GDPの一〇・一％と他の先進国並であり、アメリカの一六・四％に比べれば全く少ない（二〇一二年、図表1-8）。

アメリカは日本やヨーロッパ諸国のような公的医療保険を持たない国であり、その医療支出は突出している。公的支出がGDP比の七・九％、個人負担が八・五％にもなる。自由診療の国であるアメリカでは医療が民営化されており、手術費は高く、入院すれば一日三、四万円も必要となる。アメリカは国民の五〇〇〇万人以上が民間医療保険を持たない国であるにもかかわらず公的支出も多く、それ以上に個人負担は重い。

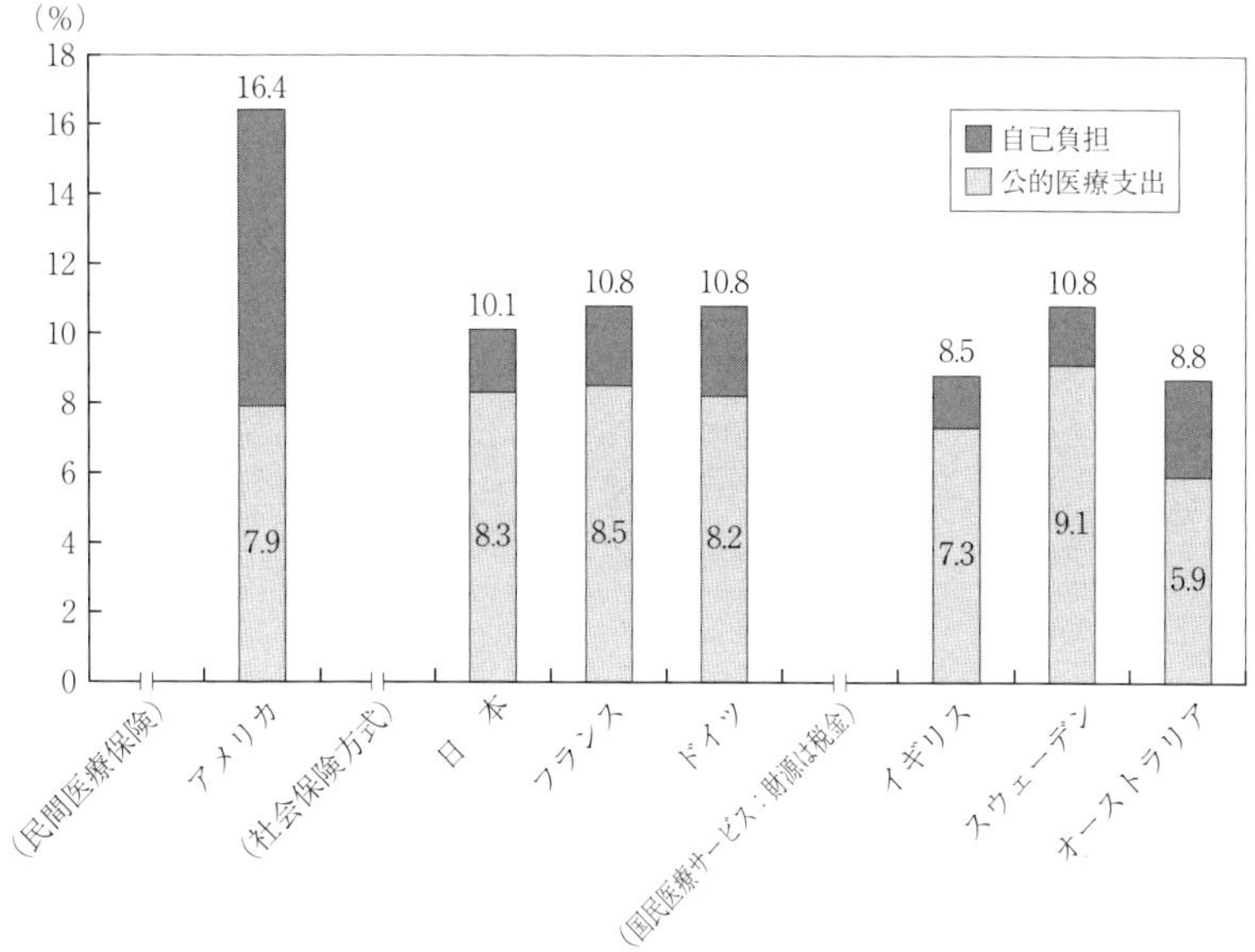

図表 1-8 医療支出の国際比較（2012年，対 GDP 比）

出典：OECD データをもとに，著者が作成。

アメリカの医療支出の高さは、医療サービスを民営化すれば、個人負担がいかに大きくなるかをはっきりと示している。

逆に公的医療保険を持つ日本やヨーロッパの医療支出はGDPの八〜一一％程度に抑えられている。政府や財務省による日本の医療支出が大きすぎるので削減が急務である、というキャンペーンは全くの誤りであることがわかる。財務省は、国の負担割合の高い国民健康保険や後期高齢者医療制度の財政に着目して、高齢者を多く抱えるその二つの医療制度の支出を抑えたいだけなのである（図表1-7を参照）。もし財務省が医療支出の国庫負担の減少を本当に望むのならば、若い世代の多い健康保険（組合健保、政管健保、各種共済組合）と高齢者の多い医療制度を統合し、全国民を対象とした単一の医療保険への移行を提案すべきであろう。韓国は、利害の対立から政治的混乱もあったが、医療制度、年金制度の統合を成し遂げた。イタリアも医療支出の抑制と効率化のために、分立する保険制度から全国民を対象とする国民医療サービス（ＮＨＳ）へと移行している。もちろん複数の制度を統合するのは官僚・政治家にとって困難な道であるが、決して不可能ではない。長い目でみれば、医療制度の統合は非正規労働者の増大、高齢者の増加という日本の将来により適した選択であると、著者は確信している。

しかし日本では制度の統合を議論しないままに、逆に全体の医療支出を増加させるような動きがある。それが混合医療の解禁である。混合医療の導入により、公的医療支出は減少する可能性があるが、アメリカのように個人負担が増大し、国民全体での医療支出は増加するであろう。混合医療が導入されれば、医者は医療知識や情報の乏しい患者に対し、公定価格の保険診療よりも高額の自由診療を勧める可能性が高い。そのことは自由診療を導入している歯科をみればわかる。保険診療の範囲での治療ではなく、自由診療のインプラントを勧められることが多くなっているのではないか。安倍政権が自由診療の範囲を広げようとしているのは、公的医療支出を削減し、個人負担を増やすためであり、決して医療水準の向上を願ってのものではないことを認識すべきである。

以上のように、政府が社会保障費の削減をいう場合には、必ず国庫負担の多い制度の給付削減を意図していることを念頭におく必要がある。実際に安倍政権下で給付削減のために実行されたのは、生活保護費・児童手当・介護サービスの切り下げと給付条件の厳格化、基礎年金の切り下げ、介護保険や高齢者医療制度における自己負担の引き上げである。

「社会保障費」は消費税で賄えない

次に社会保障費の財源を考える。政府は社会保障の拡大に対応するために消費税を導入すると言っていた。

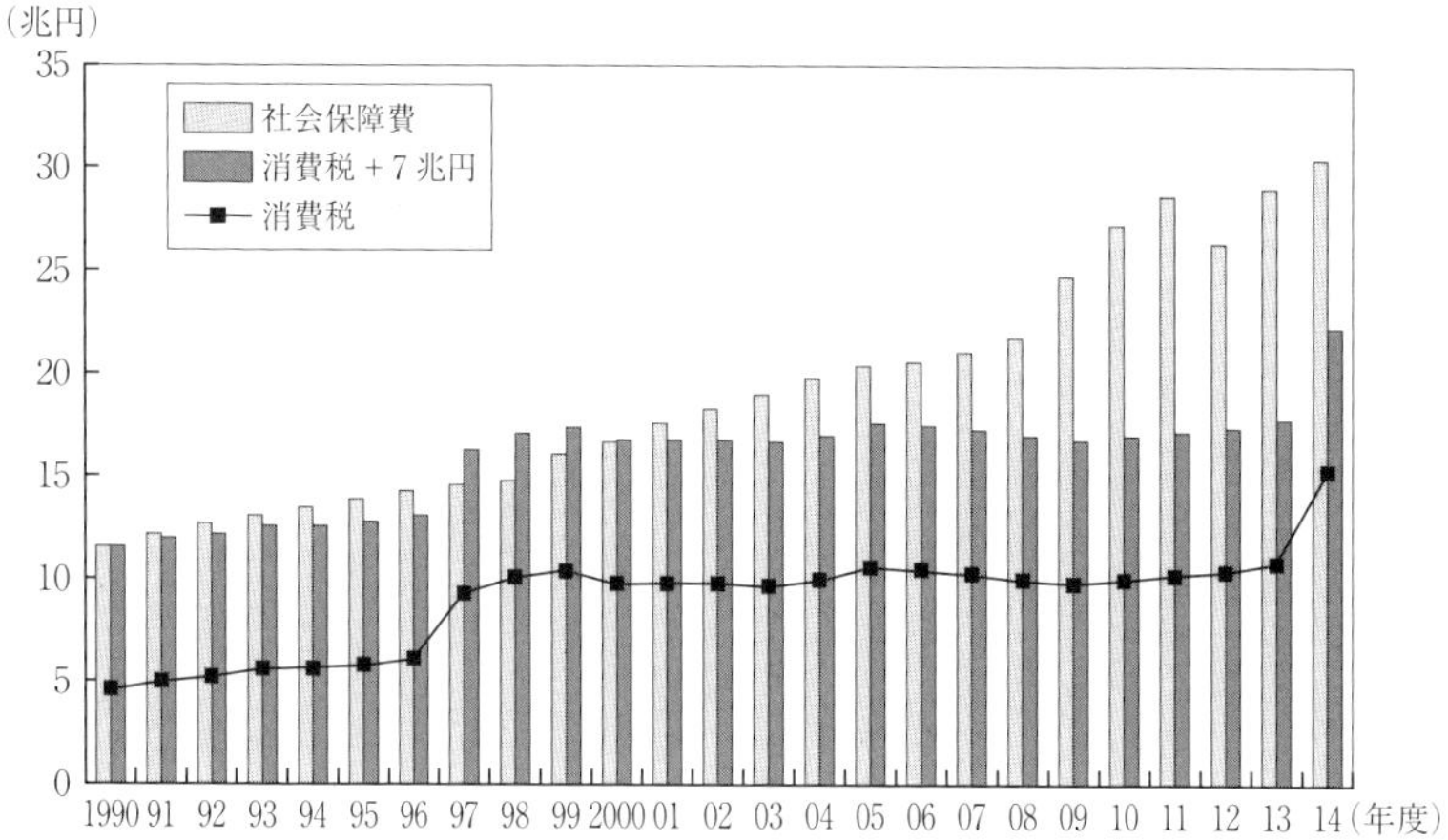

図表1－9 社会保障費と消費税

出典：著者が作成。

そこで社会保障費の増加分を消費税の引き上げによって賄えたのか否かを図表1－9によって検証しよう。なおここでいう「社会保障費」とはこれまでのところで説明したように、年金・医療・介護・生活保護などの社会保障給付費のうち中央政府が負担する分（＝税収＋国債）であり、社会保障給付全体の約三割弱を占めるに過ぎない。しかし国庫負担の多い制度は、生活保護・基礎年金・児童手当など、国民に対し最低限の文化的生活を保障する制度でもあり、簡単に切り捨ててはならない支出である。

まず社会保障費の推移をみる。図表1－9に示されるように、社会保障費は高齢者の増加とともにゆっくり増加しているが、ところどころで支出レベルがジャンプしている。このような「社会保障費」の水準の変化は制度の変更によって説明可能である。二〇〇〇年前後に社会保障費の水準が高くなったのは介護保険の導入があったからであり、二〇〇九年以降の社会保障費の急増は基礎年金の国庫負担（＝国の負担）が三分の一から二分の一になったことを反映している。基礎年金は老齢・遺族・障害基礎年金からなり、老齢基礎年金の受給者数だけで約三〇〇〇万人と多く、国庫負担率の変更は社会保障費を一気に三兆円も押し上げることとなったのである。

次に社会保障費の財源として消費税が適当であるか、を検討しよう。まず一九九〇年には一九八九年の消費税の導入もあり、社会保障費は消費税とその他の税収でつりあっていたと仮定する。一九九〇年の社会保障費は一一・六兆円で、消費税分が四・六兆円なので、残りの政府負担は七兆円である。この七兆円の社会保障費は必ず確保されると仮定し、消費税分がすべて社会保障費に向けられるとした試算を行った。この試算結果から言えることは、橋本内閣による三%から五%への消費税の引き上げのおかげで二〇〇〇年代初めまでの社会保障費は、〝消費税+その他の税七兆円〟の合計額にほぼつりあっていた。

問題は二〇〇〇年代半ば以降である。もし社会保障費の原資を消費税に求めるとすれば、二〇〇〇年前半の早い段階での税率引き上げが必要であったはずである。さらに二〇〇九年に基礎年金の国庫負担を三分の一から二分の一に引き上げることは早くから決まっており、二〇〇八年には消費税の五%から一〇%への引き上げ分(一〇兆円相当)の一部があてられることになっていた。しかし第一次安倍内閣、福田内閣、麻生内閣はリーマンショックによる不景気を口実として、国民に不人気な消費税引き上げを先延ばしにしたため、社会保障費の財源が十分確保できなくなり、社会保障費の削減が議論されるようになったのである。二〇一〇年から二〇一三年の「社会保障費」とその財源と期待される「消費税+七兆円」の差は毎年一〇兆円にもなる。社会保障費の削減が議論されるのも当然である。

社会保障費の財源がもっとも不足したのは、基礎年金充実のために国庫負担を三分の一から二分の一に引き上げた二〇〇九年のことである。国庫負担引き上げの前提は消費税率の五%から一〇%への引き上げであったが、前述の通りこれは先延ばしされた。結局民主党の野田内閣が基礎年金の国庫負担分と財政再建の財源として五%から一〇%への消費税引き上げを提案したが、国民の反発は強く二〇一二年一二月の総選挙に大敗した。二〇一二年八月に民主党、自民党、公明党の三党間で二〇一四年四月に五％から八％、二〇一五年一〇月に一〇％に引き上げるという二段階での引き上げ案が合意されており、野田政権に代わって安倍政権が五％から八％への消費税引き上げを二〇一四年四月に実施したが、八％から一〇％への引き上げは二〇一七年四月へと一年半先送りし、さらにその後二〇一九年一〇月へと二年半の再度の先送りを決定してしまった。この四年間で二〇兆円近い社会保障費の財源が失われ、結局社会保障費に大鉈が振るわれることになる。国民は本当にこのような社会保障費の削減を望んだのであろうか。

簡単な試算ではあるが、図表1-9は消費税が社会保障費の財源として不適当であることを示している。消費税率の引き上げは政治的に非常に困難である。そのうえ、消費税は低所得者の負担が重い税であり、税率の引き上げには慎重であるべきかもしれない。著者は、減税政策により税収が一九九〇年の半分にも縮小している所得税の増税を図り、社会保障費の財源にすることをすすめたい。

政府は打ち出の小槌を持っているわけではない。基礎年金の充実など社会保障制度の維持・改善を望むならば財源が必要であり、国民負担（＝所得税あるいは消費税）の引き上げが必要になるという簡単な事実を理解する必要がある。国民に対し「社会保障費」の維持に必要な増税のプランを示すことなく、なし崩し的に社会保障費の削減を決めていくことは、どう考えても民主主義に反すると思わざるを得ない。仮に政府が社会保障費削減の提案をするならば、増税で社会保障費を維持するケースも合わせて国民に示したうえで、日本国民の大多数の同意を得る必要があるのではないか。

ところで、著者が社会保障費の維持・拡充を考えるのは、日本の社会保障給付額が国際比較すれば決して高い水準ではないことを知っているからである。この点は多くの研究者によって指摘されているが、決して一般常識とはなっていない。多くのマスコミは企業に支えられており、大企業は社会保険の企業負担分（厚

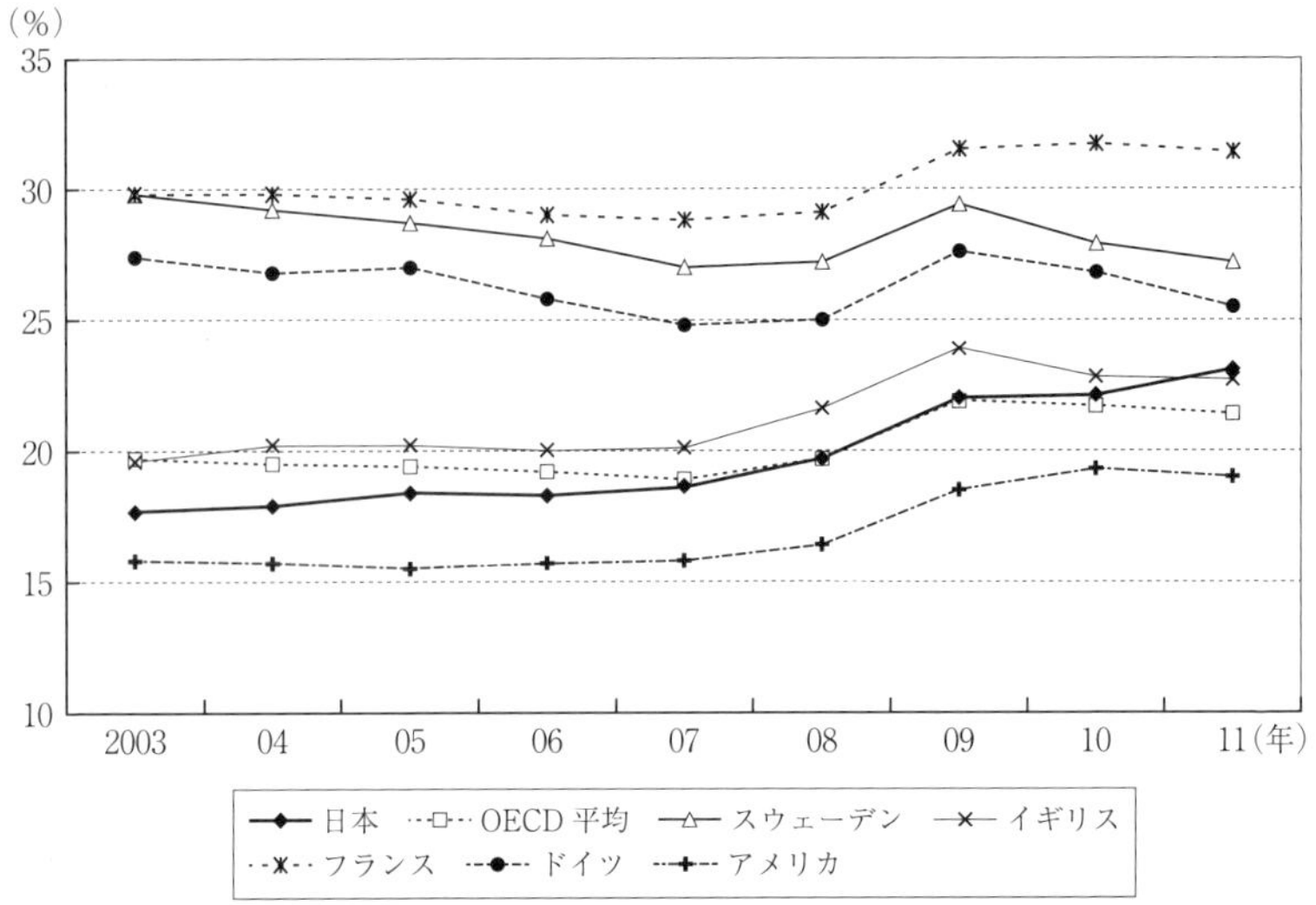

図表 1－10　社会支出の推移（対 GDP 比，OECD データ）

出典：著者が作成。

生年金や健康保険、共済組合、雇用保険、介護保険の保険料の半分、労働災害保険の保険料など）の増加を嫌い、社会保障給付の削減を要求しているためだろうか。

図表１－10をみれば、日本の社会保障レベルが決して高くないことを納得していただけるであろう。そして同時に日本の所得税が低くなっていることを思い出して欲しい（第1章1節を参照）。

図表１－10は社会支出の国際比較である。社会支出は狭い意味の社会保障給付のみでなく、教育や住宅・家賃補助などの国民の生活を支えるための公的な支出を含んでいる。日本の社会支出の推移をみると、二〇〇九年を境にＯＥＣＤ諸国の平均を上回っているが、それ以前はＯＥＣＤ平均よりかなり低い水準にあったことがわかる。例えば、二〇〇三年の日本の社会支出水準はＯＥＣＤ平均のＧＤＰの二〇％よりも低く、一八％にとどまっている。ＯＥＣＤ平均よりも高くなったのは二〇〇九年以降であり、日本の社会支出のＧＤＰ比が高くなったのは、名目ＧＤＰが縮小している一方で、基礎年金の充実（国

庫負担の引き上げ）が図られたためであると考えられる。しかし二〇一三年のデータでも、日本の社会支出はフランス、スウェーデン、ドイツよりも低く、決して社会保障支出が大きすぎる国ではない。

さらに日本の社会支出は年金支出（特に厚生年金、共済年金）に偏っており、教育、公的住宅・家賃補助、児童手当などへの社会支出は大いに見劣りすることはよく知られている。基礎年金、教育、公的住宅・家賃補助、児童手当などの社会支出は、正社員・終身雇用が一般的であった一九八〇年代ならばあまり必要なかったかもしれないが、非正規労働者の増加による低所得者（＝将来の低年金者）の増加、子供の六人に一人が貧困世帯で育つという日本の現状を考えれば、増額・充実が必要であろう。

さらに社会保障費よりも金額は小さくても公共事業の中には無駄な支出が少なくないことを指摘しておきたい。例えば会計検査院によれば、二〇一一～二〇一四年度の四年間の東日本大震災の復興予算の総額二九兆四〇〇〇億円のうち、二〇一四年度末で約九兆円が使われていない。国民生活の安心に大きく貢献している社会保障費の削減をしながら、使われない予算を計上するのは問題であろう。

最後になるが、日ごろから感じている違和感を述べておきたい。日本ではなぜ歳出の抑制が国民にとって望ましいことのように述べられるのであろうか。政府の歳出削減のターゲットは社会保障費であり、社会保障費の削減は低・中所得者を中心に日本国民の厚生（＝幸せ）を確実に低下させる。例えば、医療や介護サービスの切り下げは、低所得層だけでなく、中所得層であっても医療や介護を必要とする家族のある国民の生活を不安定化する。特に介護サービスの縮小は、かつての家族介護への逆もどりである。それなのに日本国民の大多数は、自らの生活レベルの低下を招くような歳出の削減をなぜ支持するのであろうか。

このような日本人の盲目的とも言える歳出削減支持はマスコミの影響と考えざるを得ない。実際、財政赤字の主要因は景気刺激策として行われた減税政策であるにもかかわらず、財政赤字拡大の過程を忘却あるいは無視して、マスコミは現在の巨額な財政赤字額だけを人々につきつけ、財政赤字の原因が高齢者の増加による社会保障費の拡大にあるという報道を垂れ流し続けている。その結果、多くの日本国民は財政赤字解消のためには社会保障費の切り下げもしかたがないという自民党の主張を唯々諾々と受け入れている。その証拠に、社会保障費支出の切り下げを進める安倍政権の支持率はどのメディアの調査でも高い数字を記録している。例えば、ＮＨＫ調査によると、就任直後は六五％の支持率を得、その後、問題法案のたびに四〇％まで下がるもののすぐに持ち直し、二〇一六年一〇月の支持率は五〇％を超えている。

しかし現在実行されている社会保障支出を中心とした歳出削減＝公的サービスの切り捨ては、低所得者、母子家庭など経済的に恵まれない層の生活を危機に陥れ、将来的に社会に不満を持つものを大量に生み出すことになるであろう。家庭環境など自分の責任でない理由によって社会で不利益を受けていると考える若者は、自分も社会も大切にしない。例えばオレオレ詐欺などの特殊詐欺の被害額は年間五七〇億円（二〇一四年）にもなる。低所得者へのセーフティネットは、低所得者のためだけにあるのではなく、豊かな人々の生命や財産にもかかわってくる。日本では現在六人に一人の子供が貧困世帯で育っているとされる。このような恵まれない生まれの子供や若者の生活を守り、教育機会を提供し、若者に将来の希望を与えることは、少子化が進む日本において、政府のもっとも重要な役割の一つであろう。

低所得者のセーフティネットとなる社会保障制度の充実こそが、高所得者も含めた国民全体の生命と財産を守る重要な政策ではないだろうか。誰かの言い分を繰り返すだけではなく、歳出削減がどのような社会をもたらすかについて一度は自分の頭で考えてみて欲しい。

第2章　財政破綻の可能性と国民生活

この章では財政破綻リスクが高まっていることを明確に示したい。まず知るべきは、国際社会の日本経済に対する評価は日本人が考えている以上に厳しいことである。ＩＭＦやＯＥＣＤなどの国際機関は日本が早急に財政赤字削減に取り組むことを求め続けている。しかし財政赤字の削減のための増税に取り組まない政府を選択し続けたために、日本財政の破綻リスクは確実に高まっている。財政破綻はハイパーインフレ、賃金の低下・年金の切り下げなどにより、大多数の国民を窮乏化させるので絶対に避けなくてはならない。財政再建のための増税政策を提案できる政党を選ぶことこそが、我々日本人が破局を免れる方法である。

まず1節で最近の国債市場の変化についてまとめる。二〇一二年に黒田総裁が就任して以降、日本銀行は大量の国債買いを実行しており（二〇一四年一一月には年間八〇兆円の購入を決定）、日本銀行の国債保有額は一気に増大している。その結果、債券市場で流通する国債が減少し、国債金利の変動が大きくなり（＝不安定化し）、国債金利の急上昇の可能性が高まっている。さらに、日銀の大量の国債買いは国債金利を引き下げることにより、円安を招いている。2節では日本経済の国際社会における評価の低下を示す。具体的には日本国債の格付けの低下と円安である。円安は食品や資源価格の高騰を通じて国民の生活水準を低下させるだけでなく、ドルベースでみた日本経済の地位を一挙に低下させる。

3節では、河村（2013）などを参考として、敗戦後の財政破綻における政府の行動をまとめる。敗戦の前年の一九四四年にGDPの二・七倍にも膨らんでいた財政赤字の解消のために、日本政府は国民の保有する金融資産の三分の一を財産税として徴収し、それを国債の現金償還にあてた結果、現金流通量は途方もなく膨らみ、ハイパーインフレを引き起こした。ハイパーインフレは大部分の国民の生活を窮乏化させたが、一方でGDPの二・七倍にも達していた財政赤字を解消する手段ともなったことを忘れてはならない。今後も財政赤字を放置すれば、同じことが起きる可能性がある。財政赤字を放置することなく、所得増税による財政赤字の削減を着実に実施する政権を選ぶことの重要性を理解して欲しい。

1　日銀による大量の国債買いと金利上昇リスク

この節では、日本の国債市場の変化について述べる。安倍政権は、金融の専門家ではなく、政府の経済優先政策を支持する財務省OBの黒田東彦氏を日銀総裁とした。それゆえ黒田総裁の金融政策は、長期的なマクロの金融量の調整による一定の物価上昇を伴った安定した経済の維持ではなく、安倍内閣の求める短期的な経済刺激策に重点をおいたものとなっている。

具体的には〝異次元の金融緩和〟による大量の資金供給により、金利は低下し、円安が進み、株価は急上昇した。円安と株価の上昇は安倍内閣の求めるものであったが、しかし金利の下落は、一七〇〇兆円と言われる家計の金融資産の大部分が預貯金であることを考慮すれば、家計の利子収入の減少によって家計消費を不活発にするというマイナス効果も持つ。金融緩和政策は、金利の低下による利子収入の減少だけでなく、過剰な住宅投資をもたらす可能性も高く、家計にとって決して望ましくない政策であることを明記しておきたい。さらに、この〝異次元の金融緩和〟の裏で、日本の国債市場は大きく変化した。この節ではこの変化を具体的に述べていく。

さて日本の財政をみると、すでに実質的に財政破綻の状況にあると言えるかもしれない。二〇一五年度の予算九六兆円に対し、消費税率の五％から八％への引き上げで七兆円もの増収がありながら、歳出の五五％しか税収でまかなえていない状況だけでも大問題であろう。しかも財政赤字は減少する気配もなく増加し続けており、二〇一四年度末の国債残高は七八〇兆円に達した。国債がなんとか市場で消化できているから、日本国内で財政赤字が大きく取り上げられることが少ないだけで、実際にはいつ財政破綻しても不思議ではない状況にある。財政破綻とは、市場で国債が売れず歳入不足が起こり、政府は公務員給与を支払えなくなり、年金、医療、介護、教育、防衛、警察などの公的サービスを供給できなくなる状況をいう。ギリシャやスペインなどのように、国債が売れなければ国債金利を上げるしかなく、金利の急激な上昇は銀行融資に頼る中小企業、住宅ローンを抱える国民の生活を直撃する。企業倒産は頻発し失業者は増加する。経済の悪化により為替レートは急降下し、輸入品価格は暴騰し、家計は一層窮乏化する。

もっとも財政破綻は決して珍しい現象ではなく、経済発展が遅れている国だけで起こるのでもない。例えば、一九九七年に始まったアジア通貨危機の時には、経済発展を遂げていた韓国が財政破綻に追い込まれ、ＩＭＦの融資を受けるために厳しい国内経済の改革策（労働市場改革、公務員の削減など）を受け入れざるを得なくなった。その結果、企業倒産の急増と賃金の低下、失業率の急上昇、という国民生活の窮乏化を経験している。そして現在はギリシャが財政破綻に陥り、ＥＵの厳しい歳出削減要求を受け入れざるを得ない状況に追い込まれている。年金は四割カットとなり、給付年齢も引き上げられ、公務員数の削減、給与の引き下げも現実のものとなっている。

ここで考えて欲しいのは、財政破綻したギリシャの政府債務の規模が日本よりも低いことである。ギリシャの政府債務はGDPの一七五％であるが、日本の中央政府・地方政府・社会保障基金を合わせた一般政府の債務総額は二〇一四年度末には一一四二兆円と、GDPの二・三倍となっている。GDP比でみれば、日本政府の抱える債務総額はギリシャよりはるかに高い。

しかしこの巨額の財政赤字の存在を本気で心配する国民は決して多くはない。著名な経済学者や政治家が「日本人の保有する金融資産総額は一六〇〇兆円を超えており、また、国債の大半は日本人が保有しているので、心配はない」、「景気がよくなれば税収が増えるので、財政赤字を埋めることができる」と述べていることに国民は安心し、新聞も財政赤字よりも短期的な景気や株価の動向に紙面を多く割いている。

確かに日本国債の保有者の九割は、日銀、銀行・保険会社などの日本企業と日本人である。日本のように海外投資家比率の低い国債は例外的であり、海外投資家は欧米諸国の国債を大量に購入している。アメリカ国債の半分、イギリス国債の三割、ドイツ国債の六割、フランス国債の四割は海外投資家の保有である。財政危機に陥っているギリシャ国債もほぼ六割が外国人保有であり、ギリシャ国債の価格は市場の動向に大きく左右される。逆に言えば、ギリシャに対しては常に国債市場を通して外国人による監視があるとも言える。自国民だけでなく外国人による監視があれば、財政は多くの眼にさらされ、政府は情報の開示・説明責任を債券市場から求められる。つまり海外投資家比率の高さは市場を通じて一定の財政規律が与えられていることの反映でもある。

一方、国債の大半が国内で保有されている日本では市場からの監視が不十分であり、七八〇兆円というGDP四九〇兆円をはるかに超える国債残高を抱えていても、国債の格付けの引き下げや財政の安定性に関す

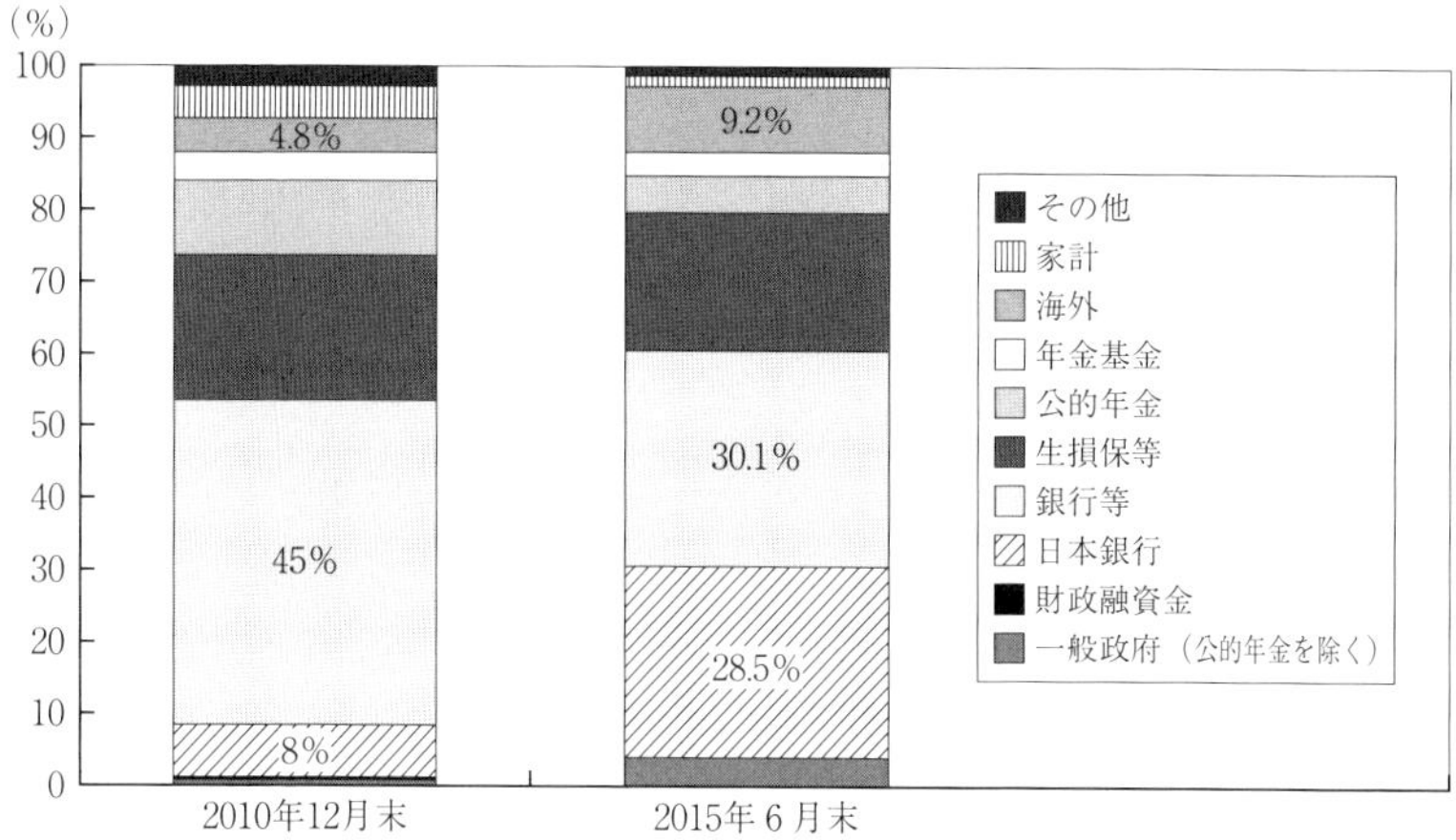

図表２－１　国債の所有者別内訳の変化

出典：著者が作成。

るＩＭＦやＯＥＣＤなどの国際機関からの警告を無視していられるとも言える。しかし経済の国際化の進む現在において、日本政府、日本人が国際的な評価に鈍感であることは決して望ましいこととは思えない。

今のところ、日本国債はまだなんとか売れている。しかし銀行や保険会社などが国債を購入するのは、新規国債の購入を禁止されている日本銀行が市場を通じて確実に国債を買ってくれるからである。つまり国債を買い続けているのは日銀であり、銀行、保険会社、損保会社だけでなく、個人も保有する国債を売り続けている。二〇一二年四月に黒田日銀総裁が就任すると同時に〝異次元の金融緩和〟が実施され、現在の日銀の国債買い上げは年八〇兆円と、新規発行国債の二倍、日本の予算に近い額となっている。その結果、日銀の国債保有額は急増し、二〇一六年には、日銀は銀行や保険会社をぬいて最大の国債保有者となった。

図表２－１によって国債の保有者の変化を確認しよう。二〇一〇年一二月末の国債保有をみると、最大の国債保有者は国内銀行で国債の四五％、三二七兆円を保有していた。当時の日銀の国債保有額は五八兆円、国債全体のわずか八

%を所有するにすぎなかった。しかし四年半後の二〇一五年六月にはその様相が大きく変わった。銀行、公的年金、家計が国債保有割合を大きく下げる一方で、日銀と海外の国債保有割合が大きく膨らんでいる。銀行、公的年金、家計が国債保有額を減らしているのは、利回りの低下による（図表2－2）。金額でみると、銀行の国債保有額は三一三兆円で四年半前よりわずかに下げている一方で、日銀は二九五兆円で保有額を大きく伸ばしている。日銀の国債保有は、この四年半の間に金額ベースで二五〇兆円、保有割合で八%から二八・五%へと大きく増加している。たった四年半の間に日銀はGDPの半分にあたる二五〇兆円もの国債を買い増したのである。また海外の保有額も三五兆円から九五兆円へと大きく伸びており、二〇一五年には国債の九・二%、一割近くが海外保有者となっている。

現在は日本銀行という巨大で独占的な需要者が日本国債を買い支えており、強力な需要者の存在により国債価格は上がり、その高値安定の日本国債を、安全資産として、海外投資家が買い付けているという構図になる。黒田総裁はこの大量の国債買いを継続する強い姿勢を示しており、今後も日銀の国債保有額、保有割合はともに上昇していくであろう。しかし永久に大量の国債買いを継続することはできない。GDPの半分以上にあたる国債を中央銀行が保有するというのは、経済学者のみならず経済に関心のある人にとっては、奇策であり異常事態である。

このような大量の国債買入れによる金融緩和により金利は下がり続けている。国債の金利は国債の額面に対し固定されているので、日本国債が日銀によって買い支えられるかぎり、国債価格は上昇し金利は低下していく。図表2－2をみると、二〇〇六年以降国債利回りが低下し続けており、特に黒田総裁が就任した二〇一二年以降の応募利回りの下げスピードが加速していることがわかる。金利が下がれば国債は金融資産としての魅力を低下させることになり、利子収入を期待する銀行、保険会社、公的年金、家計などの需要を失う。

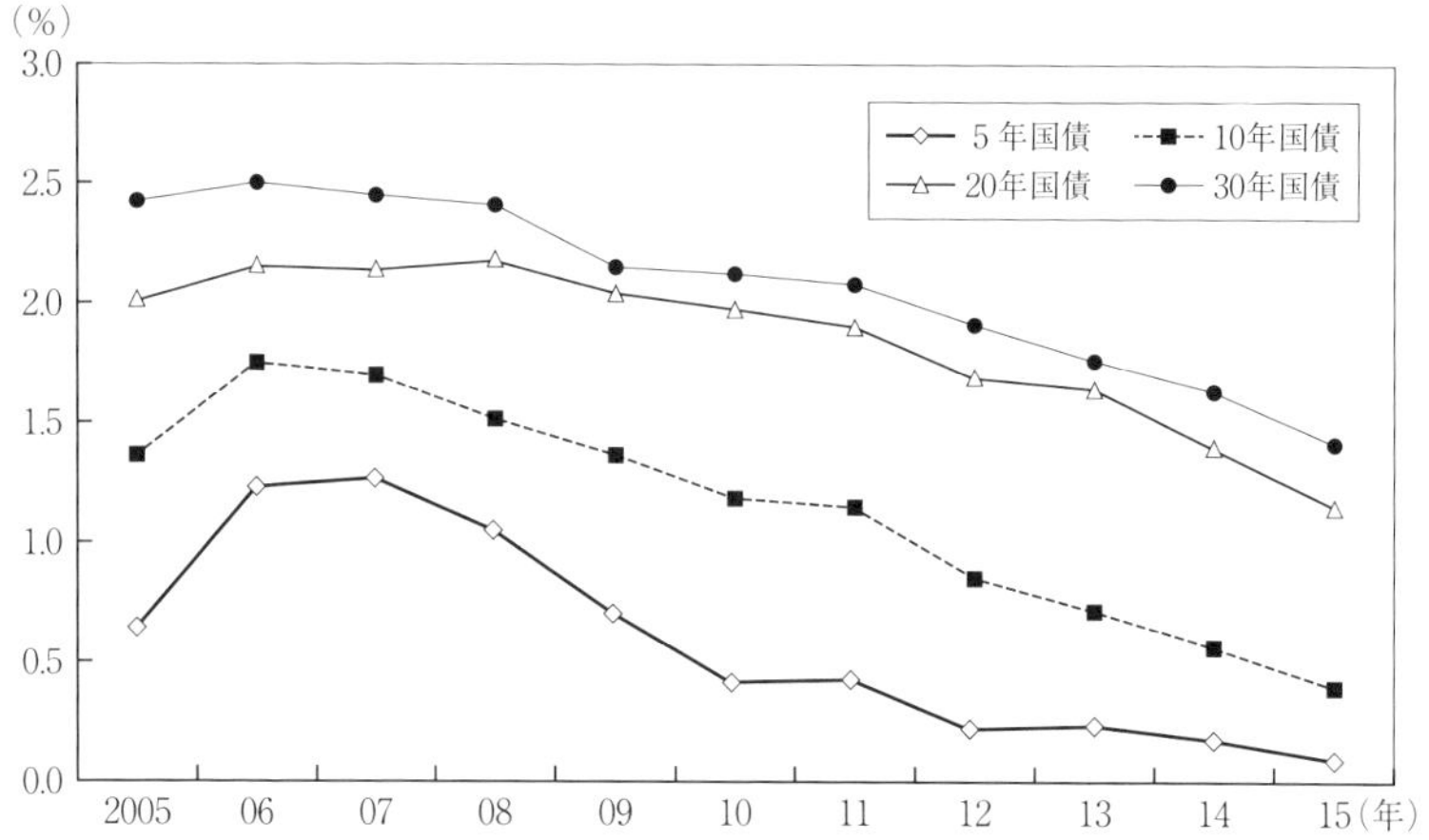

図表2-2　国債利回り推移（年平均）

出典：財務省ホームページ。

基準となる一〇年国債の平均応募者利回りは二〇一二年にとうとう〇・八六〇％と一％を切り、二〇一三年〇・七二一％、二〇一四年〇・五六五％、二〇一五年〇・三九三％（一〇月までの平均）と下がり続けている。このようなゼロ金利の継続、金利の低下は、〝異次元の金融緩和〟にそって大量の国債購入を継続する日銀の行動によって引き起こされている。それゆえ、金利は政策の変更や経済状況の変化により変動するものであることを認識しておく必要がある。なお日銀の金融緩和政策は黒田総裁以前も実施されていたが、黒田総裁ほど大規模な国債買い付けはしなかったし、ゼロ金利ではなくプラスであった公定歩合（日銀が民間銀行に貸し付ける金利）の操作は金融政策の主要な手段となっていた。ゼロ金利になり、公定歩合操作という重要な政策手段は失われた。

安倍内閣・黒田総裁による〝異次元の金融緩和〟によるゼロ金利政策は、マクロ経済学の教科書にはない政策であり、正直なところ、正規の教育を受けた経済学者として言えば、誤った政策としか思えない。アメリカのイエレン総裁によるゼロ金利政策からの脱却は、マクロ経済学で説明されている金融政策（公定歩合操作）への回帰であり、経済学者として納得できる政策である。

〝異次元の金融緩和〟は危険な賭けである。日銀が市場での大量の国債購入を継続する資金が限界に達した時に、もし国債保有割合の一割近くを占める外国人が一斉に日本国債を売れば、日銀以外の需要者がいない市場において国債価格は暴落し、金利は一気に上昇する。あまりに大量の国債買いを行っているがゆえに、日銀が大規模な金融緩和策を転換することは決して容易ではないことは理解できるが、できるだけ早くゼロ金利からの脱出を図って欲しいと願う。しかし、二〇一六年二月四日に黒田総裁はこの賭けから絶対に降りないことを宣言し、とうとうマイナス金利の導入に踏み切った。我々日本人は、安倍政権・黒田総裁を選んだことにより、壮大な賭けに踏み込んでしまったことを自覚した方がよい。

なおヨーロッパでもマイナス金利が導入されているではないか、という反論があると思うが、EUの経済成長率は二％程度あり、マイナス金利は経済刺激策として効果がある可能性がある。しかし日本の経済成長率はほぼゼロで、企業には消費の盛り上がらない日本国内での設備投資のインセンティブがなく、そのうえ企業の内部留保は三〇〇兆円にせまり、マイナス金利を導入しても銀行から投資資金を借りる大企業はほとんどない。マイナス金利による円安誘導も、中堅企業を含め多くの企業がすでに海外に生産拠点を移した現在では、輸出の増加は期待できず、残念ながら経済成長への効果はほとんどないであろう。

ところで日本銀行が実施している〝異次元の金融緩和〟策によって、二〇一二年以降日経平均株価は一気に上昇した。これを経済政策として成功と評価する向きもあるが、日銀が大量の国債を抱えるリスクを冒してでも株式市場の活性化を図らなくてはならないのか、国民生活にどのようなメリットがあったのか、という点も議論されるべきであろう。著者はマクロ経済学者として、個人株式保有者は家計の一〇％程度にすぎないこと、株価上昇は所得格差を拡大するだけであることを知っているので、安倍内閣・黒田総裁の株価維持政策を支持することはできない（下野〔1991〕を参照）。特に現在危険を感じるのは、安倍内閣が株価維持のために、日銀による大量の国債買いだけでなく、年金積立金管理運用独立行政法人（ＧＰＩＦ）の資金の半分で内外の株式を購入するというギャンブルに足を踏み入れたことである。株式投資は多額の儲けもあるが、多額の損失もこうむる。年金基金の資産は国民のもので将来の年金支払いに備えるものであり、危険資産である株式への投資は厳に慎むべきものであろう。

さらに日銀の大量の国債買いは、国際社会において財政運営面での疑惑を招いている。前述したように、日銀は国債市場で八〇兆円もの国債を購入しており、この金額は予算額九六兆円に近い（二〇一四年）。この数字をみれば、すでに日銀は「財政引受け」をしていると言われても否定するのは難しい。「財政引受け」とは、日銀が新規発行国債を直接購入することを意味し、財政法によって固く禁じられている。なぜならば、もし発行された国債を日本銀行が引受けてその分だけ政府に資金供給するならば、政府にとって歳出の歯止めが完全になくなるからである。そうなれば、国際社会は日本の財政が破綻したと判断するであろう。そして現在年八〇兆円という日本の予算に近い国債を購入している日本銀行の行動は、市場で流通している国債を購入しているとはいえ、すでに「財政引受け」と判断されてもおかしくない。

このように日銀の大量の国債買いによって危険な状況にある日本であるが、ギリシャやスペインなどと異なり、国債保有者の九割が日本銀行や日本の銀行や保険会社などの国内投資家で占められていることは幸運と言えるかもしれない。しかし日銀の国債買いが本格化し国債価格が高値で安定するにつれて、国債流通市場では海外投資家の売買シェアが大きく伸びており、二〇一四年には売買の半分が海外投資家となっていることも忘れてはならない。このことは、日銀の大量の国債買い付けにより縮小した国債市場において決定される長期金利が、海外投資家の動向に影響されやすくなっていることを意味する（森田〔2014〕などを参照）。

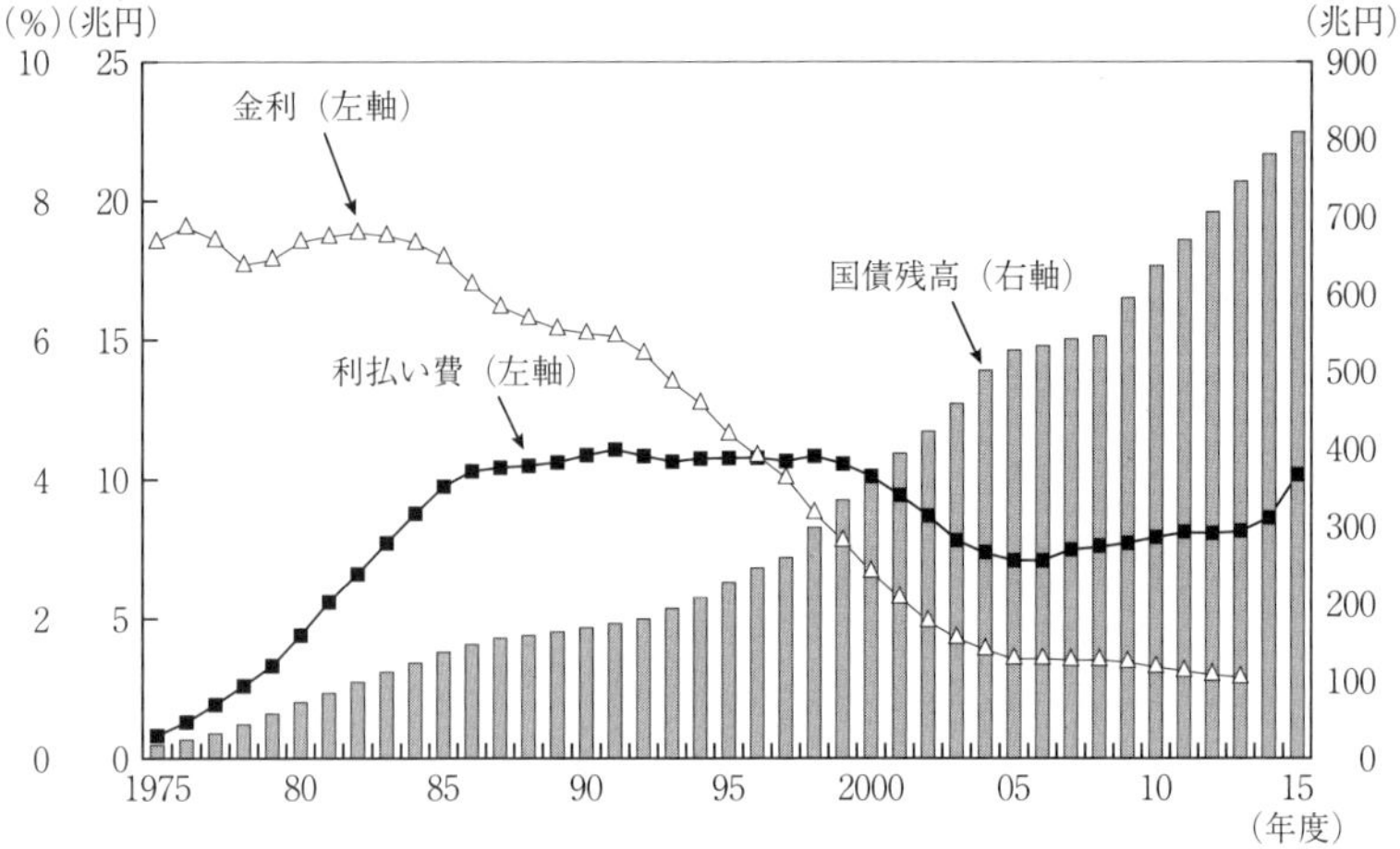

図表2－3　利払い費と金利の推移

注1：利払い費は，2013年度までは決算，2014年度は補正後予算案，2015年度は政府案による。
注2：国債残高は各年度3月末現在高。ただし，2014年度末は実績見込み，2015年度末は政府案に基づく見込み。
注3：2011～2015年度の国債残高は，東日本大震災からの復興のために実施する施策に必要な財源として発行される復興債（2011年：10.7兆円，2012年：10.3兆円，2013年：9.0兆円，2014年：9.4兆円，2015年：10.3兆円）及び，基礎年金国庫負担2分の1を実現する財源を調達するための年金特例公債（2012年：2.6兆円，2013年：5.2兆円，2014年：4.9兆円，2015年：4.6兆円）を含む。
出典：財務省ホームページ。

海外投資家は国内投資家と異なり、利潤を目的としているので財政破綻のリスクが高まったと判断すれば、ためらわずに日本国債を売るであろう。海外投資家の国債売りによって国債価格が下がれば、それは長期金利の上昇を意味する。

もし長期金利が上昇すれば、国債の利払い費が急増し、財政が破綻する可能性が高まる。そのことを確認しておこう。図表2－3をみると、国債残高の増加にもかかわらず利払いが低く抑えられているのは、金利の低下によることがはっきり読み取れる。バブル崩壊までは金利は六％を上回っていたが、バブル崩壊以降急降下し、二〇〇〇年度には二・七％、二〇〇五年度以降は一・四％から一・二％の水準を維持している。この急速な金利の低下のおかげで、一九九八年度以降の財政赤字の急増にもかかわらず、利払い費は一一兆円を超えることなく、逆に二〇〇五年には七兆円まで低下している。

つまり低金利が続く限り、利払い費が大きく膨らむことはないが、仮に日銀の国債買入れのための原資である日銀当座預金と日本銀行券発行高が上限に達したとみなされれば、金利は上昇に転じ、利払い費も増加するであろう。また海外投資家に日本国債売りのポジションを取らせるなんらかのイベントが起きれば、日本国債の価格は一気に下落し、国債金利は上昇する。その結果、歳出に占める国債費が暴騰し、国民生活を維持するための最低限の公的なサービス供給のための費用が枯渇し、財政が破綻することになる。それは近年ギリシャ、スペイン、ポルトガルなどで起きたことである。

日本でも長期金利の上昇は国民生活を破壊するであろう。二〇〇〇年以降の一%台、最近では一%を割り込むような低金利に慣れている中小企業、住宅ローンを抱える個人にとっては、長期金利が三%を超えるようなことになれば、倒産、自己破産が頻発する状況が現実のものとなる。それゆえ将来の急激な金利上昇の可能性を下げるために財政赤字を確実に削減していくこと（＝財政再建）が、国民の命と財産を守るためのもっとも重要な政策目標となるはずである。

2　日本国債の格下げと円安

この節では、日本の経済力・安定性についての国際的評価をみていく。具体的には、日本国債の格付けと為替レートの変化に注目する。日本国債の格付けは日本財政への国際社会からの評価であり、為替レートの動きは日本経済への国際的評価である。

まず日本国債の格付けの推移をみよう。図表2－4をみれば、大多数の日本人が二〇一四年には七八〇兆円に達した財政赤字の膨張に関して思考停止に陥っている間に、財政赤字の拡大とともに日本国債の国際的な評価は下落し続けていることがはっきりわかる。

二〇一四年一二月一日には消費税引き上げの延期決定を受け、三大格付け会社であるムーディーズは日本国債の格付けをＡａ３からＡ１に下げた。この格付けは韓国や中国の国債のＡａ３より一段と低い格付けであり、チェコ、エストニアと同じレベルである。ちなみにもっとも格付けが高いのは、ドイツ、スイス、デンマーク、スウェーデン、ノルウェー、フィンランド、カナダ、オーストラリア、アメリカ、シンガポールなどのＡａａである。ムーディーズの格付けはＡａａ、Ａａ１～Ａａ３、Ａ１～Ａ３、Ｂａａ１～Ｂａａ３までが信用リスクが中程度で安全な資産と評価されており、Ａ１は上から三番目のカテゴリーになる。

なおムーディーズによる日本国債の格付けは、バブル崩壊後も一九九八年一一月まではもっとも評価の高いＡａａを維持していた。しかし一九九四年以降、毎年のように実施された減税により急速に拡大した財政赤字を受けて、一九九八年一一月一七日にはＡａ１、二〇〇〇年九月にＡａ２、二〇〇一年一二月にＡａ３にまで急降下した。さらに二〇〇二年五月にはダブルＡａのカテゴリーからシングルＡのうちでもＡ２に一気に二段階下がった。しかし二〇〇一年から二〇〇六年まで続く小泉政権下における増税と歳出削減による財政再建への真剣な取り組みと好景気による財政収支の改善を受けて、日本国債の格付けは二〇〇七年一〇月にＡ１、二〇〇八年六月にＡａ３、二〇〇九年五月にはＡａ２へともどした。つまり小泉政権による財政再建策は国内では批判されることも多かったが、国際的には高い評価を受けたのである。

しかし、リーマンショックによる景気後退を受けて、小泉政権後の日本政府は再び大規模な減税と公共投資というこれまでと同様のほとんど効果のない経済政策に回帰した。その結果、財政赤字は再び拡大し始め、

格付変更年月	ムーディーズ	スタンダード&プアーズ	フィッチ・レーティングス
1992年7月27日		AAA	
1993年5月7日	Aaa		
1995年10月26日			AAA
1998年11月17日	Aa1↓（Down）		
2000年6月29日			AA+↓（Down）
2000年9月8日	Aa2↓（Down）		
2001年2月22日		AA+↓（Down）	
2001年11月26日			AA↓（Down）
2001年11月27日		AA↓（Down）	
2001年12月4日	Aa3↓（Down）		
2002年4月15日		AA−↓（Down）	
2002年5月31日	A2↓（Down）		
2002年11月21日			AA−↓（Down）
2007年4月23日		AA↑（Up）	
2007年10月11日	A1↑（Up）		
2008年6月30日	Aa3↑（Up）		
2009年5月18日	Aa2↑（Up）		
2011年1月27日		AA−↓（Down）	
2011年8月24日	Aa3↓（Down）		
2012年5月22日			A+↓（Down）
2014年12月1日	A1↓（Down）		
2015年4月27日		A+↓（Down）	
2016年6月13日			A↓（Down）
2016年10月31日の格付け	A1（今後の見通し＝安定的）中級の上位で，信用リスクが低いと判断される債務に対する格付け。	A+（今後の見通し＝安定的）債務を履行する能力は高いが，上位2つの格付けに比べ，事業環境や経済状況の悪化からやや影響を受けやすい。	A（今後の見通し＝弱含み）高い信用力。デフォルト・リスクが低いと予想していることを示す。

図表2-4　日本国債の格付け推移

出典：株・個人投資家の喫茶店のホームページ。

財政赤字の拡大と共に日本国債の格付けは下がり続けている。二〇一一年八月にＡａ３となり、二〇一四年一二月にはさらにＡ１に低下した。

ムーディーズの二〇一四年一二月一日の格下げは、民主党・自民党・公明党の三党合意（二〇一二年六月一五日）により消費税率の八％から一〇％への引き上げ時期が二〇一五年一〇月と決まっていたにもかかわらず、安倍内閣が二〇一七年四月へと一年半延期したことを受けたものである。さらに二〇一六年六月一三日のフィッチ・レーティングスの格下げは、消費税率一〇％への引き上げを二〇一九年一〇月まで再延期したことによる。消費税率の引き上げ延期を望ましいとする国内の評価とは異なり、格付け会社は消費税率の引き上げが実行できないほど日本経済が弱いと評価し、さらに安倍内閣が財政健全化に取り組んでいないと判断して、日本国債にマイナスの評価を与えたのである。なお図表２‐４をみると、ムーディーズ、スタンダード＆プアーズ、フィッチ・レーティングスという三大格付け会社による日本国債の格付けの変化は必ずしも同じではないが、どの格付け会社でも、一九九〇年代の日本国債の格付けはもっとも高いトリプルＡ（ＡＡＡあるいはＡａａ）であったのが、二〇〇〇年代に入ると低下し始め、二〇一五年四月二七日には三つの格付け会社すべてで、シングルＡに落ちている。この格付けは中国や韓国の国債よりも低い。

格付け会社の国債の評価基準は償還可能性である。それゆえ日本国債の格付けの低下は、日本国内での財政赤字への無関心とは逆に、国際社会が日本の財政赤字の拡大に大きな懸念を持っており、財政赤字の削減＝財政再建を強く求めていることを意味する。ＯＥＣＤ、ＩＭＦなどの国際機関も日本の財政赤字の拡大には危惧を抱いており、財政健全化を強く求めている。例えば、ＯＥＣＤ「エコノミックアウトルック95」（二〇一四年五月六日）では、「経済健全化が遅れれば、長期金利上昇のリスクが増し、金融部門、財政持続可能性、経済成長に深刻な影響をもたらし、さらに、世界経済に重大な波及効果をもたらしかねない」として、

「消費税率は現行法どおり二〇一五年までに一〇％に引き上げられるべきである」と指摘していた。ＩＭＦ「二〇一四年対日協議のコンクルーディングステートメント（〃対日協議のまとめ〃の意味）」（二〇一四年五月三〇日）でも「具体的な財政再建計画が早急に必要」と指摘され、二〇一五年内の消費増税は「財政規律の信頼性確立に必要不可欠である」と述べられている（財務省〔2014〕を参照）。それゆえ二〇一五年一〇月に予定されていた消費税の八％から一〇％への引き上げ延期の決定が国際社会に大きな失望を与えたのは疑いのないところである。それが日本国債の格付け引き下げにつながっている。

消費税率の引き上げの延期は、歳出（社会保障費など）にあてられるはずの税収を減らすことを通じて財政赤字をより拡大させる。消費税一％で約二・五兆円弱の増収になるので、この一年半の消費税引き上げの延期で失われる税収は約七兆円、決して小さな額ではない。国際社会が、日本の財政再建はさらに遠のいたと認識し、日本財政に対する危機感を強め、日本国債の格付けを低下させるのは当然であろう。さらに二〇一六年六月一日には、安倍政権は消費税率引き上げの時期を二〇一七年四月から二〇一九年一〇月へと二年半も再延期することを決めた。代替財源なしの減税であり、失われる税収は一〇兆円にもなる。間違いなく社会保障費は削減され、日本国債の格付けは下がる。

この消費税率引き上げの延期、再延期の決定は、自民党政権の多数派と同じく〃経済の活性化による自然増収〃を期待するという経済政策の表明になる。しかし第1章で述べたように、日本では一九九四年以降二〇年以上も減税・公共事業の増加という財政政策を継続してきたが、財政政策が経済活動の活性化に結び付かないという結果が明確になっている。日本国内にはこの実験結果に目を瞑り、今も経済成長による税収増によって財政再建が可能であると信じている（信じたい）人も多いが、国際社会の見方は日本人より厳しく、財政・金融政策によって日本の経済が上向くとはみていないし、経済成長による税収増で財政の健全化が可能とも考えていない。逆に財政の健全化が日本経済を成長させるとみている。ＩＭＦは、財政健全化のためには、法人税率の引き下げは望ましくないとし、もし実行するのならば減収分を相殺する必要があると指摘している。そして、「消費税の最低でも一五％への段階的引き上げ」、「個人所得税の課税ベースの拡大」、「年金・医療支出の削減」を財政再建の手段として列記している。

次に国際社会が日本経済を総合的に評価するものさしとしての為替レートの動きを追ってみよう。為替レートは国力を反映して、経済成長率が高く輸出競争力のある国の為替レートが相対的に高くなる。為替レートとは、例えば一ドルを日本円いくらで買えるのか、という概念である。一九九〇年代半ばには一ドルを買うのに一〇〇円出せばよかったものが、二〇一五年には一二〇円出さないと一ドルを買えない。つまり、この間に、円の価値の低下（＝ドルの価値の上昇）が起きている。これを円安＝ドル高という。

一九八五年九月のプラザ合意により急速な円高（二五〇円から一六〇円代）が進み、さらに図表２−５をみると、バブルが崩壊した一九九〇年以降も円高が継続したことがわかる。一九九〇年代半ば以降、名目ＧＤＰが縮小し始めるとともに円安に振れたが、一九九九年から二〇〇八年までは一〇〇〜一二五円の間で安定していた。この間の名目ＧＤＰの大きさもほぼ五〇〇兆円で安定している（図表１−１を参照）。二〇〇八年から二〇一一年にかけての急激な円高は、リーマンショックによる打撃が日本経済よりもアメリカ経済で大きく、相対的に安定した円が買われた結果である。

このような円高に対して、大企業である輸出関連企業の間では円安を待望する声が高くなり、その声が安倍内閣の成立を後押しした。安倍内閣は日銀の〝異次元の金融緩和〟により、強引に円安・株高へ誘導し、日本経済の回復を図ろうとした。日銀黒田総裁の大量の国債買いは金利を低下させ、為替レートを円安に誘導した。同時に国債買いにより増大した市中資金は、設備投資や家計消費の増加に向かうことなく、株式市

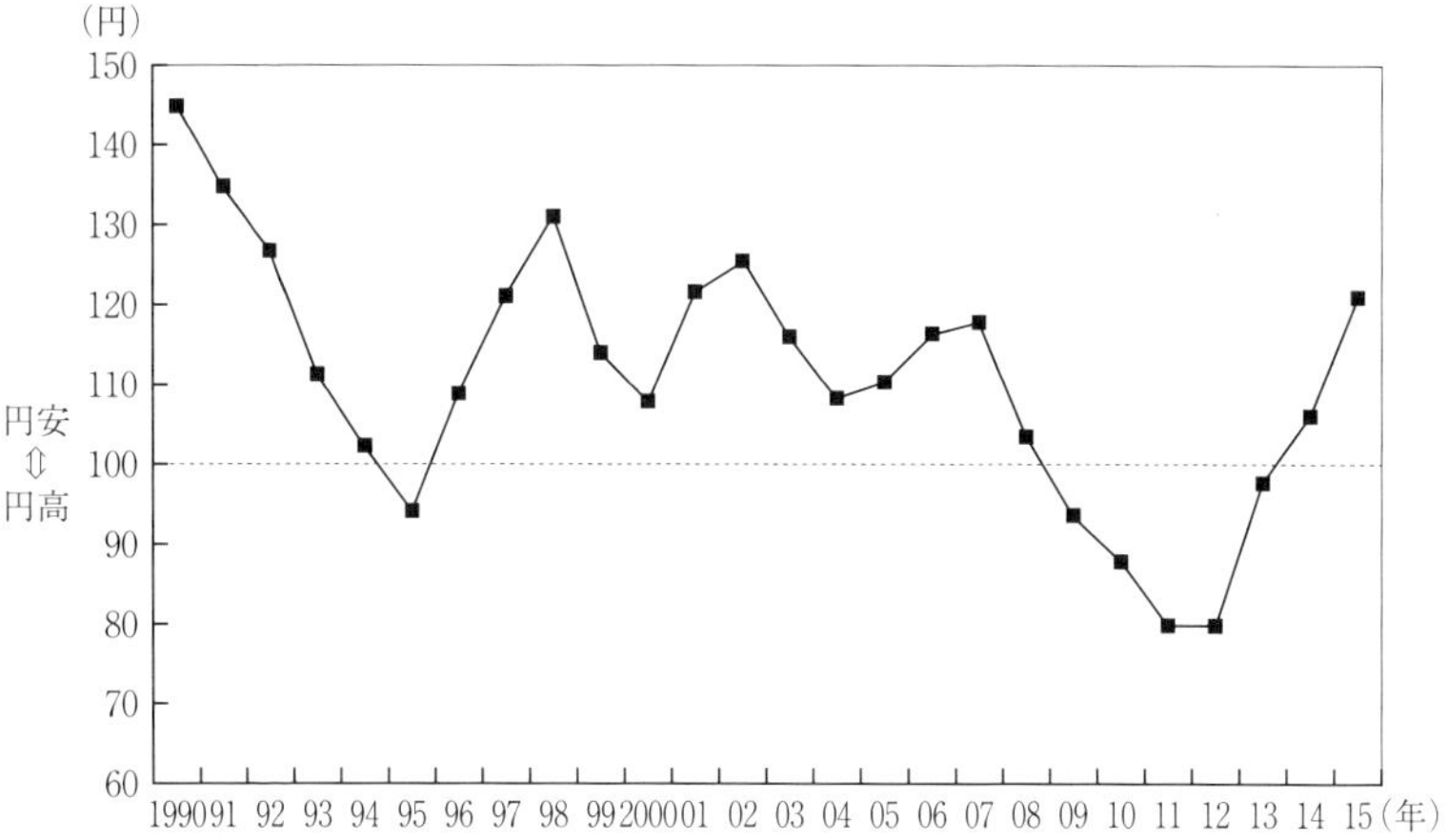

図表2-5　為替レートの推移（対USドル）

注：年間の平均値。
出典：IMF, *Principal Global Indicators,* を用いて著者が作成。

場に流れ込み株価を上昇させたのである。

図表2-6は、急激な円安によって二〇一三年、二〇一四年の日本の一人あたりGDPが大きく落ち込んだこと、円安によって日本の国際的地位が低下したことを明確に示している。二〇一二年には一人あたりGDPは四万七〇〇〇ドル（ランキング一七位）であったものが、円安により二〇一三年には三万九〇〇〇ドル（ランキング二五位）、二〇一四年には三万六〇〇〇ドル（ランキング二七位）に低下した。ちなみに二〇一四年のランキング二八位はイタリア、二九位はスペイン、三〇位は韓国である。フランス、ドイツ、イギリスはランキング二〇位前後で推移しており、日本は円安により豊かなヨーロッパグループから離れつつあるようにみえる。

ただし図表1-1をみると、円で評価した二〇一三年と二〇一四年の名目GDPは増加しており、図表2-6で示された日本の国際的地位の低下は円安の効果である。国際比較はドルベースで行われることが多いため、円安は直ちに国際的地位の低下となってあらわれる。スウェーデンをはじめとするすべての北欧諸国における二

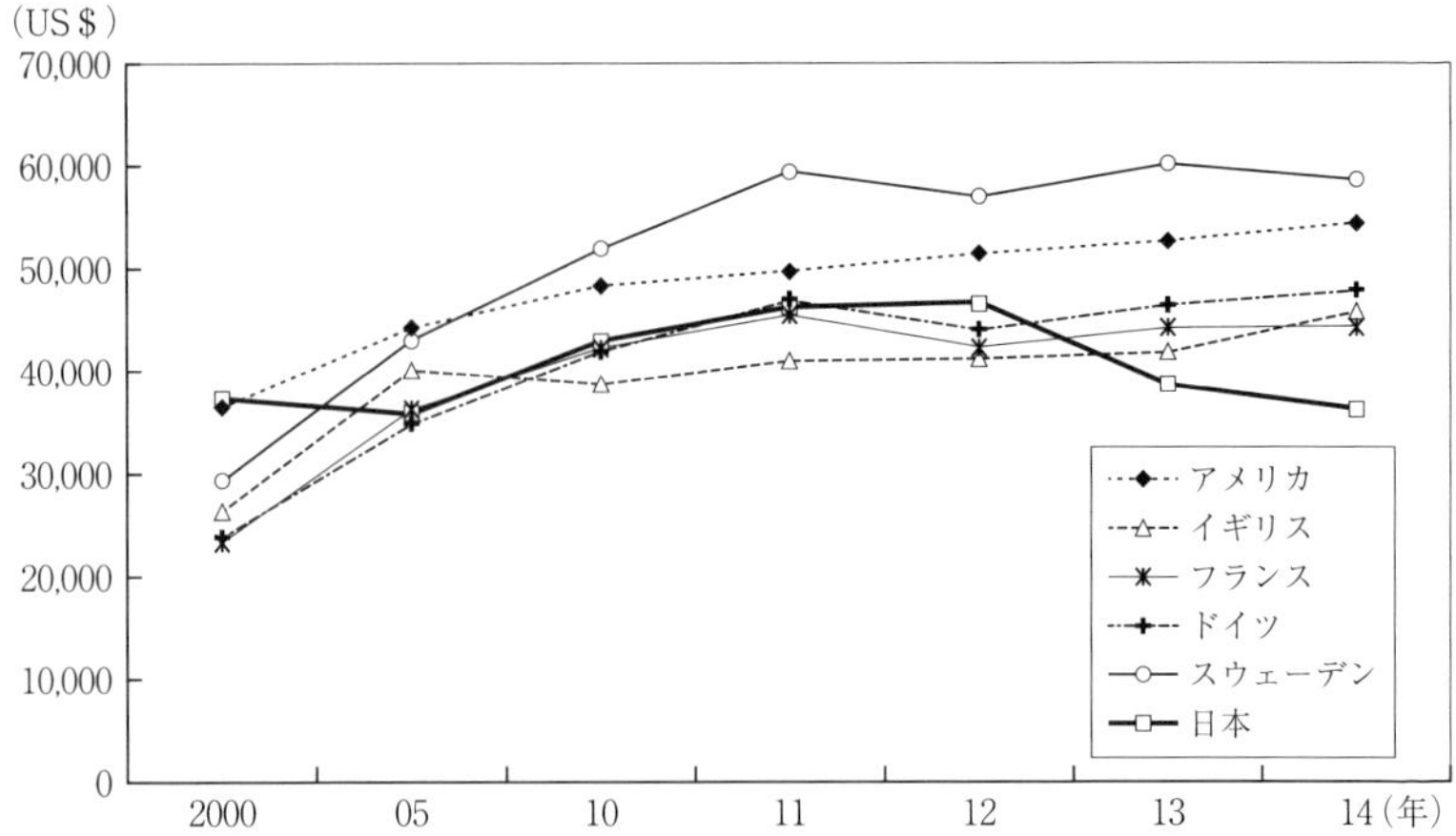

図表2-6ⓐ　日本の国際的地位の低下（1人あたりGDP，USドル）

出典：OECDデータを用いて著者が作成。

〇一四年の一人あたりGDPは五万五〇〇〇ドルを超えており、二〇〇〇年以降長期にわたり国連のランキングの一〇位前後を維持している。古いヨーロッパの国、イギリス、フランス、ドイツの二〇一四年の一人あたりGDPは四万五〇〇〇ドル前後となっており、ランキングをみると二〇〇〇年以降一貫して二〇位前後で推移している。アメリカの二〇一四年の一人あたりGDPは五万四〇〇〇ドルであるが、二〇〇〇年代は一桁であったランキングが二〇一〇年代に入ると一〇～一五位の間で動いている。この中で、日本の一人あたりGDPは金額でもランキングでも、二〇一三年、二〇一四年と低下している。この数字をみて、日本の経済が弱体化していると考えない人はいないであろう。安易な円安誘導は、日本のイメージを損なう側面を持っていることに気がついてほしい。

　このように〝大きな政府〟の北欧諸国、ヨーロッパ諸国は、一人あたりGDPでみた豊かさを維持することに成功している。一方〝小さな政府〟のアメリカも着実に経済成長している。日本だけが、誘導された円安によって、ドルベースでの一人あたりGDPの金額、ランキングとも大き

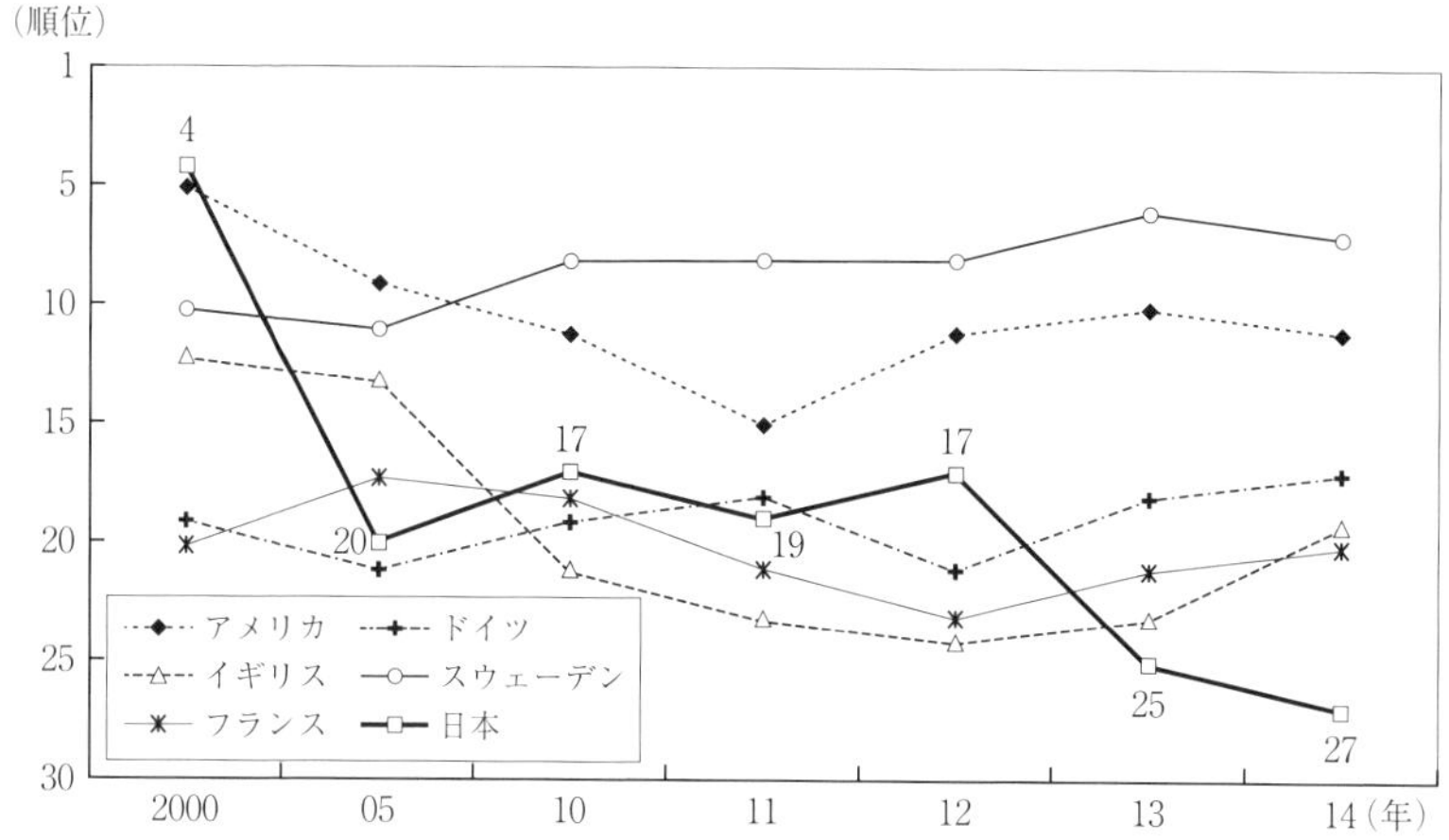

図表2-6ⓑ 日本の国際的地位の低下（1人あたりGDP，順位）

出典：OECDデータを用いて著者が作成。

く落としていることは非常に残念である。

円安は、ドルベースで評価される日本の国際的地位を低下させるというマイナス効果を持つだけでなく、国民生活に対しても負の影響を与える。現在の日本のGDP（付加価値）の七割以上は国内需要に依存するサービス業を中心とする第三次産業によって生産されている。一九八〇年代から製造業は安い人件費を期待して海外進出しており、製造業がGDPに占める割合は今や二割以下である。日本はすでに大量生産の製造業を中心とする工業国ではなく、円安になっても輸出はほとんど増加しないサービス産業の国である。逆に石油などのエネルギーと食品の大半を海外に依存している現代日本では、円安は原材料価格や食料品などの値上がりを通じて国民生活を圧迫する要因となる。もし一ドル＝一二〇円というレートがさらに円安に振れるならば、輸入価格の高騰によって国民生活は確実に苦しくなる。円安でどんなに価格が高くなっても、食料品は必ず購入しなくてはならないのである。

もし財政が破綻すれば、金利の暴騰とともに円の暴落が起こり、その結果輸入品の価格は歯止めなく上昇し、様々な必需品が不足することになる。米以外の食料品を全面的に輸入品に頼っている日本では、食料品の価格暴騰による家計の打撃は想像以上のものとなろう。それゆえ財政破綻の可能性をできる限り小さくすることが政府の最重要課題となる。国債格付けや為替レートは日本財政や日本経済に対する国際的評価なので、無視することなく、注意深くみていく必要がある。

日本国債の格付けの引き下げや為替市場での円安傾向は、国際社会が日本財政・日本経済の現状を決して楽観的に捉えていないことのサインである。日本政府は直ちに財政再建のための所得増税に着手すべきであろう。財政赤字は政府の借金であり、借金は少しずつでも返していかなくてはならない。現在の巨額の財政赤字を放置することは、現在世代が将来世代に付けを回しながら、今の高い生活水準を楽しむことを意味する。将来世代はそんな現在世代の行動を許すほど、寛容あるいは従順であろうか。

3 日本の財政破綻の経験——敗戦直後のハイパーインフレ

安倍政権は、三党合意により二〇一五年一〇月に決定していた消費税率の八％から一〇％への引き上げを一年半延期し、その結果約七兆円もの税収を失ったにもかかわらず、二〇一五年度の予算では公共事業、ODA、防衛などの歳出を増加させている。また二〇一四年度には法人税の復興税負担を一年前倒しで中止することにより年額九〇〇〇億円の減税を実施し、さらに法人税率を三〇％以下にすることを計画している。このような所得税、法人税の減税を継続する限り、今後の政府債務（財政赤字）の拡大は確実である。

もちろんこのような財政赤字のとめどない拡大をいつまでも続けられないことは、経済学者に限らず誰にでもわかる。しかしバブル崩壊と同じく、〝いつ〟がわからないので目をつぶって借金を膨らませ続けているのが現状であろう。一九八〇年代後半の土地と株価の異常な上昇を招いたバブル経済が一九九〇年に突然終わったように、もし日本銀行が国債を買い支えられなくなり、政府赤字を埋める新規発行国債が売れ残るようになれば、それが財政破綻の始まりである。現在の日本財政は、赤字国債の発行なしには立ち行かなくなっている。

財政が破綻したとき、財政運営を立て直すための手段がデフォルト（債務調整）である。デフォルトの例としては、一九九七年のアジア通貨危機により財政破綻し一九九八年にＩＭＦによる厳しい財政赤字解消プログラムの実行を迫られた韓国があり、最近では二〇一二年に財政が行き詰まったギリシャ、スペイン、アイスランドなどがある。これらの国では、増税に加えて、公務員数の削減、社会保障を中心とした歳出削減など大規模な財政支出の切り詰めが要求された。歳出削減による経済の低迷は、結果として企業倒産と賃金の全般的な低下、失業率の上昇を招き、多数の国民が経済的苦境に陥ったことは報道を通じてよく知られている。

デフォルトは決して日本と縁のない話ではない。第二次世界大戦の敗戦後には、日本もデフォルトを経験している。日本のデフォルトは、韓国やギリシャ、スペインのように外部の機関（ＩＭＦやＥＵ委員会）ではなく、日本政府が実行した点が他と異なる。日本政府が国外の機関に頼らなくてすんだのは、発行済み国債の保有者が日本人であったこと、そして日本人が国債残高に対応する金融資産を保有しており、その金融資産で国債をすべて償還できる見通しがあったからである。第二次世界大戦後のデフォルト時の国債残高、金融資産保有状況などがあまりに現在と似通っており、日本の将来を思うといささか不穏な気持ちになる。

ここで河村（2013）に従い、財政破綻したときに何が起きるのか、そして巨額の財政赤字解消のために日本政府がどのような政策を実施したのかを紹介する。なお河村論文ではあまり強調されていないが、敗戦後のデフォルトから学ぶべきもっとも重要な教訓は、大多数の国民にとって望ましくないハイパーインフレが、政府・財政当局にとっては財政赤字解消のための有効な手段になりうることである。大量の国債の現金償還による通貨流通量の増大で引き起こされた異常な物価の高騰（ハイパーインフレ）は国民生活を破壊したが、同時に名目ＧＤＰを膨張させＧＤＰ比でみた財政赤字を一気に縮小させた。財政当局だけではなく金融当局も戦後の経済復活のためには、財政収支の健全化が最優先されるべきという点では一致しており、政府のインフレ抑制策は国民向けのアピールに過ぎず、物価の番人である日本銀行が採れる手段はほとんどなかったと、伊藤（2012）は述べている。つまりハイパーインフレは放置されたのである。

さて第二次大戦中の日本政府は戦費調達のために戦時国債を乱発したため、一九四四年度の国債・借入金など政府債務の合計は国民所得の二・七倍となっていた。ちなみに二〇一四年度末の政府債務はＧＤＰの二・三倍である。敗戦後のハイパーインフレの原因は、六百万人にものぼる兵士や海外在留邦人の一斉帰国と民生品生産工場の不足による食料品や衣料品などの日用品の供給不足と、国債の現金償還による貨幣流通量の激増にある。敗戦後の物不足の時代に、戦時中に戦費調達のために大量に発行された国債を一挙に現金で償還すれば、貨幣量は急激に増加し、行き場のない現金が値上がりの見込まれる食料品や衣料品などの生活用品の買占めに向かい、ハイパーインフレが起きることを予測することはさほど難しいことではない。

図表２‐７をみてほしい。一九四五年のインフレ率も三二％と十分に高いが、一九四六年にはインフレ率四三〇％（前年の五・三倍の価格になること）を記録し、一九四七年のインフレ率は二〇〇％、一九四八年は一七〇％、一九四九年は六三％となっている（図表２‐７は河村〔2013〕の図表の一部を引用）。このように五年以上も続く異常に高い物価上昇が、日本国民の生活を窮状に追い込んだことは、簡単に想像できよう。一方で十分な資金を持ち、食料品や日用品を買い占めることができた人々は、大金持ちとなった。敗戦後の日本の所得格差はもちろん現在より格段に大きく、生活に困窮した七万人もの日本人がブラジルを中心とした南米

年度	国民所得（百万円）	卸売物価上昇率（%）	国債等残高（百万円）	国債等残高対国民所得	現金償還国債（百万円）	国債現金償還対国民所得（%）
1940	31,043	11.9	31,003	1.00	21	0.1
41	35,834	7.1	41,786	1.17	15	0.0
42	42,144	8.8	57,152	1.36	0	0.0
43	48,448	7.0	85,115	1.76	1	0.0
44	56,937	13.3	151,952	2.67	755	1.3
45	—	31.7	199,454	—	—	—
46	360,855	432.9	265,353	0.74	42	0.0
47	968,031	195.9	360,628	0.37	1,662	0.2
48	1,961,611	165.6	524,408	0.27	3,582	0.2
49	2,737,253	63.3	637,286	0.23	65,772	2.4
50	3,381,500	18.2	554,007	0.16	50,871	1.5

図表 2－7　国債借入金等残高の対国民所得比率等の推移

出典：河村（2013）の図表 1 の一部を取り出して，著者が作成。

に移民として渡り、外国人労働者として働くものも多かった。

さて敗戦後の日本の官僚・政治家にとって、最優先課題は敗戦時に国民所得の二・七倍にも達した巨額の財政赤字を解消し、日本経済を立て直すことであった。「取るべきものは取り、返すべきものは返す」という方針のもと、一気に国債の現金償還を実行し、財政赤字を解消する方針が立てられた（河村〔2013〕を参照）。具体的な方法は以下の通りである。まず一九四六年二月一七日に「預金封鎖」と新円切り替えを断行し、預貯金を一定額以上引き出せないようにした。旧円から新円への切り替えは、国民の保有する金融資産の把握のために実行された（旧円と新円との交換比率は一：一）。次の段階は、把握された金融資産に対して二五～九〇%という高い税率で一時的な「財産税」を課し、それを原資として一気に国債を現金償還するという荒業を実行することである。なお預金封鎖とは、一日の引き出し額に上限を設け、預金を自由に引き出すことを禁じる政策であり、日本では金融資産に対する課税の前段階として、金融資産額の確定までの時間稼ぎとして実行された。

大量の国債の現金償還による貨幣流通量の増大は、生産不足と兵士や海外在住者の帰国による物資不足ですでに生じていた物価上昇をさらに加速化させ、ハイパーインフレの原因となった。政府にとって都合がよかったのは、このハイパーインフレによって国民所得（＝名目GDP－減価償却）が自動的に膨張し、財政赤字の国民所得に占める比率が一気に縮小したことである。図表2－7をみると、ハイパーインフレにより、一九四六年の国民所得が一九四四年の六倍に膨張していることを確認できる。国民所得の膨張により、一九四四年の財政赤字の規模は国民所得の二・七倍であったものが、一九四六年には〇・七四倍（国民所得の七四％）へと一気に縮小した。その後もインフレによる国民所得の膨張はすさまじく、一九四七年の国民所得は一九四六年の三倍、一九四八年は一九四七年の二倍と、国民所得は風船のように膨れ上がった。政府債務が同額であっても、国民所得の規模が前年の六倍、三倍、二倍と膨らめば、国民所得比でみた政府債務の大きさは六分の一、三分の一、二分の一に縮小する。つまり、国民を窮状に追い込んだ四〇〇％、二〇〇％という異常に高い物価上昇は、同時に政府債務の解消に大いに貢献したのである。

さらにハイパーインフレは国債の現金償還を容易にした。政府は日本国民の財産（主に金融資産）を確定したうえで二五～九〇％という非常に高い財産税を課税し、この財産税を原資として国債を償還した。敗戦時点では国債の現金償還額は莫大なものであったが、異常な物価上昇によって一九四九年の国民所得は一九四四年の五〇倍近くに膨れ上がる一方、国債の償還価格は物価と関係なく一定なので、同じ一九四九年の国債の償還金額は国民所得のわずか二・四％である。国債の実質的な価値は暴落し、国債が紙くずになったと言われたゆえんである。

以上のように敗戦後のデフォルトにおいて、日本国民の保有していた預貯金の少なくとも三分の一以上が一時的な財産税という形で国家に吸収され、その税金で国債の現金償還が行われたという事実を忘れてはならない。二〇一四年度末でGDPの二・三倍にも及ぶ世界最悪の政府負債を抱えながら、日本国債がシングルAという格付けを維持できているのは、国債保有者の九割が日本の民間企業や保険会社・日本銀行・日本人であること、財政赤字の規模が日本の家計の保有する金融資産額一七〇〇兆円よりも小さいことが考慮されているからである。つまりいざとなれば、日本の財政赤字は日本人の金融資産で解消できると想定されているからこそ、日本国債の格付けがギリシャやスペインよりも高いのである。

話を戻すと、敗戦後のハイパーインフレは多くの国民を窮状に陥れたが、一方で巨額の財政赤字を解消する有効な手段となったことを忘れてはならない。もし現在のGDPの二・三倍にも及ぶ政府債務を放置すれば、いつか日本銀行が国債を買い続けることができなくなり、財政破綻が現実のものとなる日が来る。そのときハイパーインフレを財政赤字削減の手段として実行する政府や政治家が現れる可能性がある。そして大インフレを放置すれば、大多数の国民の穏やかな生活は破壊されるであろう。

それゆえ我々は、将来の財政破綻の可能性を無視し財政赤字を放置することなく、長期的な安定した財源(所得増税が望ましい)による財政赤字削減を着実に実行する政権を選択しなくてはならない。現在の日本の所得税負担が非常に低いことを考慮して、将来世代のことを考え責任ある大人として所得に応じた税負担をするならば、現在の財政赤字の削減は十分可能である(税負担についての議論は第6章、第7章を参照)。

同時に歳出の削減も実行することになるが、過大な公共事業や不要不急の防衛費、ODAの縮小は当然としても、低・中所得者の生活を不安定にする社会保障費の削減は禁じ手である。公共事業について言えば、日本の公共事業の水準は国際比較すれば高すぎるし、東日本大震災からの復興予算の三割が実行されていない。一方、現在以上に生活保護や基礎年金などの社会保障費を削減することは、国民の生活水準を低下させ、最低限の生活ができない日本人を増やすことになる。現在でさえ社会保障制度の縮小により、豊かであるはずの日本において、低所得者が生活保護を受けられずに餓死し、医療保険料を払えないために保険証を持たず医療サービスを利用できない状況が生まれている。これが、我々日本人が求めてきた豊かな社会なのであろうか。

第3章　「積極的景気対策」の限界

この章の目的は、経済成長のために〝何が必要なのか〟を考えることである。経済成長が必要ないという人もいるが、著者は経済成長は必要だと考える。人間の工夫や努力が生産性の伸びに反映され、その結果一人あたりGDPが伸びて人々の生活がより豊かになることこそが、資本主義社会の目的ではないだろうか。

1節では経済成長のために必要なことを説明する。一番重要な点は、一企業の経営者の立場でみれば、賃金はコストであり、人員整理や非正規労働者の雇用が企業利潤の増大につながるが、マクロの経済でみれば、賃金引き下げや人員整理は雇用者報酬の減少であり、GDPを縮小させることである。GDPは企業利潤と雇用者報酬（＝賃金）の合計なので、リストラや賃金引き下げは経済成長にマイナスになる可能性が高い。2節では、景気循環は資本主義経済では避けられないものであり、不景気も企業の新陳代謝が行われる大切な期間であることを示す。それゆえ過剰な景気対策は必ずしも望ましくない。3節では、ケインズ政策が有効であるためにはいくつかの重要な仮定があることを示し、現在の日本経済はケインズが想定した経済からかけ離れており、ケインズ政策の有効性は失われていることを指摘する。4節では、日本で実際に実施されてきた財政政策と金融政策の内容を具体的に紹介し、それらの政策が財政破綻の可能性を高めていることを示す。5節では現在の日本の景気の低迷の原因が賃金の低下にあることを明らかにし、賃金引き上げのための政策を提言する。

1　経済成長のために必要なこと

この節ではGDP（国内総生産）の定義に従って、経済活動の意味を説明し、リストラ（首切り、人員削減）や賃金の引き下げは企業収益を改善するが、マクロ経済の成長率にはマイナスの影響を与えることを明確にする。企業が利潤最大化のためにとる行動が、マクロ経済にマイナスの効果をもたらす場合のあることを理解することは、経済政策の妥当性を考える場合、非常に重要である。

さて現在では一国の経済活動の規模はGDPで測られる。以前はGDPではなくGNP（国民総生産）が経済活動の規模を測る尺度であったことを覚えている方も少なくないかもしれない。GNPは国籍を重視し日本国籍の企業や日本人の日本や海外での経済活動を含むが、日本国内での外国人や外国企業の経済活動は含まない。一方、GDPは国籍にかかわらず日本国内で活動する企業が国内で生みだす利潤や雇用者報酬を測る。つまり海外に進出した日本企業や日本企業の子会社の生産活動や海外で活躍する野球選手やサッカー選手の所得は、日本のGDPには含まれないのである。それゆえ日本のように、海外に進出する日本企業や日本人が外国企業や外国人の受け入れより多い国では、GNPよりGDPが小さくなる。逆に多くの外国企業を受け入れている発展途上国は、GNPよりもGDPのほうが大きくなる。

ここで日本の経済成長率の推移をみよう。なお経済成長率は名目GDPを物価指数で割った〝実質GDP〟の変化をみている。一国の経済の変化をみる場合、物価の動きに影響されない値をみたほうがよいとい

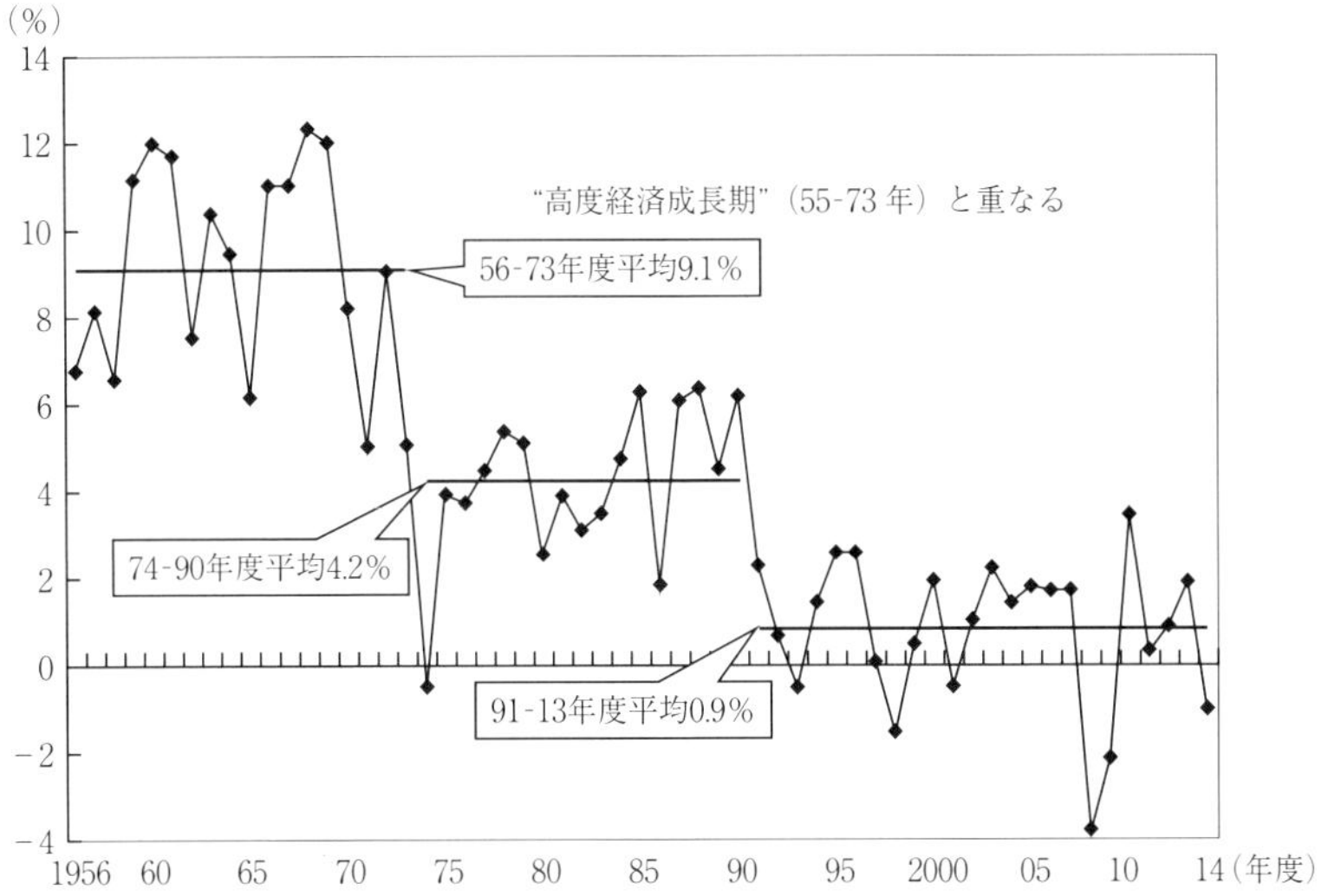

図表3－1　経済成長率の推移

注：年度ベース。93SNA 連鎖方式推計。平均は各年度数値の単純平均。1980年度以前は「平成12年版国民経済計算年報」(63SNA ベース)，1981～94年度は年報（平成21年度確報）による。それ以降は，2015年10-12月期1次速報値〈2016年2月15日公表〉。

出典：内閣府 SNA サイト。

う判断による。経済成長率は以下のように計算する。例えば一九九〇年の経済成長率は、〔(一九九〇年の実質GDP－一九八九年の実質GDP)／一九八九年の実質GDP〕×一〇〇、で計算できる。

図表3－1は一九五六年度以降の日本の経済成長率を図示したものである。この図をみると、アメリカの占領下から主権を回復した日本の経済成長率が非常に高かったことがわかる。一九五五年から第一次石油ショックの起きた一九七三年までの一八年間を「高度経済成長期」といい、経済成長率は年平均一〇%を超えた。現在の日本人は中国の経済成長率の高さに驚いているが、日本も平均一〇%を超える高い経済成長を一八年間も継続したことにより、世界第二位の経済大国になったのである。そして高度経済成長末期には、現在の中国と同様に、急激な経済拡大の影で大気汚染や水銀中毒など多くの公害問題が起こ

り、農村から都市への人口集中、所得格差の拡大が大きな社会問題となった。この時期の高い成長を牽引したのは、製鉄、化学、そして、自動車、電気機械などの製造業であり、毎年のように貿易黒字を記録し外貨準備高は増加した。特にアメリカに対する貿易黒字は巨額であり、〝日米貿易摩擦〟は深刻で、日本製品に対する輸入規制が何度も実施された。このように主権回復後の日本の経済発展の経過は、現在の中国の経済発展と重なるところが少なくない。

さて日本の経済成長率がもっとも高かったのは一九六〇年代で年平均一一%近かったが、一九七〇年代に入ると経済成長にブレーキがかかった。一九七一年にはニクソンショック（ドル・金の交換停止）による一ドル＝三六〇円の固定相場制から変動相場制への移行があり、変動相場制のもとで急激な円高がすすみ、輸出にマイナスの影響が現れた。さらに追い討ちをかけるように、一九七三年秋には第一次石油ショック（OPECによる石油価格の引き上げ）が起こり、アメリカを含む世界経済が低迷したため、日本の輸出は減少し経済成長率も低下し、一九七四年度の経済成長率は戦後はじめてマイナス成長（〇・五%）に転じた。それでも一九七四年度からバブル崩壊直前の一九九〇年度までの平均経済成長率は四・二%となっており、現在よりもはるかに高い経済成長率を記録している。一九七九年には第二次石油ショックにより世界経済は再び低迷したが、日本経済はすでに省エネ技術が進み、第二次石油ショックのマイナスの影響をほとんど免れたのである。この時期の日本経済の強さは製造業にあり、日本企業の技術への信頼は非常に高かった。

しかしこの時期に日本の産業構造には大きな変化が起きた。貿易黒字を溜め込む日本の円は一貫して上昇し続け、一九八〇年代には円高を嫌った輸出企業の海外進出が活発化した。製造工場が海外に移るにつれて、徐々に日本は工業製品輸出国ではなくなり、産業の中心は第二次産業から第三次産業に移っていった。実際一九八〇年代後半のバブル景気を牽引したのは、第二次産業の製造業ではなく、銀行、証券、不動産、そして、卸・小売などを中心とする第三次産業であり、バブル崩壊によりもっとも痛手を受けたのも、銀行、証券、不動産業であった。

一九九〇年のバブル崩壊以降の日本経済の成長率はマイナス成長を記録する年も多くなり、一九九一年度から二〇一三年度の年平均成長率は〇・九％と一％を割り込んでいる。この急激な経済成長率の低下は、大量生産・大量消費を前提として経済発展してきた日本経済には大きな打撃となった。それゆえ日本政府、財界は高い経済成長への回帰を望み、大規模な経済対策（減税と公共事業、金融緩和）を何度も実行し、それが財政赤字を拡大させる要因となったのである（第1章を参照）。個人的には、一九九〇年にはすでにGDPの七割がサービス産業を中心とする第三次産業になっていたにもかかわらず、経済対策の対象を輸出産業、製造業におき続けたことが、経済政策として間違いであったと思う。

サービス産業を中心とする第三次産業は、工場などの設備投資が必要な製造業と異なり、労働集約的な産業なので、もっとも重要なのは「人材」である。人材をまとめる効率的な組織が必要であり、そのうえで労働力の質がよくならない限り、サービス業の労働生産性は向上しない。そして効率的でよりよい人材を確保するためには人件費を削ってはならない。しかし残念ながら、日本では安い労働力に依存するブラック企業が蔓延しており、今や就業者の四割が非正規労働者となった。非正規労働者の問題は、労働経験が質の向上につながらないことである。

ここから〝日本の経済成長を阻害している要因は何か〟そして〝どうすれば経済成長率を二％程度に引き上げられるか〟を考えていく。二〇〇〇年代の一％弱の経済成長率をアメリカやEU並みの二％へ引き上げることは、日本のとって妥当な目標であろう。なお著者が適切な経済成長率を維持することが必要であると考える理由は、増加する高齢者を相対的に少なくなる就業者で養っていくためには労働生産性の向上が必要条件であり、また労働のインセンティブは労働生産性の向上によって高い賃金を得ることにあると考えるからである。

経済成長率を引き上げる方法を考えるための基礎知識として、まずＧＤＰの内容を簡単に説明しよう。マクロ経済学の教科書で必ず説明されているように、ＧＤＰは生産面、支出面、分配面の三つの異なる角度からみることができ、それらは必ず等しくなる。これを「三面等価の原則」という。

① 生産面　ＧＤＰ＝付加価値の合計
② 支出面　ＧＤＰ＝家計消費＋民間投資＋政府活動＋輸出－輸入
③ 分配面　ＧＤＰ＝企業利潤＋雇用者報酬＋減価償却費

①式で示される生産面からみたＧＤＰの定義にあらわれる〝付加価値〟とは市場で取引される財・サービスの価格から中間生産物（＝人件費を除く経費）を引いたものである。生産面からみたＧＤＰは市場で売買されるすべての財とサービスの付加価値を合計することによって得られる。このことは市場で売買されないものはＧＤＰに含まれないことを意味する。市場で売買されない経済活動としては、専業主婦による家事労働、農家が自分で消費する農作物（自家消費）、闇取引（地下経済）などがあげられる。また、自動車などの工業製品の価格は企業が決定できるので付加価値が大きくなるが、農業製品の価格は市場で決定されるので付加価値が小さくなるため、農業国のＧＤＰは工業国のＧＤＰより必ず小さくなる。それゆえ発展途上国は、人間らしい生活と豊かな自然が共存しているようにみえる農業を捨て、常に工業化を推し進めるのである。残念ながら、経済的に豊かな国となり身近な自然がなくなってからはじめて、失ったものの価値がわかるのが

人間であるのかもしれない。

なお経済が成熟するにつれて、農業から製造業、さらにサービス業へと産業構造の変化が進むこと（これをペティ＝クラークの法則という）を考慮すれば、日本をはじめとして先進国の経済成長率が長期的に低下する理由を説明できる。大量生産・大量消費の時代が終わった先進国では、付加価値の高い製造業から、銀行・証券・不動産・電気など大企業中心の分野を除けば付加価値の低いサービス産業が経済の中心になっていく。サービス業は農業と同じように、労働生産性を向上させにくい産業である。優れた人材を確保したうえで、効率的な組織化を行わない限り、労働生産性は上昇しない。

ちなみに現在の日本において、生産額、就業者に占める第二次産業（製造業と建設業）の割合は二五％を切り、七五％がサービス業を中心とする第三次産業である。そしてサービス業の中でもっとも就業者が増加しているのは、介護サービス産業を中心とした医療・介護分野である。しかしよく知られているように、介護サービス産業の常勤労働者の平均賃金は月二二万円と他産業の平均額を一〇万円も下回っており、二〇〇〇年以降の平均賃金の低下の原因の一つとなっている。

②式は支出面（需要面）からGDPを定義している。日本の場合、輸出が輸入を大きく上回る状態が続いたが、一九九〇年代に入ると輸出が減少し、最近では貿易収支が赤字となり経常収支がほとんどつりあっている。つまりGDPの大きさは国内需要である家計消費、民間投資、政府活動の合計にほぼ等しい。このうち家計消費がもっとも大きくGDPの約六割を占める。政府活動が二割弱、民間投資は住宅投資、設備投資、在庫投資を合計して二割強である。政府は経済成長を促進するための設備投資の重要性を強調するが、GDPに占める割合を考慮すれば、民間投資の促進策だけではなく、家計消費の維持・拡大を促進する政策がより重要かもしれない。そして家計消費の拡大には、雇用者報酬の拡大、つまり、賃金上昇が必要となる。

③式は分配面からみた国内総生産である。国内で生み出された付加価値の合計額から減価償却費を除いた額が、企業利潤と雇用者報酬として、企業と労働者に分配される。なお原価償却費とは、現在存在する建物や工場設備、道路・港湾などを更新するための費用である。分配面からGDPをみると、非常に大切なことがわかる。つまり他の条件が同じならば、賃金の引き下げは経済成長を阻害する。わかりやすく言えば、A企業が賃金の引き下げ、リストラによる雇用者数の削減、あるいは、正社員を非正規労働者に代替することによって賃金コストを引き下げるならば、A企業の儲けは大きくなるが、もしすべての企業がA企業と同じように賃金コストの引き下げを行えば、③式の雇用者報酬の割合は小さくなり、家計消費が縮小し、経済も縮小する。このような賃金コストの引き下げにより増加した企業利潤が設備投資にまわされず内部留保の増加にしかなっていないのが、現在の日本で起きている現象である。

では経済成長が重要だからといって、政府は企業が賃金コストを引き下げることを阻止できるであろうか。資本主義社会において企業は、賃金・雇用を自由に決定することができる。しかし全く自由なわけではなく、賃金や雇用の決定は市場のルールの範囲内で自由なのである。労働者は企業と対等の力を持たないので、政府は労働者の権利を守るために労働法規を制定する。政府にとってもっとも大切なのは、〝労働者の命を守ること〟であり、長時間労働を規制することであるはずである。もし規制が無ければ、企業は利潤最大化のために労働者に長時間労働を求める。所定労働時間以上の残業時間の規制は残業割増によって行われる。政府の介入を嫌うアメリカでさえ、所定労働時間を越えれば、五〇％の残業割増が適用される。しかし日本では残業割増は二五％であり、月六〇時間を越えたときはじめて残業割増が五〇％になる。アメリカのように所定時間外の残業割増が五〇％になる制度のもとでは、賃金コストの拡大を嫌う企業の自由で合理的な選択の結果として労働時間は所定時間に近づく。しかし日本政府は財界の強い反対を考慮し、六〇時間までの残業割増を二五%、それ以上なら五〇%という中途半端な規制にとどめたために、現在も長時間労働は続き、過労死も減少していない。残念ながら、日本政府は労働者の生命を守ることに失敗していると言わざるを得ない。

また〝労働者の生活を守る〟ルールとして、最低賃金制度がある。しかし日本の最低賃金のもとでは、人間らしい生活はできない。日本の最低賃金は各産業、各地域によって細分化され、平均八二三円で、もっとも高い東京都でも九三二円(二〇一六年一〇月一日より)と一〇〇〇円に届かない。仮に時間給一〇〇〇円であっても、一日八時間週五日の労働で得られる月給は一六万円であり、国民年金保険料、国民健康保険料、雇用保険料、所得税、住民税を支払えば、自由に使える金額は一三万円程度にしかならない。経済的に独立して生活するには少なすぎる金額である。労働者の生活を守るためには、最低賃金の引き上げが必要である。

オーストラリアの最低賃金は一五〇〇円であり、アメリカでさえ、オバマ大統領は最低賃金を一〇ドル、つまり一二〇〇円に引き上げることを提案し、その動きは広がっている。もし日本でも最低賃金がもっと引き上げられれば、生活困窮者を減らすことができる。具体的には、オーストラリア並みの一五〇〇円とは言わないまでも、せめて一二五〇円ならば、一日八時間週五日で月収二〇万円になり、働いても生活できないという若者や女性の貧困問題のかなりの部分を解決できる。この最低賃金一二五〇円での労働賃金に児童手当を加えれば、子供六人に一人が貧困状態にある原因となっている母子世帯の貧困を解消することも可能となる。さらに非正規で働く若者や母子世帯の貧困率の低下は生活保護費の削減につながるので、社会保障費の削減にもなる。最低賃金の引き上げは全企業に対する競争ルールの変更であり、特定の企業が不利益を受けるわけではないという意味で、公正なルール変更であることも強調しておきたい。

一方、最低賃金の引き上げと異なり、二〇一五年の春に安倍首相が行った大企業に対する直接的な賃上げ要請は、企業の自由な決定を尊重する資本主義社会にはふさわしくない。さらに賃金を上げた企業に対する税の優遇政策は賃上げの余力のある豊かな大企業への優遇になり、同時に税収減を招くという点からも望ましくない。効率性を重んじる経済学者として、政府が実施すべき労働政策は、立場の弱い労働者の生活と命を守るための企業共通の競争ルールの変更にとどめるべきであると考える。

なお最低賃金一二五〇円への引き上げなんて、絶対に無理であるという企業経営者には次のように言いたい。最低賃金の引き上げに対応することが企業にとって簡単なことでないことは理解できるが、一人あたりGDPでほぼ同じレベルのオーストラリアやヨーロッパ先進国の企業は、最低賃金一二〇〇～一五〇〇円という市場ルールのもとで競争をしている。日本企業は低賃金の労働者しか雇えないほど競争力を失ったのであろうか。かつて日本企業は雇用者を大切にすると言われていたが、今では労働者が経済的に自立可能な賃金さえ支払えないほど、効率的な経営ができなくなっているのであろうか。

経済学の教科書にそって言えば、労働者に最低限の賃金も支払えない企業は市場から退出すべきである。そして最低賃金以上の賃金を支払っても経営を成り立たせることのできる新たな企業が、参入することにより市場はより効率的になる。経済学の教科書は、〝労働生産性＝賃金〟と教える。生産性が低く非効率な企業を守ることは、政府にとって財政的負担になるだけでなく、経済成長の阻害要因になる。経済成長の源泉は技術革新であり、技術革新は企業の新陳代謝によって実現されてきたことを思い起こして欲しい。

日本に欠けているのは、経営者に過剰な責任を負わせないで市場からの退出（倒産を含む）を促す制度、そして、過去の倒産の責任を過剰に問うことなくやり直しを応援する起業制度である。倒産すべき企業は倒産し、効率的な企業が参入するという新陳代謝こそが、資本主義市場を効率的なものとする。それゆえ効率性を追求する資本主義経済を推し進めるためには、税制や補助金などによる特定産業、特定企業の保護という形での政府介入は控えた方がよい。

2 「積極的財政政策」vs.「自動安定化装置の活用」

この節では、まず日本でも三～八年間の周期で好況と不況を繰り返していることを確認し、景気循環の過程で何が起きているのかを説明する。その際、不況には非効率な企業を退出させるという役割があり、不況を毛嫌いすべきでないことを強調しておきたい。さらに日本では疑問を持たれることがほとんどないが、不況期において公共事業・減税などの財政負担を伴う「積極的財政政策（経済学用語では「裁量的財政政策」）」を行うことには、経済政策としての有効性に問題があることを指摘する。

まず景気循環には在庫調整に対応する〝キチン循環〟（約四〇カ月）、企業の設備投資のサイクルを反映する〝ジュグラー循環〟（約一〇年）、建設需要とシンクロする〝クズネッツ循環〟（約二〇年）、さらに、もっとも長期の循環である〝コンドラチェフ循環〟（約五〇年）がある。シュンペータはコンドラチェフ循環が産業革命、鉄道建設、自動車などの画期的な技術革新によって起きると主張した。

ここで日本の景気循環をみてみよう。図表3－2にまとめられているように、日本では財務省によって一九五一年以降の景気循環が決定されており、現在までに第一五循環までが確定している。景気の谷から谷までの一循環の期間は、もっとも短い第八循環の三一カ月から、もっとも長い第一四循環の八六カ月までであるが、平均すると五三カ月（四年五カ月）である。また景気の拡張期の平均は約三六カ月、後退期の平均は約一七カ月で、拡張期に比べると後退期がかなり短い。

一循環がほぼ五〇カ月であることからわかるように、図表3－2の景気循環は、もっともサイクルの短い

	谷	山	谷	期間		
				拡張	後退	全循環
第1循環		1951年6月	1951年10月		4カ月	
第2循環	1951年10月	1954年1月	1954年11月	27カ月	10カ月	37カ月
第3循環	1954年11月	1957年6月	1958年6月	31カ月	12カ月	43カ月
第4循環	1958年6月	1961年12月	1962年10月	42カ月	10カ月	52カ月
第5循環	1962年10月	1964年10月	1965年10月	24カ月	12カ月	36カ月
第6循環	1965年10月	1970年7月	1971年12月	57カ月	17カ月	74カ月
第7循環	1971年12月	1973年11月	1975年3月	23カ月	16カ月	39カ月
第8循環	1975年3月	1977年1月	1977年10月	22カ月	9カ月	31カ月
第9循環	1977年10月	1980年2月	1983年2月	28カ月	36カ月	64カ月
第10循環	1983年2月	1985年6月	1986年11月	28カ月	17カ月	45カ月
第11循環	1986年11月	1991年2月	1993年10月	51カ月	32カ月	83カ月
第12循環	1993年10月	1997年5月	1999年1月	43カ月	20カ月	63カ月
第13循環	1999年1月	2000年11月	2002年1月	22カ月	14カ月	36カ月
第14循環	2002年1月	2008年2月	2009年3月	73カ月	13カ月	86カ月
第15循環	2009年3月	2012年3月	2012年11月	36カ月	8カ月	44カ月
第2～第14循環の平均				36.2カ月	16.8カ月	53.0カ月

図表3-2　日本の景気循環

出典：内閣府・経済社会総合研究所ホームページ。ただし西暦表記とし，参考部分は省略した。

キチン循環である。キチン循環は「在庫循環」とも言われるが、その理由は好景気と不景気の変動が在庫量の増減に反映されるためである。ただし製造業の場合には「在庫循環」でよいが、サービス業には在庫はないので、直接的に雇用人数や賃金水準に景気循環が反映される。

このように景気循環は資本主義社会ではありふれた現象であり、特別に騒ぎ立てるものでもない。好景気があれば必ず不景気が来るし、不景気の後には好景気が来るのであり、常に好景気であることを望むのは誤りである。さらに後で詳しく説明するが、忌み嫌われている不景気には経済の新陳代謝をすすめ、将来の経済の効率化を押し進める役割がある。つまり経済成長には不景気の時期も必要なのである。それゆえ不景気で浮き足立つ必要はないし、好景気に浮かれてはならない。晴れた日も雨に備える

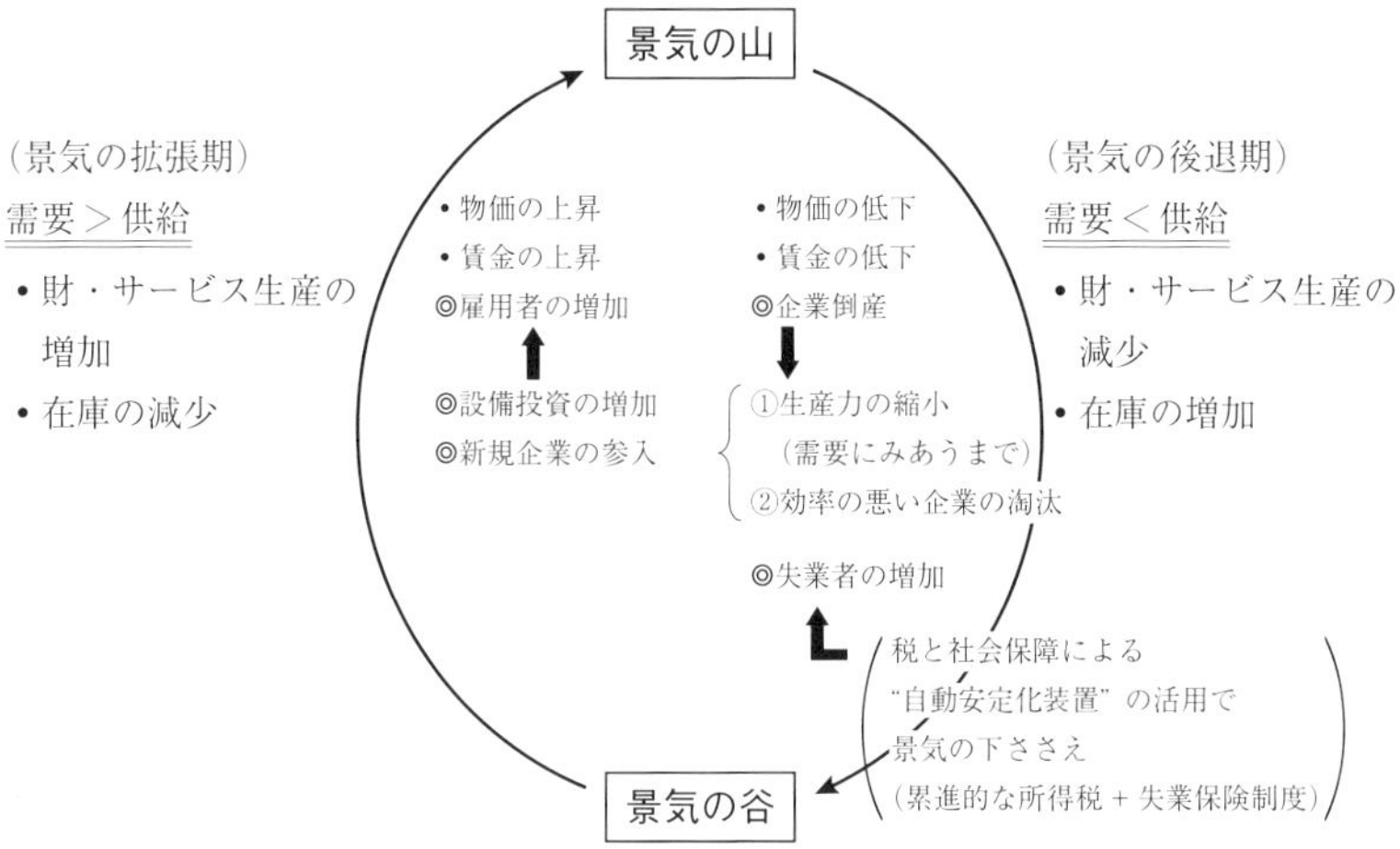

図表3－3　景気循環

出典：著者が作成。

ように、企業には好景気のときも不景気を念頭に置いた経営を行うことが求められる。

ここで、図表3－3を用いて、景気循環が起きる理由を説明していこう。

資本主義市場において企業は、利潤最大化を目的として、限られた情報に基づき価格と財の生産量あるいはサービス供給量を自由に決定することができる。また製造業の企業は急な需要増に備えて最小限の在庫（適正在庫と言われる）を持つ。資本主義社会では、社会主義社会のように、政府が価格・生産量・賃金などをコントロールすることはないので、市場において需要と供給が一致する保証はない。それゆえ製造業では、供給が需要を上回れば製造業企業の在庫は積み増され、需要が供給を上回れば在庫は減少することになる。

図表3－3の左半分は景気の谷から景気の山に至る〝景気の拡張期〟である。拡張期には消費需要が活発なので、需要が供給を上回る。需要が供給を上回れば、必ず価格が上昇する。利潤最大化を目的とする製造業企業は、消費者需要が活発な状況が続き、生産拡大が利潤拡

大に結び付くと確信すれば、設備投資をして生産を拡大する。サービス業を含むすべての産業で雇用意欲が高まり、雇用者数も賃金も上昇する。このとき財やサービスの生産を担うのは市場に残った企業だけではなく、新しい企業の参入もあるだろう。そして企業の生産拡大は雇用者数の増加・賃金の引き上げを伴うので、家計の所得増加を通じて需要をさらに拡大させる。このように需要と供給の好循環が継続する状況を好景気という。好景気は景気の山まで続く。

しかしある時点で必ず企業の生産量あるいはサービス提供量が需要に追いつく。これが景気の山であり、景気の転換点となる。この点を越えると、図表3－3の右半分の〝景気の後退期〟に入り、景気はゆっくり減速していく。不景気つまり需要不足のシグナルが、物価水準の低下である。景気が悪くなれば、売るためには価格を下げるしかない。製造業企業は市場への供給量を減らすことによって価格を維持しようとするので、生産量は縮小し在庫量が増加していく。「独占禁止法」によって市場の独占やカルテル（価格や生産量に関する談合）を禁じられている資本主義社会では、市場に参加している各企業が独自の経営判断として、不景気の時には生産あるいはサービス供給量を縮小するために、雇用者の削減・賃金引き下げを実施することになる。

このような雇用者の削減や賃金の引き下げは、一企業というミクロの目でみれば、企業利潤を維持・増加させる。しかしミクロの企業経営からマクロ経済へと目を移せば、企業による雇用者の削減は失業者の増加を招き、賃金引き下げは家計所得の減少を意味する。こうして家計消費が低下し、経済全体の需要が縮小することにより、財の生産量やサービス供給量も縮小し、経済成長にブレーキがかかる。つまり、企業が利潤確保のために採る雇用者の削減・賃金引き下げという手段が、企業が想定した以上に市場を冷え込ませることになる。そして図表3－3の景気の谷に到達する。この時点では、多くの企業倒産、失業者の増加、賃金と物価の下落が観察されることになる。

では景気の谷からの脱出はどのように起きるのであろうか。財・サービスの需要と供給に注目すると、景気の後退期に頻発する企業の倒産は生産力の縮小を意味するので、供給量は減少し続け、やがて需要量にみあう供給量にまで縮小する。これが景気の谷である。景気の谷では家計消費の減少により需要は縮小するが、それ以上のスピードで供給が縮小すれば、需要>供給、という状況が出現する。そして需要が供給を上回った時点で、必ず財・サービス価格の上昇が始まる。財・サービス価格が上昇し始めれば、市場に残った企業はまず在庫量を減らし将来の生産量の拡大を計画し始め、雇用者数の増加を図り始める。なぜならば、財・サービス価格の上昇は企業にとって、需要が供給よりも大きくなったこと、つまり景気の拡張期の到来を告げる市場からのメッセージだからである。利潤最大化を図る効率的な企業にとって、需要が強くなった市場における財・サービスの生産拡大は合理的な行動である。

以上が景気循環の説明である。ここで重要なことは、競争によって効率性を高めていく資本主義社会において、景気循環は避けられないことである。そして、洪水が肥沃な土を運んでくるのと同じで、不景気は非効率な企業を淘汰し、新しいアイディアを持った生産性の高い企業に新規参入の機会を与える。企業にも新陳代謝が必要なのである。それゆえ、資本主義社会に生きていながら、不景気を忌み嫌うのは誤りである。

ここまでの説明で気がついた人もいるかもしれないが、図表3-3を用いたここまでの景気循環の説明には〝景気対策〟の話が出てこない。景気対策は景気循環の中にどのように組み込まれるのであろうか。景気の一循環は四、五年程度であり不景気の期間はその半分にも満たないとしても、失業や所得の低下が一年以上も継続することは、労働所得によって生活を維持する大多数の国民にとって耐えられないことかもしれない。それゆえ政府には、不景気の影響を和らげるか、好景気の到来を早めるような景気対策を実行することが求められる。自由な市場には自然な回復力があり、企業は市場に適応して生き延びることも倒産してやり直すこともできるが、景気循環の不景気局面は労働者の生活を破壊することがある。それゆえ景気対策を必要とするのは企業ではなく労働者である。そのことを、経済学者を含めて多くの人が正しく理解していないように、著者には思える。

景気対策には、政府が実行する「財政政策」と中央銀行が実行する「金融政策」がある。景気対策としての金融政策は世界共通である。しかし財政政策には二つの方法があり、日本では「積極的財政政策」を採っているが、欧米諸国では「消極的財政政策」を採っている国が多い。

まず不況時の金融政策を簡単に説明しよう。不況時の中央銀行の政策手段は、①公定歩合の引き下げ、②公開市場操作での買いオペ（国債の買入れ）、③法定預金準備率の引き下げ、である。「公定歩合」は中央銀行が普通銀行に貸出す金利であり、公定歩合が低くなれば銀行の融資金利も低くなる。「公開市場操作」とは、中央銀行と普通銀行の間で国債の売買を行うことである。中央銀行が普通銀行から国債を買上げることを買いオペといい、普通銀行の手持ち資金が増えるので、企業は融資を受けやすくなる。「法定準備率」とは、取付け騒ぎなどまさかのときの備えとして、普通銀行が中央銀行に預けなくてはならない預金に対する割合である。法定準備率が低くなれば、普通銀行の手持ち資金は増える。公定歩合の引き下げにより市中金利が下がり、買いオペや法定準備率の引き下げにより普通銀行の手持ち資金が増えれば、企業は銀行から融資を受けやすくなり、設備投資を増やす。

次に財政政策を説明する。財政政策には二通りの方法がある。早期の景気回復を目指して政府が積極的に政策を実行する〝積極的財政政策〟と、不景気が与える負の影響を和らげる既存の経済制度を活用する〝消極的財政政策〟の二つである。日本では不況期において、速やかな景気回復を目指して政府が積極的に減税と公共事業の拡大という〝積極的財政政策〟を行うことを当然のこととしている。しかし不景気による労働者への悪影響を和らげるための制度をあらかじめ整備・充実させておくという〝消極的財政政策〟を採っている国も少なくない。〝消極的財政政策〟とは、経済に組み込まれた「自動安定化装置（built-in stabiliser）」を活用する方法であり、景気の自動安定化装置とは、社会保障制度の一つである〝失業保険〟（日本では雇用保険）と〝累進的な所得税〟をさす。失業保険の役割は明確である。不景気になると失業者が増加するが、手厚い失業保険制度をあらかじめ整えておけば、失業保険給付により家計消費を下ささえすることが可能となり、経済の失速から労働者の生活を守ることができる。もう一つの自動安定化装置は累進的な所得税制であり、不景気で所得が減少した際には税負担を自動的に減らし、家計の手元資金を増やす機能がある。

累進所得税制とは、所得が高くなるほど所得に占める税金の割合が高くなる税制のことである。例えば、一〇％の比例税ならば、所得一〇〇万円の人と所得一〇〇〇万円の人の税金は、それぞれ一〇万円、一〇〇万円であるが、最低税率一〇％の累進所得税制のもとでは、所得一〇〇万円の人の税金は一〇万円で変わらないが、所得一〇〇〇万円の人の税金は所得の一〇％の一〇〇万円ではなく、例えば二〇〇万円（平均税率二〇％）、三〇〇万円（同三〇％）になる。このように高所得者ほど「収入に対する税の割合」が高くなる。

累進所得税のもとでは、不景気のときに賃金が全体的に低い方に動けば、総賃金に占める総所得税の割合は自動的に下がり、相対的に多くの現金が労働者の手元に残る。逆に好景気によって賃金水準が上昇すると、総賃金に占める税収の割合が自動的に上昇し、手元に残る現金は相対的に縮小する。つまり累進的所得税制のもとでは、不景気で賃金水準が低下するときには総賃金支払額に占める税収の割合が下がり、好景気で賃金水準が上昇するときには総賃金支払額に占める税収の割合が上昇する。このように不景気のときには可処分所得（＝収入－税金）の低下を穏やかにし、好景気のときには可処分所得の急上昇を抑えることによってその変動を小さくするので、累進所得税制は経済の〝自動安定化装置〟と呼ばれるのである。

以上のように「経済の自動安定化装置」である失業保険や累進所得税制は、不景気のときに家計消費の急激な落ち込みを和らげる役割を果たすことにより、図表3‐3で示した景気循環における景気後退の期間を短くする効果を持つ。日本で実施されている〝積極的財政政策〟ではなく、〝消極的財政政策〟として経済の自動安定化装置を活かすという方法もあることを知ってほしい。

日本ではいまだに景気減速に対して常に積極的財政政策を採っているが、アメリカを含めた欧米諸国では短期の景気対策としての積極的財政政策を採っていない。欧米諸国が積極的財政政策を採らない大きな理由は、財政への負担と政策のタイミングである。減税や公共事業の増額は大きな財政負担になるので、財政規律を重んじる欧米の政府は積極的財政政策の実施に慎重である。また公共事業の増額や減税の実施には国会の議決が必要であるが、国会の議決には時間がかかり、経済の状況と政策実施のタイミングがあわなくなり、政策効果が期待できなくなる可能性がある。それに対し、失業保険制度や累進所得税制度は、「経済の自動安定化装置」として経済の状況に応じて〝自動的に〟働くので、タイミングのずれは無い。

欧米でも減税や税制改革を行っているではないか、という疑問にも答えておこう。欧米諸国では、税制改革は長期の経済政策に沿って実行されるものと考えられており、日本のように短期の経済効果を狙って行うことはほとんどない。

もし日本で雇用保険（失業保険）を自動安定化装置として活用したいならば、次のような制度改革が必要になろう。第一は給付期間制限の廃止である。現在の雇用保険のもとでは、年齢や加入期間に応じて失業保険の給付期間が決まっている。仕事が見つからないまま失業保険が打ち切られては生活保障とならない。特に若者や勤務年数の短い失業者への給付期間は短く、若い世代の生活を支える制度となっていない。第二は非自発的失業と自発的失業の区別をやめることである。理論上はともかく現実には両者を区別することはできないにもかかわらず（企業が労働者を自発的失業に追い込むことは珍しくない）、非自発的失業には三カ月の待機期間というペナルティを設けるのは不合理である。また累進的所得税制を自動安定化装置として活用するためには、所得税制を安易に変更しないことがもっとも重要である。現在の日本のように、所得税制を毎年のように改正（ほとんどの場合、減税）することは、税制の安定性を失わせるので望ましくない。

では日本において、なぜ積極的財政政策がこれほど根付いたのであろうか。その理由は、日本の官僚の大半が法学部出身者であり、日本の大学の学部レベルのマクロ経済学の標準的な教科書が〝ケインズ経済学〟であるためであろう。マクロ経済学や経済政策の授業では、政府の役割が重視され、需要不足による不景気に対して、政府による「財政政策」と日本銀行による「金融政策」が必要であると教わる。そして、政治家にとっても官僚にとっても、たとえ経済状況と政策のタイミングがずれることがあったとしても、不況時に目にみえる形で景気対策を行うことが、国民にアピールする方法となっている。マスコミにとっても、政府が不況脱却のために積極的に景気対策を実施しているという記事の方が、経済の自動安定化装置が働いているのでもうすぐ不況を脱することができるという説明よりも、簡単で読者受けするに違いない。さらに相対的に大きな建設業界を抱える日本では、政策の妥当性とは関係なく、公共事業の増加を期待する声が常に大きい。

しかしながら巨額の財政赤字を抱える現在の日本には、財政負担の大きい積極的財政政策を今後も継続的に実施する余裕はないはずである。公共事業の縮小とともに、失業保険と累進的な所得税制を経済の自動安定化装置として活用する道を選ぶべきであると、著者は考える。

3　ケインズ政策の前提条件と現実

この節では、ケインズ政策と総称される積極的財政政策や金融政策が有効ではないケースがあることを示す。さらに現在の日本経済はケインズが想定した経済とはかけ離れており、ケインズ政策が有効に働くための条件に欠けることを指摘する。

一九九〇年のバブル崩壊以降、大規模な減税や公共事業の拡大という「積極的財政政策」や金融緩和という「金融政策」が長年にわたって実施されてきたにもかかわらず、上記の経済対策が短期の景気回復策として、有効に働いていないと評価されることが多くなってきた。実際、積極的財政政策や金融政策を総称するケインズ政策はどの国、どの経済にも効果のある特効薬ではなく、ケインズ自身も政府の財政政策や金融政策が有効である条件を明確に示している。政策当局者やマスコミ関係者には無視されがちであるが、マクロ経済学の標準的な教科書では必ず財政政策や金融政策が有効性を持たない場合にも言及されている。財政政策が有効性を失うのは〝クラウディングアウト（公的投資の増加分だけ民間投資が減少する）〟のケースであり、金融政策が有効性を失うのは〝流動性の罠（資金供給量が変化しても金利が動かない）〟のケース、及び、〝資金供給を増加させ利子率を下げても企業投資が増えない〟ケースである。ゼロ金利政策は〝流動性の罠〟のケースであり、アメリカFRBのイエレン総裁は、公定歩合の上げ下げによって経済をコントロールすることのできる金融政策の復権を目指して、ゼロ金利政策から脱出したのである。

現在の日本は、日銀が市場にいくら資金供給をしても金利が動かず、企業投資も増加しない状況にあり、ケインズが金融政策の有効性を失うとした状況にある。それでも政府や財界による景気対策への期待により、日本銀行は理論の裏付けなしの航海を迫られ、〝異次元の金融緩和〟として年に八〇兆円もの大量の国債の買取り（買いオペ）を実施している。しかし国債を買う代金として八〇兆円の現金を市場に供給しても、その資金は企業の設備投資にまわることなく株式市場に流れ、景気の回復とは関係なく、高い株価水準を支えているだけのようにみえる。

そのうえ、現実の日本の企業や家計の行動がケインズの想定しているものとは大きく異なっている。ケインズは政府の実行する経済政策が有効である条件として、家計や企業に以下のような行動を仮定している。①家計は現在の可処分所得の変化に反応すること、②企業は銀行借入れによって投資を行うこと（金利に反応する）、③企業は主に国内で生産活動を行うこと、などが重要な仮定である。

まず家計について言えば、ケインズは近視眼的な（myopic）行動を仮定したが、大多数の家計は一時点の収入の変化（この場合、減税による可処分所得の増加）によって消費レベルを大幅に変えないことが多くの研究者によって明らかにされてきた。現在多くの経済学者によって支持されている消費者の行動仮説は「恒常所得仮説」であり、データを用いた計量分析によっても支持されている。恒常所得仮説とは、消費者は合理的であり、一時的な所得の増減で行動を変えることはなく、家計の消費レベルは生涯を通じた収入の流れの予想のもとで決定されているとする。もちろん実際には完全に合理的な決定をしているわけではないが、大多数の人が現在の消費レベルを現在だけの収入レベルで決定するという近視眼的な行動はとっていない。日本の家計も恒常所得仮説にしたがって行動していることは、すでに Tachibanaki and Shimono（1986）、橘木・下野（1994）において明らかにされている。

もし家計が恒常所得仮説にしたがっているとするならば、一時的な減税によって消費を増加させることはないことになる。さらに Barro（1974）の有名な論文では、減税が国債発行によって賄われるならば、合理的な消費者は減税を将来の負担であると認識し将来の税負担増に備えるので、消費を増やす効果はないことが明らかにされている。減税に関する理論的・実証的な研究の成果を踏まえて、欧米先進国では所得減税を短期の景気対策として採用することがなくなった。所得減税などの税制改革は、短期の景気刺激策ではなく、長期の政策目標に沿った政策として実行される。

また現在の日本の大企業はケインズが想定した企業とは全く異なる。ケインズは企業の設備投資の資金は銀行貸出し金利に依存すると仮定したが、現代の大企業は株式発行や内部留保によって設備投資資金を賄っており、銀行融資への依存度は大きく低下している。データをみても大企業を中心に内部留保は膨らみ続けており、財務省「法人企業統計」によると、二〇一四年度末の内部留保の総額は三五四兆円と、前年度から二六兆円も増加している。日本企業の内部留保は一九九〇年代半ばから増加し始め、二〇〇〇年以降に急増しており、現在ではGDPの七割にもあたる内部留保を持っており、大企業は設備投資資金を銀行融資に依存する必要がなくなっている。

しかもデータをみる限り、内部留保額は増加しているが、設備投資は増加していない。このことは、企業が設備投資＝生産拡大で利益を生むのではなく、株式投資など金融取引によって利益を生み出していることを意味している。一方、銀行の融資に依存せざるを得ない日本の中小企業は、低賃金労働者に依存した低収益、低価格の商品生産で疲弊しており、銀行が積極的な融資を行うことは困難である。

つまり現実の日本の企業を考えれば、日銀が〝異次元の金融緩和〟を実行し普通銀行の手持ち資金を増加させ企業融資の拡大を求めても、大企業は銀行からの融資を必要とせず、中小企業に対する融資はリスクが大きすぎてできないので、銀行の融資活動は活発化しない。実際、普通銀行の預金である日本銀行預け金は膨らんでおり、普通銀行に対する大量の資金供給は企業融資の拡大に向かっていない。安倍政権によって実行されている金融緩和によって活性化しているのは株式市場だけと言えよう。

さらに現在の企業の活動の中心は国内ではなく海外である。株式の上昇によって大企業には資金的余裕が生まれ設備投資も計画されているが、その設備投資計画は残念ながら国内ではなく海外である。一九七〇年代半ば以降の円高により企業の海外進出が急速に進み、バブル崩壊以後も円高が継続したために中小企業の海外進出も加速化した。さらに消費需要が弱く人口が減少する日本で投資を行うインセンティブは強くない。その結果、現在では円安になっても輸出が大きくは伸びない貿易構造になり、アメリカと同様に貿易収支の赤字体質化が現実のものとなりつつある。

以上のように、ケインズが想定した家計や企業の行動は、現実の日本の状況とは大きく異なる。家計が長期的な視野で消費行動を決定するならば、短期の景気対策として実行される一時的な減税政策は家計消費の拡大にほとんど効果を持たないであろう。そして巨額の内部留保を持つ日本の大企業は、日銀の〝異次元の金融緩和〟による銀行貸し出しの急増に何の影響も受けないであろう。つまり、現在の日本においては、減税や公共事業の増加（財政政策）も金融緩和（金融政策）も景気刺激策としては、ほとんど効果を持たない可能性が高いことを認識しなくてはならない。

そして少なくない経済学者から効果がないと言われながら継続されている〝積極的財政政策〟、理論的裏付けのないまま実行されている〝異次元の金融緩和〟は、我々の将来への大きな負担になる可能性が高い。次節では、現在実施されている財政政策と金融政策がもたらす将来負担を明確にする。特に国債残高を膨張させている減税と公共投資という積極的財政政策を継続すれば、日本人が将来背負う財政負担はますます大きくなり、財政破綻リスクは高くなる。

4　「積極的財政政策」と「金融緩和」は何をもたらしたか

積極的財政政策――政府の窮乏化と企業の内部留保の増加

2節で説明したように、日本では減税と公共事業費の増額が短期の景気刺激策として実行されてきた歴史があり、このような財政収支の悪化を伴う景気刺激政策を〝積極的財政政策〟という。しかし減税が短期の景気刺激策としては有効でないことは多くの研究結果で明らかにされており、また公共事業についても、日本を含めて先進国ではすでに道路、港湾、空港、ダムなど社会資本の整備は十分にすすみ、経済成長率を高めるような社会資本形成のための公共事業の機会を見出すことは困難となり、公共事業の経済効果は一貫して低下している。日本でも公共事業の経済効果の低下を多くの研究が明らかにしている（吉野・中野〔1996〕、吉野・中島〔1999〕、古川・下野〔2002〕などを参照）。

〝積極的財政政策〟を支持する人々は、一時的に政府の財政収支は悪化するが、政策が成功して経済成長率が高くなれば、税収が増えて、財政政策に用いた税金を賄うことができると主張する。しかし、第1章で示したように、日本の積極的財政政策はバブル崩壊以降二五年間成功することなく、ただ財政赤字を膨張させるだけであった。減税は赤字国債の発行を伴い、公共事業費の増額は建設国債の発行が前提となるので、国債残高の増加という形で将来世代の借金返済額を増やしている。

不景気になると政治家やマスコミが、判で押したように政府の財政出動を求める日本の状況は世界標準ではない。財政規律に重きを置く経済運営をしているヨーロッパ諸国は当然として、アメリカも積極的財政政策はとっていない。なぜならば、減税や公共事業費の増額の決定には議会の承認が必要で、そのために時間がかかり、政策のタイミングが合わない可能性が高いからである。財政負担があるにもかかわらず、短期の景気対策としての有効性には疑問が残る〝積極的財政政策〟を採らないほうが合理的ではないか。

そのうえ、日本で景気刺激策として実施されてきた「財政政策」には、教科書で紹介される〝減税政策〟、〝公共事業の増額・前倒し〟だけではなく、〝住宅政策〟も含まれることも指摘しておきたい。住宅政策を短期の景気刺激策として用いる国はほとんどないが、日本では住宅取得にかかわる減税（ローン減税、買換え特例など）や住宅ローン金利の引き下げが、短期の景気対策として当然のように繰り返し実施されてきた。

住宅政策が景気対策として用いられることの問題点は、公的資金の投入（＝減税）が持家世帯に偏ることである。日本では一貫して持家優遇政策が採られ、ヨーロッパ諸国のように公的住宅（社会住宅ともいう）の建設や家賃補助のような低所得の借家世帯への対策は手薄である。住宅保有が個人の資力に任されてきたこと、公的住宅の不足、家賃補助が生活保護受給者に限られていることが、低所得者の低劣な住環境に直結している。就業者の四割が非正規労働者となった現在、住宅取得を個人の資力に依存することは、もはや不可能である。住宅政策を短期の景気刺激策としてではなく、長期の社会資本整備・低所得者対策として実施していく必要があると考える。公的住宅の建設、生活保護世帯以外への家賃補助の拡大を求めたい。

実際、借家世帯と持家世帯の資産格差が大きいのは当然として、両者の所得格差は驚くほど大きい（下野〔1991〕を参照）。また住宅政策が景気刺激策として用いられてきたために、住宅関連の税制、住宅ローン融資制度などはその時々で大きく変動し、たとえ同じ生涯賃金であっても個人資産額は住宅購入の決定時期に大きく影響を受ける（橘木・下野〔1994〕を参照）。政府の景気政策によって個人の住宅取得計画が左右されるのは、個人の自由な資産選択への政府の介入であり、経済学者の立場からは賛成しかねる。住宅政策を短期の景気対策として用いるのはそろそろやめた方がよい。

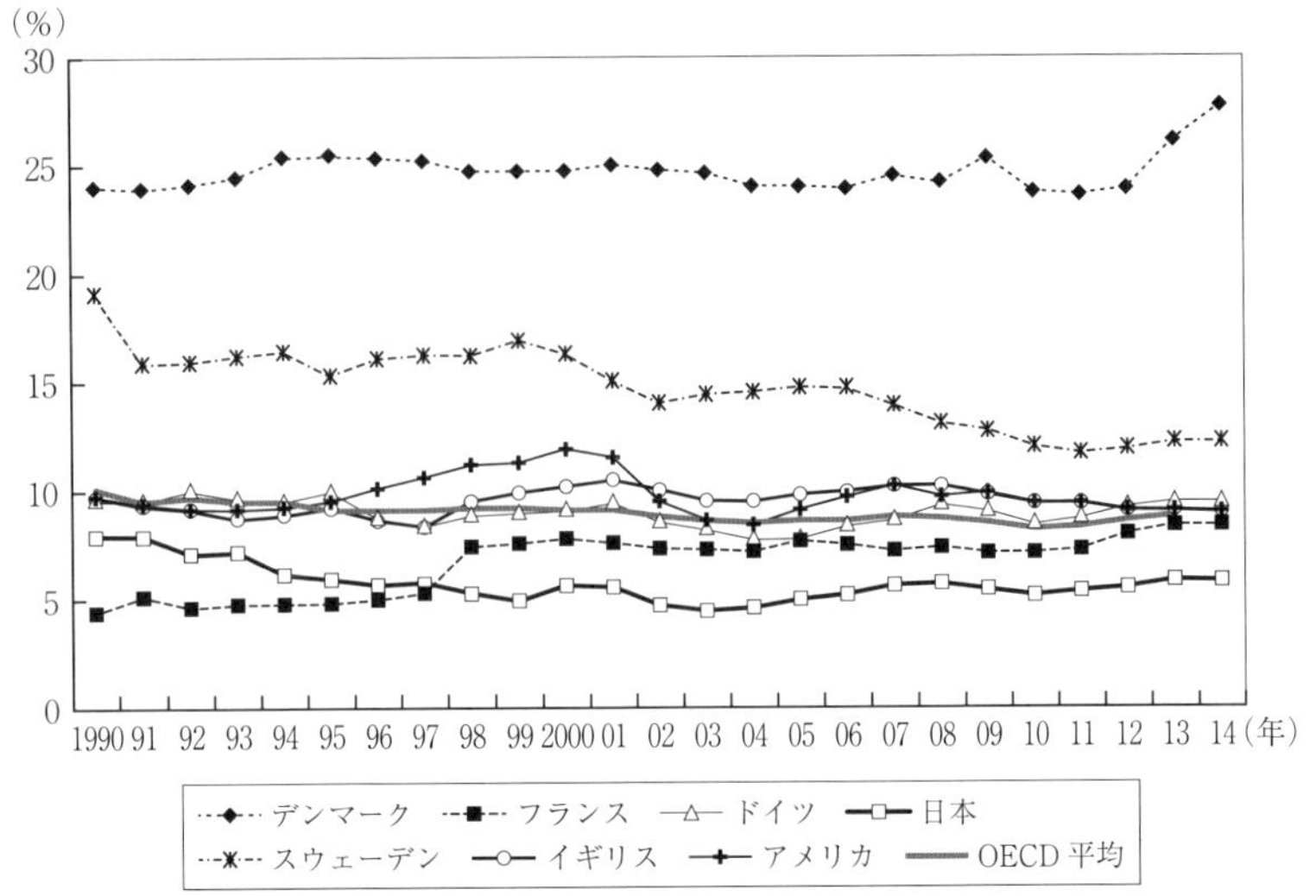

図表3－4　所得税の推移（対 GDP 比，OECD データ）

出典：著者が作成。

さて第1章の1節で述べたように、日本の財政赤字の原因となった積極的財政政策の一つである減税政策による税収の減少分は一九九一年から二〇一四年までの二四年間で少なくとも四〇〇兆円、消費税引き上げを考慮すれば五〇〇兆円に近い。バブル崩壊以降、日本政府は驚くほど大規模な減税政策を行ってきた。毎年のように実施されてきた減税政策により、所得税も法人税も大幅に縮小した。

図表3－4は主要なOECD諸国の所得税負担（対GDP比）の推移を図示したものである。この図から、日本の所得税負担がOECD諸国の平均よりも一貫して低いこと、さらにもともと低い日本の所得税負担が、継続して実施されてきた減税政策により、一層低下していることを読み取ることができる。一九九〇年のGDP比七・九％から二〇〇三年には四・四％と、一三年間で三・五％も所得税負担率は低下した。小泉政権による財政再建策により、一時的に所得税負担は上昇したが、リーマンショック後再び低下している。二〇一一年の東日本大震災から

の復興のために決定された所得税への二・一％の上乗せにより所得税負担は上昇し、二〇一四年のＧＤＰに対する所得税の割合は五・八％となった。それでも二〇一四年の所得税負担は、一九九〇年の七・九％に比べると、復興増税を含めてもＧＤＰ比で二％以上低い。ＧＤＰの二％は約一〇兆円に相当する。

ＯＥＣＤ平均並みとは言わないまでも、仮に日本が一九九〇年のＧＤＰ比七・九％の所得税負担レベルを維持していたとすれば、所得税収は現在より一〇兆円多いことになる（日本のＧＤＰは約五〇〇兆円）。一〇兆円あれば、安倍政権が実施した生活保護費削減、介護サービスの縮小、医療保険の自己負担増などの社会保障費の削減などしなくてもすんだ。このようにＯＥＣＤ主要先進国の中で、日本の所得税の軽さは際立っている。小さな政府を標榜するアメリカでさえ、所得税負担はＯＥＣＤ平均値を上回っている。図表３－４をみれば、所得税の引き上げによる財政赤字の解消と社会保障制度の維持という提案には根拠があることを納得していただけるのではないか。

なお所得税の高い北欧福祉国家のなかでもデンマークとスウェーデンの所得税負担率の動きが大きく異なっていることもわかる。福祉国家とひとくくりにされるが、両国の社会保障制度の原資は大きく異なってきた。デンマークでは医療・介護・教育などの社会保障給付は一貫して所得税を中心とした税金でまかなっているが、スウェーデンでは社会保険料負担の割合を増やし大胆に所得税の軽減を図っている。社会保障制度の財源を何に求めるのかについても国による違いがでる。

さらに図表３－４で面白い動きをしているのがフランスである。一九九七年のアジアを震源地とする通貨危機を原因とする財政悪化への対処法が、日本とフランスでは全く逆方向となっている。日本は財政収支の悪化をものともせず、一九九八年に二・八兆円、一九九九年にも三兆円の所得減税を行っており、さらに財政収支を悪化させている（図表３－６を参照）。一方、フランスは財政規律を重視し、財政収支の悪化に対応

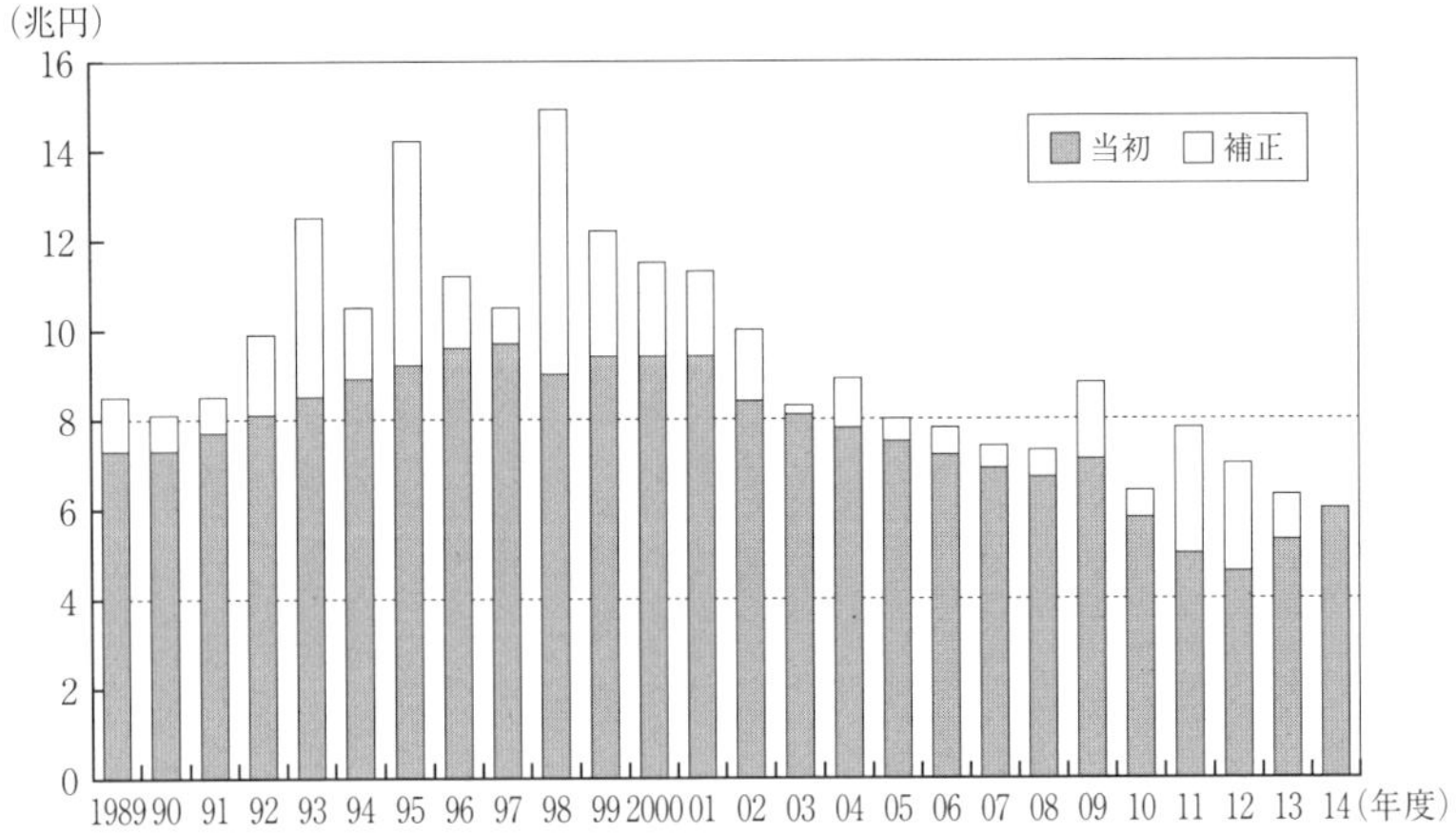

図表3-5　公共事業関係費の推移

出典：財務省「日本の財政関係資料」2014年10月。

して直ちに所得税を引き上げている。財政規律を重視するEU諸国は、財政収支を悪化させるような〝積極的財政政策〟を行わないどころか、増税しているのである。

次にもう一つの積極的財政政策である公共事業費の推移をみよう。図表3-5をみると、公共事業が活発に実行されたのは一九九〇年代であり、二〇〇〇年以降は低下傾向にあることがわかる。二〇〇一年に政権を握った小泉内閣が公共事業の抑制を図ったことが大きい。日本はもともとGDPに占める公共事業の割合が高く、その結果、建設業で働く労働者割合の高い国でもある。一九九〇年代の日本のGDPに占める公共事業費の割合は約六%で、アメリカ、イギリス、フランス、ドイツは日本の半分程度であった。二〇〇〇年代に入り日本の公共事業は低下しているが、依然他の先進諸国よりも高い。このことは、日本では公共事業に依存する建設業者の数が多く建設業界の声が大きいことを意味し、景気が悪化すれば直ちに公共事業の増額を求めるという政治家への圧力となっている。

また補正予算により公共事業が大きく膨らむ場合が少なくないことに注意する必要がある。例えば、アジア通貨危機後の不況対策として一九九八年度の補正予算では五兆九〇〇〇億円もの公共事業費が追加されている。リーマンショック後の二〇〇九年度には補正予算で一兆七〇〇〇億円の公共事業費が追加されている。景気対策として公共事業の追加が比較的簡単に実行されているが、建設国債とはいえ国債費が増加することは決して望ましくない。なお第二次安倍政権が発足した二〇一二年度以降、当初予算の公共事業が再び増加しており、これは安倍政権が減税と公共事業費の増加という伝統的な〝積極的財政政策〟を採用していることを示している。財政赤字の削減には目もくれず、景気刺激策に重点を置く安倍内閣の姿勢は、財政破綻の可能性を高めており、著者には非常に危険にみえる。

日本政府はバブル崩壊以降の二四年間に〝積極的財政政策〟として四〇〇兆円という巨額の減税に加えて年一〇兆円以上の公共事業を一九九三年から二〇〇二年の一〇年間にわたって継続した。しかし一九九〇年半ば以降の日本の景気は低迷を続け、財政政策の効果はほとんどなかったとみるのが妥当な判断であろう。短期の景気対策としての〝積極的財政政策〟は十分な景気回復効果を持たず、ただいたずらに財政赤字を膨らませただけである。

特に減税政策を短期の景気対策として用いたことが日本の財政赤字を拡大させることになった。他の先進国は日本よりも財政バランスを重視しており、たとえ景気が悪化したとしても、財政赤字の原因となる減税政策の実施には非常に慎重であることを思い起こして欲しい。世界の先進国の中で財政規律を無視して、こんなに安易に減税政策を実施している国は日本だけである。

積極的財政政策によって日本政府が大きな負債を抱えることになったことは、図表3‐6によっても確認できる。特に一九九四年の大規模な経済対策以降、毎年のように巨額の赤字を計上している。一方、法人税の減税と金融緩和の恩恵を最大限にうけて企業の収支は大幅に改善した。特にアジア通貨危機後の一九九九

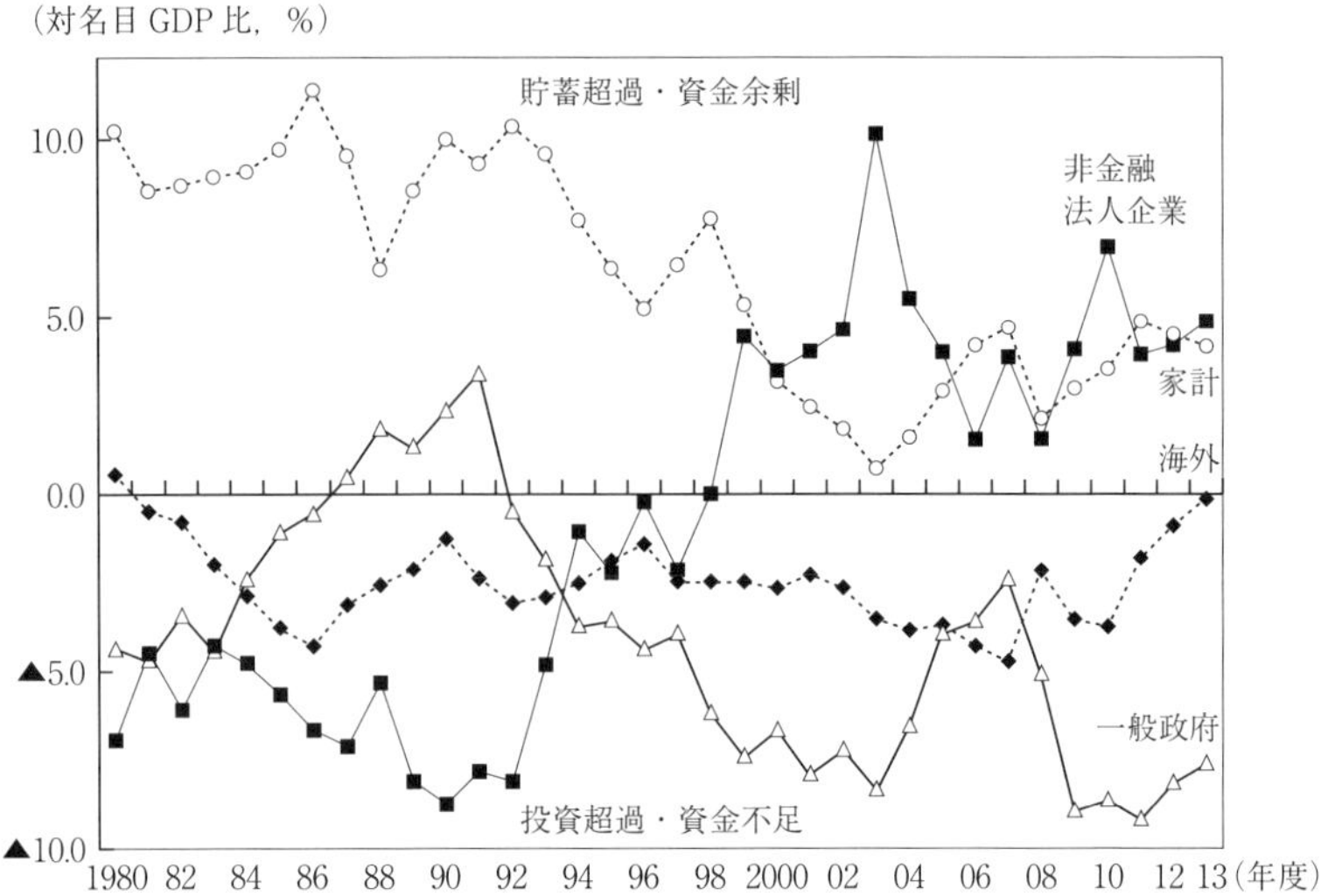

図表 3 - 6 部門別資金過不足の推移

注：各年度において特殊要因の調整を実施。
日本銀行「資金循環統計（2014年 3 月末速報）」，内閣府「国民経済計算」。
出典：財務省「日本の財政関係資料」2014年10月。

年以降、非金融法人企業の収支は常に黒字となり、内部留保は増加し、総額は二〇一四年末で三〇〇兆円に達した。このように法人税減税と金融緩和は、設備投資増には結び付かず、内部留保の増加に貢献した。企業は変質した。図表3‐6で明らかなように、二〇〇〇年以降の〝非金融法人企業〟は資金の需要者ではなく資金供給者である。つまり民間企業は、家計と同じように株式投資や資金の貸し付けにより利益を得るようになり、財やサービスの生産という本来の企業活動を停滞させている可能性がある。企業が設備投資よりも、株式投資を重視し、生産活動から離れていくならば、経済学の教科書に描かれている本来の企業の活力が失われているのかもしれない。さらに大規模な所得減税は個人貯蓄に姿を変え、消費増には結び付かなかったこともわかる。高齢者が増加し貯蓄の取り崩しが多くなれば、家計収支はマイナスになると予想されていたが、図表3‐6に示されるように、実際には減税により高所得者を中心に年間の貯蓄額は再び増加傾向にある。

このように減税分が家計や企業の貯蓄に姿を変えるだけで、経済成長の原動力となる消費や設備投資に結び付かないのであれば、政府が減税政策を実行して財政赤字を抱える意味が無い。所得税や法人税の減税を直ちに中止し、増税政策に転換し、政府がその税収を再配分する方が、マクロ経済によい影響を与える可能性が高い。増税による税収の使い道は、国債の現金償還を積極的に行うための「国債費」の増額、国民生活の安定のための「社会保障費」の増加、未来への投資である「教育費」の増額、公務員の増員など、いくらでもある。

金融緩和による金利低下と公的年金積立金のギャンブル化

次に日本の金融政策を取り上げる。なお金融政策を担当するのは、政府ではなく中央銀行であり、日本の中央銀行は日本銀行(=日銀)である。政府と中央銀行の経済に対する見方が異なる場合、中央銀行は政府の命令ではなく独自の判断に基づいて、政策を実施することが求められる。それを「中央銀行の独立性」という。政府の経済判断が誤っている可能性もあり、中央銀行には金融経済の専門家(市場の番人と言われる)として独立した判断が求められるのである。その点で、現在の黒田総裁のもとでの金融政策は安倍内閣の景気刺激策への補完であり、個人的には日銀の独立性の喪失に危惧の念を抱いている。

さて教科書的に言えば、中央銀行の行う金融政策の手段には「公定歩合操作」と「公開市場操作」がある。公定歩合とは日銀が普通銀行に貸出す金利であり、不景気の時には公定歩合を下げて普通銀行への貸出を増やし、普通銀行の融資額を増加させ市中金利を下げる。公開市場操作は日銀と普通銀行の間で実施される国債の売買であり、不景気のときには普通銀行から国債を買い上げて普通銀行の手元資金を増やして、市中に出回る資金量を増加させ市中金利を下げる。それに加えて、日本独自の金融政策として「窓口規制」という手法がある。窓口規制とは、例えばバブル期に実施された不動産業に対する融資規制など、特定の産業や政策に基づいた融資の規制を指す。

さて、日本では一九九七年のアジア通貨危機以降、市中金利（コールレート＝銀行間短期金利）はほぼ〇％に張り付いており、金融政策の手段としての公定歩合操作は、政策としての有効性を失った。この状況をマクロ経済学の教科書では〝流動性の罠〟のケースといい、伝統的な金融政策が経済刺激策としての有効性を失う典型的ケースである。しかし日銀は非伝統的金融政策として、二〇〇一年三月一九日から二〇〇六年三月九日まで、速水優総裁、福井俊彦総裁のもとで金融緩和策を採った。目的は金利の引き下げではなく（ゼロ金利より下げられない）、流通貨幣量の増加による物価上昇を通じた景気拡大であった。しかし一九九九年から二〇〇五年までの物価上昇率はマイナスで、その後も物価上昇の気配はみられない。図表３－３で説明したように、景気循環の過程において物価上昇は需要増のシグナルなので、物価上昇が起きない限り企業は生産活動を活発化させない。それゆえ物価上昇の起きない日本では、図表１－１に示されるように名目ＧＤＰが伸びず、経済の停滞が続くことになる。

二〇〇〇年代の金融緩和のレッスンから学ぶべきことは、〝通貨量を単純に増やしても物価上昇は起こらない〟ことであろう。しかし黒田総裁は過去のレッスンを無視し、二〇一三年四月三日に二％の物価上昇を目標として資金供給量を二年間で二倍にする〝異次元の金融緩和〟の実施に踏み込んだ。かつての金融緩和策と同様に、物価は上昇しないまま、金融緩和で増加した資金は株式市場に流れ込み、株価を押し上げた。本来の目的でない株価上昇であったが、それが企業収益をさらに押し上げ（図表３－６でみたようにすでに一九九九年から企業収益はプラスであった）、景気が回復したようにみえたことが〝異次元の金融緩和〟の支持者を生んでいる。さらに黒田総裁は非伝統的金融政策として、二〇一六年に入ってからの円高に対応し、二〇一六年二月には円安誘導を目的としたマイナス金利を導入した。

一方日銀と異なりＦＲＢ（アメリカ連邦銀行）は、非伝統的政策であるゼロ金利政策の経済への悪影響を認識しており、二〇一四年一二月二九日に金融緩和策を中止し、二〇一五年一二月一六日には長く続いたゼロ金利政策から離脱した。ゼロ金利のデメリットは、将来の返済を真剣に考えることなく安易な融資を受けることである。企業は不要な設備投資を行うことで将来の市場を不安定化させかねないし、低金利だけをみて住宅購入をする低所得者は、少しでも金利が上昇すれば、自己破産する。一時的な低金利は重大な資源の浪費を引き起こし、将来に大きな禍根を残すこととなる。ＦＲＢはアメリカの将来を真剣に考え、ゼロ金利政策からの脱却を図ったのである。日本でゼロ金利に対する問題意識が薄いのは、日銀による大量の供給資金が株式市場に向かった結果、株の値上がり益が大企業の業績を好転させたので、ゼロ金利の持つ問題点から眼がそれてしまったのであろう。しかし株式を保有する家計はせいぜい一〇％程度であり、株価の上昇は少数の家計の資産を膨らませることにより、格差を確実に拡大するというデメリットもあることに気づいて欲しい。

さらにあまり注目されないことであるが、金融緩和政策は、株式市場と国債市場の変質を通じて、我々日本人の大切な将来資産である公的年金積立金を株式投資に誘導し、公的年金積立金の運用をギャンブル化した。二〇〇一年の速水総裁による金融緩和政策と同時に、公的年金積立金の株式運用が開始されている。その理由は、金融緩和により国債金利が低下すれば、公的年金積立金の運用益が減少するからである。金融緩和は金利の低下をもたらし、企業や住宅ローンの借り入れを容易にするが、日本人の金融資産の八割を占める預貯金からの利子収入を減らし、国債で運用されていた公的年金積立金収入を減少させた。

年度	GPIF	年金特別会計	積立金全体
2001	−1.80	2.99	1.94
2002	−5.36	2.75	0.17
2003	8.40	2.41	4.90
2004	3.39	2.06	2.73
2005	9.88	1.73	6.83
2006	3.70	1.61	3.10
2007	−4.59	1.45	−3.53
2008	−5.57	0.57	−6.86
2009	7.91	0.09	7.54
2010	−0.25	0.03	−0.26
2011	2.32	0.03	2.17
2012	10.23	0.03	9.56
12年間平均	2.02	1.31	2.26

図表3－7　年金積立金の運用収益率の推移（％）

出典：厚生労働省『平成24年度　年金積立金運用報告書』のデータを用いて，著者が作成。

もともと厚生年金と国民年金の積立金の運用は、年金特別会計として財政投融資からの収益（建設国債の償還、金利支払いなど）で行われていたが、金融緩和政策と民営化の流れの中で年金積立金管理運用独立行政法人（ＧＰＩＦ）が創設され、国債依存からの脱却を名目として株式での運用も行うことになったのである。しかし公的年金の自主運用は公的年金積立金をリスクのある株式などの危険資産への投資にまわすことを意味するので、公的年金積立金は市場のリスクにさらされることになる。

図表３－７は第二次安倍内閣成立以前のＧＰＩＦの運用収益率をみたものである。このときは国内株式一二％、外国株式一二％が上限となっており（現在はどちらも上限は二五％）、国債や社債での運用額も多かった。それでも運用益は株式市場の影響を大きく受けている。二〇〇一年の年金積立金総額は約一四〇兆円で、ＧＰＩＦが運用したのはそのうちの三九兆円であったが、そのときの運用収益率はマイナス一・八％であった。一方、財投債という国債で運用した年金特別会計の運用収益率は二・九九％であった。二〇〇二年も同様に、ＧＰＩＦの運用収

益率はマイナス五・三六％と、年金特別会計の二・七五％よりはるかに低かった。株式市場が不調だった二〇〇七年と二〇〇八年もマイナス四・五九％、マイナス五・五七％というマイナスの収益率を記録している。

図表３－７の運用収益率の推移から読み取れるのは、以下の二点である。第一は年金特別会計での運用収益率の低下であり、第二がＧＰＩＦの運用収益率の変動が大きく、一二年間のうち五年間でマイナスとなっていることである。まず年金特別会計の収益率の低下は国債金利の低下を反映しており、国債金利の低下は日銀の金融緩和策の影響を強く受けている。それゆえ金利の低下に伴って年金特別会計での運用額は激減し、公的年金積立金の株式への投資を認めるＧＰＩＦでの運用が増加した。しかしその運用収益率は株式市場の影響を受け大きく変動する。株式市場が好調ならば収益率は一〇％にもなるが、不調ならば五％を超えるマイナスとなる。ＧＰＩＦの一二年間の平均運用収益率は二％であり、国債運用の一・三％よりは高い。しかし、一二年のうち五年間の運用収益率がマイナスであることを考慮すれば、公的年金積立金は将来の公的年金の重要な財源なので、収益性よりも安定性をより重視すべきと思われる。個人的には国内外の株式投資の上限がそれぞれ一二％となっているのは、高すぎると思う。

しかし二〇一四年一〇月三一日に、安倍政権はＧＰＩＦの株式への投資割合を二倍以上にした。国内株式、外国株式の上限が一二％であったものを、それぞれ二五％へと大幅に引き上げた。これは明らかに公的年金積立金のギャンブル化である。確かに黒田総裁による〝異次元の金融緩和〟によって株価は急上昇したが、この「官製相場」がいつまでも続く保証はない。日銀が国債を買い支えられなくなったときには、日本の株式市場は崩壊し、一三〇兆円の資産残高を持つ公的年金積立金が紙くずと化す可能性もある。

将来の生活を支える公的年金積立金の半分が株式投資に向けられていることを考えれば、のんきに「私は株を持っていないし、株には興味がない」といって済ませられる話ではない。株価の動向が大半の日本人の引退生活に直結するのである。株価は大幅に上昇することもあるが、大幅に下落することもある。もし世界経済の不調で株価が暴落すれば、基礎年金・厚生年金・共済年金の全部を含む大切な年金資産は大きく目減りし、年金給付額が大きく削減される可能性もある。日本人は将来の年金を投じて壮大な賭けをする政権を選択してしまったことを認識しなくてはならない。二〇一四年度には一五兆円の運用益があったというが、二〇一五年は七〜九月期だけで約一〇兆円の損失を出しており、もし株価が低下すれば損失は拡大し、公的年金給付額の低下が現実になる。

黒田総裁による〝異次元の金融緩和〟は、最初は年間五〇兆円の国債買取りであったが、買取り額は増大し続け、二〇一四年一一月に六〇兆円から八〇兆円に増額され、ほぼ政府の予算額と等しい水準となった。このような大量の国債買取りをいつまでも継続できるものではない。二〇一〇年一二月には国債残高の八％しか保有していなかった日銀が、二〇一五年一二月には二九％を保有するまでになった。現在日本銀行が行っている国債買取りは市場を通しており、政府が発行した国債を直接引受ける「財政ファイナンス」ではないと言い張っているが、〝異次元の金融緩和〟を可能とするために実行している財政規模に近い国債の買取りは「財政ファイナンス」と言われかねない。

このような「公開市場操作」による大量の国債買取りにより、国債市場に出回る国債が少なくなっており、市場で決定される金利の変動が大きくなるというデメリットも出始めている。国債はこれまでは金利の安定した安全資産と考えられてきたが、現在では金利が大きく変動する危険資産になりつつある。これは金融市場にとってよいサインではない。

5　景気対策としての雇用の安定と賃上げ

　ここまでの節では、一九九〇年代のバブル崩壊以後の不況対策として、減税と公共投資の増額という積極的財政政策、金融緩和という金融政策が実施されてきたことをみた。しかし日本で実施されたケインズ政策の経済成長への効果は限定的で、減税と公共投資の増加の結果として巨額の財政赤字が残された。安倍政権の経済政策は〝アベノミクス〟と言われているが、内容は過去におおかたの自民党政権が実施してきた財政・金融政策を大規模にしたものであり、財政赤字を増大させ、預貯金金利を低下させることにより家計消費を抑制し、公的年金積立金をギャンブル化させた。

　この節では、経済成長のためには上記のような財政破綻の危険性を高める〝積極的財政政策〟や〝異次元の金融緩和〟ではなく、雇用の安定と賃上げが必要であることを主張する。なぜならば経済の停滞の原因は、雇用者報酬の低下による家計消費の低迷だからである。

　まず日本経済が縮小し始めた契機は、バブル崩壊ではなく、アジア通貨危機であったことを確認する。図表3－1に描かれた実質GDPの変化率（経済成長率）をみると、日本経済は一九九〇年以降、経済の低迷期（失われた二〇年）に入ったようにみえる。しかし第1章の図表1－1をみると、名目GDPの動きは実質GDPの動きとは異なる。名目GDPはバブル崩壊以降も一九九七年までは成長し続け、実質GDP成長率（＝名目GDP成長率－物価上昇率）もほぼ二・五％程度で推移している。バブル崩壊以降の日本は不況に陥ったと言われるが、少なくとも一九九七年までは実質的にも名目的にも経済は拡大している。しかしアジア通貨危機を境に名目GDPの成長が止まり、経済停滞が始まる。同時に物価上昇率がマイナスとなった（デフレと言う）。物価が低下しているので、実質ＧＤＰ成長率（＝名目ＧＤＰ成長率－物価上昇率）は、なんとか一九九八年以降も一％程度を維持しているが、アジア通貨危機を境に日本経済はデフレに陥り、実質ＧＤＰの成長率はプラスでも、名目ＧＤＰはほとんど成長していない（図表３－１と図表１－１を参照）。

なぜ一九九八年以降、日本経済は経済停滞に陥ったのであろうか。

一九九八年以降に起きたことは、雇用者報酬の低下と企業所得の増加である。１節で述べたように、ＧＤＰは労働者と企業に分配される。名目ＧＤＰが一九九八年以降ほぼ五〇〇兆円前後で推移していることを考慮すれば、企業所得の増加は雇用者報酬の低下を意味する。図表３－６をみれば、一九九八年以降企業収支はプラスになり、企業貯蓄（内部留保という）が増加していることを確認できる。一九九八年以降の企業は資金の借り手ではなく貸し手になった。設備投資ではなく、家計と同様に、貯蓄（＝内部留保の増加）の増加を目標にし、資産運用で収益を上げるようになっている。企業はリスクをとらず、設備投資よりも株式投資などの資産運用によって利潤を得るようになっている。この企業行動の変化こそが、マクロ経済にとってマイナスの影響を与えていると、著者は考えている。

企業所得の増加に対して、雇用者報酬は一九九八年以降大幅に低下している。図表３－８をみると、名目雇用者報酬は一九九七年をピークとして、低下傾向にあることがわかる。一九九七年度に二八〇兆円であった雇用者報酬は、五年後の二〇〇二年には二六〇兆円になり、リーマンショック後の二〇〇九年以降には一段と低下し、二四五兆円前後で推移している。雇用者報酬の低下は、ＧＤＰの六割を占める家計消費の停滞に直結する。家計消費の停滞はマクロの需要不足を意味し、物価の下落をまねく（図表３－３を参照）。

本当に必要だったのは、重い財政負担を後世に残す公共事業の増加と減税という〝積極的財政政策〟ではなく、所得・法人税の課税強化、活用されない個人貯蓄や企業貯蓄（＝内部留保）に対する資産課税の強化

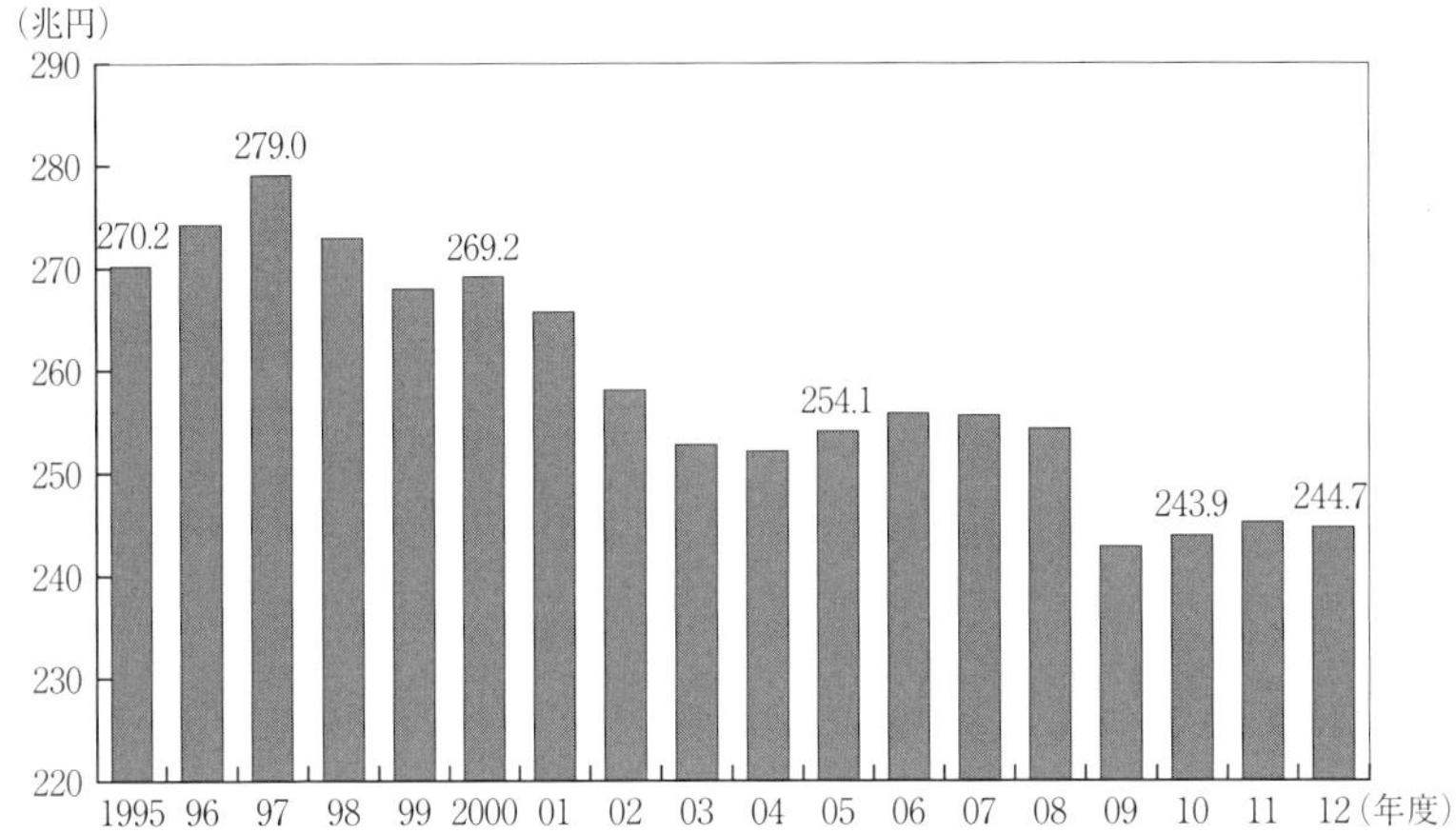

図表3-8　名目雇用者報酬の推移

出典：内閣府「国民経済計算（GDP 統計）」。

であったのではないか。増収による社会保障制度の維持・拡充は、家計消費の増加を通じて日本経済を活性化させたことであろう。バブル期の再来を求めて実施されてきた減税政策のつけは大きい。

図表3－8はマクロ統計であるSNAベースでの就業者全体の総収入（＝名目雇用者報酬）の動きであるが、就業者一人あたり賃金も同じ動きをしている。国税庁『民間給与の実態』によれば、五人以上の事業所で一年以上働いている就業者の平均年収は一九九七年に四六七万円でピークとなり、その後は一貫して低下している。二〇〇〇年の平均年収は四四六万円、二〇〇五年四三七万円、二〇一〇年四一二万円である。二〇〇八年にはリーマンショックがあり、二〇〇九年の平均年収は前年の四三〇万円から一気に四〇六万円と二四万円も減少した。このように一九九七年平均年収の四六七万円が二〇一〇年には四一二万円と五五万円も減少すれば、家計消費が低下するのは当たり前であろう。

日本の経済成長のために必要なのは国内需要であり、雇用の安定と賃金水準の上昇による雇用者報酬の引き上げ＝家計消費の拡大が望まれる。現在の日本は昔社会科の授業で習ったような輸出に依存する加工工業国ではなく、就業者の七五％以上が第三次産業で働くサービス産業国であることを認めなくてはならない。そして急速に就業者が増えているのが、医療・介護分野である。介護サービス産業は日本にとってほぼ唯一の成長産業なのに、安倍政権は介護サービスの個人負担を増加させ、介護サービス利用を制限することによって、結果的に成長産業であるはずの介護サービス産業を縮小させ、経済成長にマイナスの効果をもたらしている。〝外需依存の経済から内需中心の経済への転換〟というのが日本経済の目指す方向ではなかったのか。内需の中核をなす介護サービス産業を縮小させる政策が、経済成長の観点から妥当性を持つとは思えない。

経済成長をもたらす鍵は、需要が供給を上回る状況を生み出すことである（図表3－3を参照）。需要が供給を上回るときには、必ず価格が上昇する。価格が下落を続けているのは家計の消費需要があまりに弱いからであり、日銀がいくら通貨量を増加させても、消費需要の低迷で通貨需要は伸びず（＝物価は上昇せず）、行き場を失った通貨が株式市場に流れ込むだけである。

需要の拡大のために必要なのは名目賃金の上昇である。名目賃金は上昇していないけれど、物価が下がっているので実質賃金は上昇していると言われても、多くの人は消費を増やすことはない（この現象を経済学では「貨幣錯覚」という）。物価の下落の結果として実質賃金が上昇したとしても、名目賃金が上がらなければ大多数の人は景気がよくないと判断し、逆に消費を切り詰める。その結果、家計消費は縮小し、ＧＤＰも縮小することになる。つまり名目賃金が上がらないかぎり大多数の人は消費を増加させない。名目賃金が上昇しなかったことが日本の長引く不況の正体である。

ではなぜ一九九八年以降に平均賃金の低下が起きたのであろうか。アジア通貨危機以降に起きた労働市場の変化は、リストラという名の正社員の削減、パート・アルバイト・派遣社員などの最低賃金の水準に影響を受ける低賃金の非正規労働者の急増である。現在では就業者の四割が非正規労働者であり、その平均年収は三〇〇万円にも達せず、就業者の平均年収低下の原因となっている。このような非正規労働者急増のきっかけになったのは、労働者派遣法の改正による派遣業種の拡大、特に製造業への派遣解禁である。

労働者派遣法は中曽根内閣のもとで一九八六年に施行された。このときの派遣対象は一三業種であったのが、一九九六年には二六業種に拡大され、一九九九年小渕内閣のもとでの派遣法改正により、派遣業種は原則自由化（非派遣業種は例外、ネガティブリストと言われる）された。これ以降、人材派遣業者が増加し始め、正社員の派遣労働者への置き換えが進んだ。二〇〇〇年の森内閣時代には、新卒者を派遣労働者として派遣することのできる紹介予定派遣が解禁となり、二〇〇四年には小泉内閣が労働者派遣法を大幅に改正し、製造業への派遣を解禁し、派遣労働者全般の派遣期間も延長した。製造業への派遣を解禁したことにより、派遣労働者は一気に増加し、非正規労働者の増加に拍車がかかった。このように自民党政権のもとで、派遣労働が一般化し、非正規労働者の急激な拡大により、平均賃金が低下し始めたのである。

民主党は二〇一二年に派遣労働の規制強化をめざす改正を行おうとした。その内容は、製造業への派遣を原則禁止、日雇い派遣・二カ月以下の派遣の禁止、登録型派遣の原則禁止である。しかし、自民・公明党の強い反対により、日雇い派遣の禁止以外は全面的に破棄された。歴代の自民党内閣は経済成長を目指すといいながら、労働者の年収を引き下げ、経済を縮小させる方向での改革を行ってきたのである。政策の一貫性を欠いていると、評価せざるを得ない。

図表3‐9をみて欲しい。このグラフをみれば、賃金の動きが経済成長に結び付いていることを理解できよう。アメリカ、EU圏の名目賃金は毎年上がり続けているのに対し、日本の名目賃金は一九九七年以降低下していることが確認できる。一九九五年を一〇〇とすると、二〇一二年の数字はアメリカ一八一、EU圏

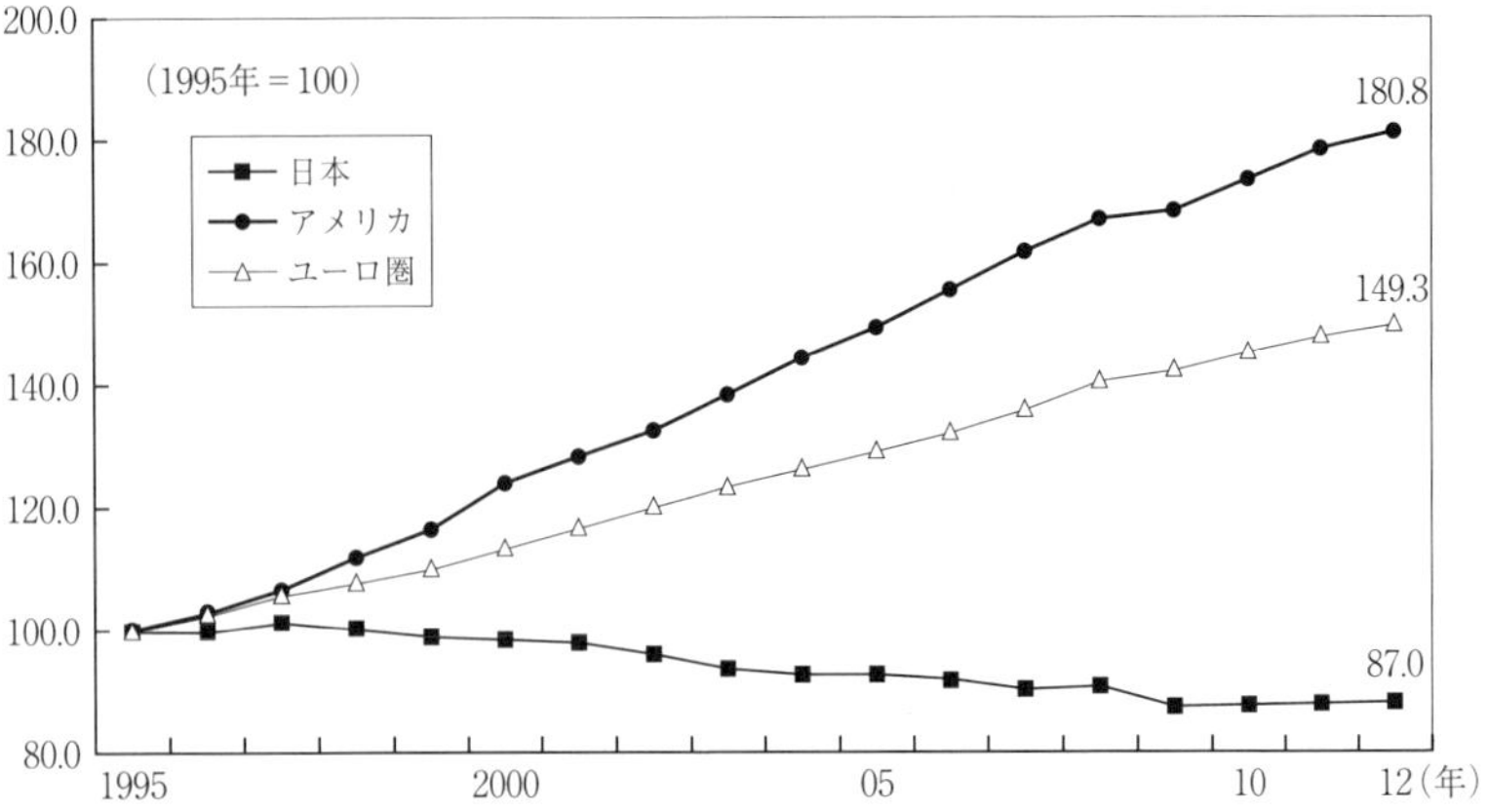

図表3－9　名目賃金の推移（1995年＝100）

出典：OECD Economic Outlook 2013.

一四九に対し、日本は八七である。図表3－9は、日本経済の低迷が賃金の低下による家計消費の低迷が原因であることをはっきり示している。

このような日本の賃金の低下は、日本の労働の質の低下を示しているかもしれない。一九九五年から二〇一二年の間、正規労働者数は三四八八万人から三三四〇万人でほぼ一定である一方、非正規労働者は八八一万人から一八一三万人へと急増している。短期の不安定雇用を繰り返す非正規労働者には、技能の向上へのインセンティブがなく、労働生産性は低いままである。そして、低い労働生産性が低賃金に反映されている非正規労働者の増加が、平均賃金を押し下げている。技能の集積が日本の製造業、日本企業の強さであった時代は過去のものとなりつつある。

日本人の多くは、非正規労働者は単純労働、一時的に必要な分野で働く労働者とみなしており、正社員との待遇差があるのが当然と考えている。実際には正社員と非正規労働者が同じ職場で同じ仕事をすることも少なくないが、非正規労働者には技能の向上・熟練は期待されず、その機会も与えられない。大学卒業生を含めて多くの若者が非正規労働者となるが、彼らは経験を活かすことを期待されないままに年を取っていくのである。日本は教育レベルが高い国であるが、その高等教育の成果が全く活かされていないことになる。社会的な無駄の多い経済になってしまっていることが残念である。

非正規労働者に技能向上へのインセンティブを与えるための方策が、「同一労働同一賃金」の法制化による非正規労働者の賃金の引き上げである。就業者の四割まで増加した非正規労働者全員の正社員への転換は不可能であるし、それが労働者の望む就業形態でもないであろう。賃金引き上げの方法の第一は、正社員の特権であるボーナスを含めて、少なくとも同じ職場で同じ仕事をしている場合には、正社員と非正規労働者の時間給を同一にすることである。日本では、正社員と非正規労働者では、働き方が異なり、月給と日給・時間給の違いがあるので、「同一労働同一賃金」の実行は難しいという議論をよく聞く。しかしあまり一般化せず、あまり難しく考えず、同じ職場で同じ仕事内容であれば、同じ時間給にすることから始めればよいのではないだろうか。例えば、第5章4節で取り上げる小中学校の教諭（正規）と講師（非正規）は明らかに同じ仕事をこなしている。公務員の二割を占める非正規公務員も同じ仕事をしており、同一労働同一賃金の適用は容易である。さらに資格が違うだけで同じ仕事をこなしている看護師と准看護師の賃金格差も、経済学者の目からは到底納得できない（下野・大津〔2010〕を参照）。

日本とEU・アメリカとの違いは、男女、正社員と非正規労働者の時間給の格差を禁じる労働法制の有無にある。EUやアメリカでは、日本のような正社員と非正規労働者の時間給の格差の放置は不法労働行為になる。もし日本でも他の先進国と同様に「同一労働同一賃金」が法制化されていれば、非正規労働者であっても技術の熟練による労働生産性の伸び（＝賃金上昇）が可能となるかもしれない。さらに正社員の給与が上昇すれば、非正規社員の給与も上昇するアメリカ経済の強みは公正な競争を大切にするところにあり、アメリカ企業は「同一労働同一賃金」という法律・ルールのもとで競争し、賃金だけではなく同一の研修機会の付与も含めた男女の平等な待遇にも対処している。

賃金引き上げのためのもう一つの方法は、最低賃金の引き上げである。バブル崩壊以降の日本企業は家計の消費引き締めの動きにすばやく対応し、低価格を売りにする食品、日用品、電化製品などを扱う企業が急増した。低価格で勝負する企業の増加自体は市場に適応する新しい企業の出現を意味しており、否定すべきではないが、問題は低価格を売りにする企業で働く労働者の賃金である。それらの企業で働く労働者の賃金は最低賃金に張り付いており、時間給八〇〇円にも満たない低賃金労働が拡大していったのは、ひとえに日本の最低賃金の低さによる。非正規労働者の六割はパート・アルバイトであり、彼らの時間あたり賃金が上昇しない限り、全体の賃金水準は上昇しない（二〇一六年一〇月一日で平均八二三円）。

最低賃金がもっとも高い東京ですら九三二円である（二〇一六年一〇月一日から）。オーストラリア並みの一五〇〇円への引き上げは困難としても、せめてアメリカが目指す一〇ドル（＝一二〇〇円）程度を目標にしてほしいと心から願う。もし時間給が一二五〇円であれば、一日八時間労働で二〇日間働けば、月二〇万円になる。若者が独立してなんとか文化的な生活をしていける水準ではないだろうか。オーストラリアでは一五〇〇円、ヨーロッパ先進国も最低賃金一二〇〇円以上を市場のルールとして、企業経営しているのである。日本のコンビニエンス・ストアもオーストラリアに進出すれば、オーストラリアの最低賃金を支払わなければならない。日本人のコンビニエンス・ストアの就業者は、なぜオーストラリア国内よりも低い時間給に甘んじなくてはならないのか、疑問を持って欲しい。労働者自身が最低賃金の大幅な引き上げを求めないかぎり、経営者が自発的に賃上げをしてくれることはない。賃金をコストとしか捉えないのが経営者であり、経営者として合理的な行動である。それゆえ、賃金上昇のために労働者自らが「同一労働同一賃金」や最低賃金の引き上げを要求し続ける必要がある。その方法が投票であり、労働組合による要求である。

日本の企業も、オーストラリア並みの最低賃金というルールのもとで、オーストラリアの企業と競争して欲しい。高い賃金に負けない高い生産性や技術で競争していかないかぎり、日本の企業は国際競争力を失っていく。実際、日本の労働生産性は低下しており、このまま低賃金に依存した経営に固執するなら、中国やインドの企業との競争にも負けることになるであろう。

第Ⅱ部　公的サービス縮小と国民生活

第4章 「小さな政府」の日本

この章では、日本の政府の規模が大多数の人が思い込んでいるより小さいことを示す。政府の規模が小さいことは、政府の供給する公的サービスが限定されていることを意味する。現在の日本政府はどのような公的サービスに、どの程度の公的資金（＝税金＋国債）を投入しているのだろうか。公表されているデータからは、巨額の財政赤字のためにすでに社会保障費や教育費など国民にとって大切な公的サービスが削減されている現状を確認することができる。

二〇一五年度末には八〇〇兆円を超える国債残高を抱え込んだにもかかわらず、減税政策を継続する安倍政権のもとにおいて、社会保障費の切り下げ、公務員削減による公的サービス引き下げが粛々と実行されている。その結果、貧困者の割合は上昇し、低・中所得者の生活水準の低下が進行している。

1節では政府の役割を確認し、日本がアメリカと同様に〝小さな政府〟を持つ国であることを明らかにする。2節では、大きな政府と小さな政府のメリット、デメリットをまとめたうえで、日本では大きな政府を選ぶことが経済成長につながることを主張する。重要なことは、税負担の水準が社会保障水準に直結することである。もし税負担増を嫌うならば、今後も〝小さな政府〟のままで継続的に実行される社会保障給付の削減に耐えるしかないし、生活困窮者の増大は避けられない。3節では現在の日本の歳出構造から、日本政府の政策の方向性を明らかにする。

1　アメリカよりも「小さな政府」

政府とは何か

この節では、まず〝政府とは何か〟を明確にしよう。図表4－1に図示したように、政府とは、個人や家族、企業だけではできないことをするために、個人、企業が収入に応じてその一部を税金として納め、集められた税金を社会全体がより幸福になるように（経済用語で言えば、厚生水準が向上するように）有効に使っていく機関である。それゆえ税金の使い方については、少なくとも社会の構成員の過半数が納得することが求められる。

小さな社会であれば住民全員が集まり、税金の使い方や税金の負担割合を議論することも可能であるかもしれないが、地域共同体の規模が大きくなれば直接に全員で議論することは不可能である。そこで近代国家においては、選挙で選ばれたものが国民の代表として国会や地方議会で審議することにより、法や制度を作り、税金の徴収（＝租税制度）や税金の配分（＝予算案）などを決定する。国民の代表者は、国会議員、地方議員と呼ばれる。「選挙権」が国民の権利とされるのは、誰を選ぶかによって命と同じくらい大切な国民のお金の使い方が決まってしまうからである。

もし国民が将来をよく考えることなく議員を選べば、大切なお金（＝税金）は無駄に使われてしまうだけでなく、国の将来を誤ることになる。例えば、ヒットラーを選んでしまったドイツや好戦的な軍人を政治家

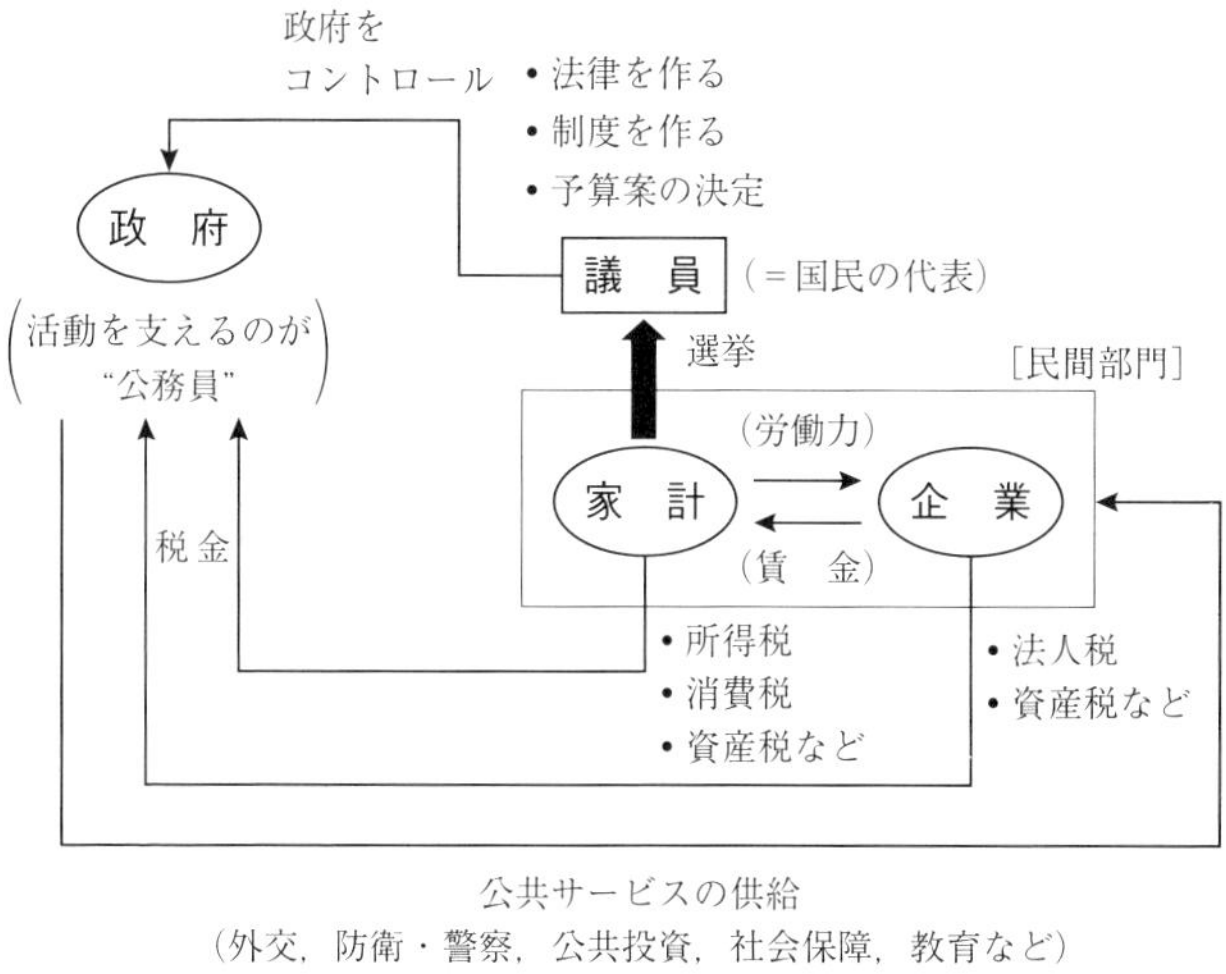

図表 4－1　政府とは何か

出典：著者が作成。

として選んだ日本は、第二次世界大戦を引き起こすことになった。多くの若者が死亡しただけではなく、税金だけでは足らず戦時国債を発行して集めた資金を膨大な軍事費として費やした結果、敗戦後の日本人は国民所得の二・七倍もの財政赤字による財政破綻によって引き起こされたハイパーインフレ（年間二～四倍になる急激な物価上昇）により塗炭の苦しみを味わったのである（第2章2節を参照）。それはまだたった七〇年前のことであり、日本人自身が選んだ政治家が戦争を始めたことを忘れるには早すぎる。

　しかし国民から税金を徴収し公共サービスの範囲や供給量を決定するという重要な役割をはたす議員を選ぶ選挙において、日本人の投票率は他国に比較して非常に低く、しかもその低投票率に対して「投票に行きましょう」という呼びかけがなされているだけである。何のための投票か、投票の意義を明らかにすべきであろう。現在の日本の投票率は、国政レベルでも六〇％を下回り、市町村レベルでは四〇％に満たないケースも少なくない。投票率が低いということは、少数の国民が日本や地方の将来を決定するという意味であり、選挙で選ばれた議員が必ずしも国民全体の意見を代表していないことを意味する。投票率の高い高齢者を中心とする国民の半分の意思で、税金の使い方、日本の将来を決定しているという現状をそのままにしておいてよいのであろうか。

経済的インセンティブを活かして、投票率を高めた国がある。オーストラリアでは国民の意見を反映するために、投票しない場合には二〇ドル（日本円で一六〇〇円程度）の罰則金を課し、投票率九〇％を実現している。日本では、参政権は生存権、教育を受ける権利と並んで、三大権利とされている。権利の行使は各自の自由とはいえ、選挙の動向しだいで日本の将来が決定されることを考えれば、強制的にでも国民に投票を求めるべきではないだろうか。投票しましょうと呼びかけ、低投票率を嘆くだけでは何も変わらない。

さて図表4－1に示されている政府が、税金を原資として提供する公的サービスとは何であろうか。公的サービスと民間サービスの違いは何であろうか。著者の考えでは、公的サービスとは民間企業では採算がとれないサービス、あるいは民間企業がやっては困るサービスである。しかし日本では公的サービスと民間サービスが明確に区別されてこなかったために、公的サービスにも収益を求めるという妙なことが起きている。一例をあげれば、公的な交通サービス（地下鉄やバス）の赤字を問題視するマスコミ報道がある。住民の生活を支えることによって地方経済に貢献しているものの、公的交通機関は単独では利益を出せないから、税金を投入して運行されているのである。それに対し独立採算を求めるのは、論理的に間違っている。必要なことは、どの程度の税金投入をするのかを決定することであり、利益を求めてはならない。

まず公的サービスとしては、経済成長に役立つが民間企業単独では実施できないダム、道路、港湾、空港などの巨大な公共事業があげられる。実際に工事を行っているのは民間の建設会社であるが、道路や港湾などの大型の公共事業は、政府の補助金（＝国民の税金）なしには実行不可能である。地方には公共事業に依存する中小企業が多く、田中角栄首相のように補助金の配分の決定にかかわる政治家は大きな政治力を持つことになる。公共事業は規模が大きく、大きな税金が動くので、情報開示を万全のものとし、常にマスコミや住民による監視が必要である。

また公的に提供されない限り、需要者・供給者の双方にとって妥当な金額で提供できないサービスがある。日本では教育・医療・介護サービスや公共交通機関などが、この種の公的サービスである。例えば医療サービスは市場に任せると非常に高価になる。公的医療保険のなかった時代の日本では、医療費を負担することができず医者にかかることなく亡くなるのは当たり前であり、平均寿命も短かった。現在のアメリカでも同じことが起きている。公的な医療保険のないアメリカでは、医療費は民間医療保険でカバーされるが、民間医療保険料は非常に高く五〇〇〇万人もの人が医療保険を持たない。そのため病気になっても医療費を負担できず、薬に頼るしかない。所得が低いために医療保険に加入できず、医者にかかれないアメリカ人は多く、アメリカ人の平均寿命は七九歳で、日本人の八四歳よりも五歳も短い（二〇一三年、WHO調べ）。しかしアメリカの医療支出はGDPの一六・四％で、日本の一〇・一％よりはるかに高い（二〇一二年、図表1－8を参照）。医療サービス価格を市場で決定すると高価になるのは、サービス供給者の医者とサービス需要者の患者には医療情報や医療の知識に差があり、価格決定権を医者が持つためである。このように〝情報の非対称性〟がある場合には、市場に任せてはいけない（民間企業に任せてはいけない）というのが、経済学の教えるところである。しかしアメリカの医学関係者は、なぜか経済学の教えを無視し続けている。

介護サービスもまた情報の非対称性があるサービスである。ただし医療とは逆に、市場に任せると価格が低くなってしまう。多くの日本人は介護サービスを専門的なサービスと認識せず、素人である家族でも提供できるサービスと考えているため、もし市場で介護サービス価格を決定することになれば、非常に低い価格になる。しかし実際の介護サービスは、個別の要介護者によって必要なサービスが変わり、定型化することが困難であり、高齢者の心や体に関する知識が必要な専門的サービスである。それゆえ民間介護サービス企業は、二〇〇〇年の公的介護保険の導入（つまり公的資金の投入の決定）以前は、介護に高い料金を支払ってくれる高所得層以外にサービスを提供することはなかった。

日本では未だに親の介護は家族がするものという考えが根強く残っており、「日本の美風を壊す」という高齢男性政治家の強い反対もあり、公的介護保険の導入は遅れ、ようやく公的介護保険が導入されたのは二〇〇〇年のことである。この公的介護保険の導入によって中間所得層の普通の日本人も、専門知識を持つ介護職の提供する介護サービスを利用できるようになった。利用者が多くなることによって採算重視の民間企業も介護サービスに参入できるようになり、介護サービス産業で働く就業者が劇的に増えたのである。このように、税金を介護サービスに投入するという決定が、日本人家族の抱えていた高齢者の介護の負担を軽減し、介護サービス産業を確立させたのである。そして、高齢者の増加とともに介護サービス産業は日本の未来を背負う産業となっている。

このように〝税金を何に投入するか〟という決定によって、将来の日本経済の方向性が決まっていくのである。その決定は国会議員の役割であり、国会議員を選ぶのは国民である。投票が権利とされていることの意味をかみ締めてほしい。

さらに民間企業がやっても利益を出すことができるけれど、民間企業にはやって欲しくない性質のサービスもある。例えば、軍隊や警察が担うようなサービスを民間企業に任せるべきではない。しかしアメリカは財政難から、軍事サービスの民間委託をすすめ、今や多数の民間軍事会社が存在する。著者は日本がアメリカの後を追うことを恐れる。さらに個人情報に関係する業務（住民登録、徴税業務など）も民間企業に適さないサービスである。しかし最近は中央政府、地方自治体を問わず、財政難・経費節減を理由として、個人情報と関係する業務に民間企業を積極的に導入しており、公的サービスの範囲が不明確になっている。例えば、公立図書館の業務もその中に入る。有川浩の小説『図書館戦争』で描かれているように、どのような本を読むかは大切な個人情報であるが、経費節減・財政難を理由にして、思想信条が明らかになる読書履歴という個人情報の管理を民間企業に委ねてしまう自治体は少なくない。国民は図書館の民営化が、個人の思想信条を民間企業に売り渡すことでもあることを認識すべきである。

次に政府を支える財源、税について簡単に説明する。日本では、所得税、法人税、消費税が国税収入の三本柱になっており、この三つで税収の八割を占める。そのほかの税として、株式や土地の売買に伴う譲渡所得税、相続税が金額の大きな税である。なお土地・住宅に課税される固定資産税は地方税であり、地方税の中心となる税である。

個人収入に課税されるのが所得税で、企業収入に課税されるのが法人税であり、両者は〝直接税〟と言われる。一九九〇年の時点では所得税と法人税で税収の四分の三を占めていたが、一貫した減税政策によって金額も税収全体に占める比率も低下し、二〇一四年には税収総額の半分になった。一方、消費税は〝間接税〟で、税収に占める割合は一九九〇年の八％から二〇一四年には三〇％へと比重を高めている（二〇一四年の消費税率は八％）。なお税負担者と税金支払い者が同じである税を直接税といい、税負担者と税金支払い者が異なるものを間接税という。消費税の最終的な税負担者は消費者であるが、納税義務者は財・サービス生産過程の各企業である。

このように負担者と支払い者が異なるので、もともと消費税の徴収は困難を伴う。実際消費税は滞納額・滞納者とも多く、消費税の徴収業務が税務署員を疲弊させている。さらに日本では正確な消費税額を各企業

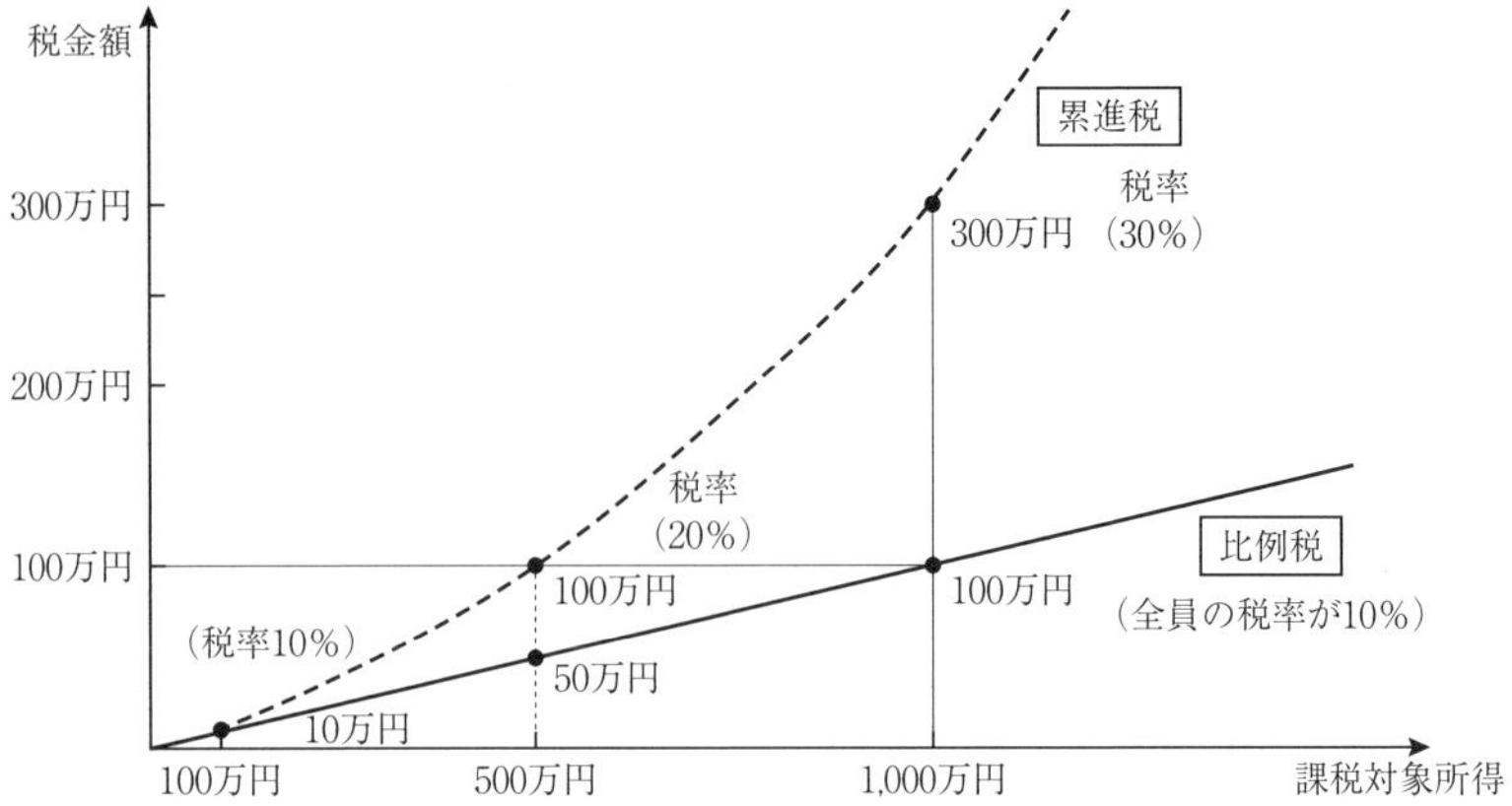

課税対象所得	比例税（税引後所得）	累進税（税引後所得）
100万円	10万円（ 90万円）	10万円（ 90万円）
500万円	50万円（450万円）	100万円（400万円）
1,000万円	100万円（900万円）	300万円（700万円）
	所得再分配効果なし	所得再分配効果あり

図表4－2　比例税と累進税の比較

出典：筆者が作成。

が記録するシステムになっていないため、消費者の負担した消費税のかなりの部分が売上の少ない企業・商店などの手元に残ることになる（益税という）。その理由は、日本には企業の個別番号がなく、ヨーロッパ諸国のようにインボイス方式を採って、企業が支払うべき消費税額を税務当局が正確に把握することができないからである。少なくとも日本の消費税は、納税すべき額が不明確で、徴収の困難な税であることを認識しておく必要がある。

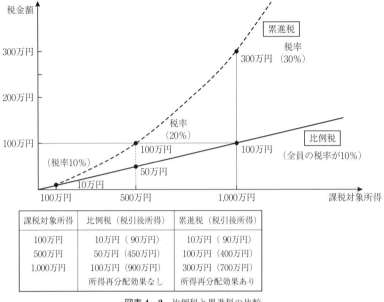

課税の方法には、図表4－2に示したように、〝比例税〟と〝累進税〟とがある。比例税の例は消費税である。消費税は購入した金額に一定の率（二〇一六年三月現在では八％）で課税される。一方所得税や法人税は累進税であり、所得が高くなるにつれて税率が高くなる。

所得税や法人税が累進税になっているのは、所得分布の偏りを改善する役割を持たせているからである。経済データを日ごろみているマクロ経済学者として、著者がはっきり言えるのは、賃金・年収の格差は一般の人が考えている以上に大きいことである。多くの人は身近な人しかみていないので、所得格差を実感する機会は少ない。日本に生活保護を必要とする貧困者が存在することに疑問を呈する人がごく普通に存在することを、著者は公開セミナーや市民大学、大学の講義などで知った。それゆえ所得格差の改善のために所得税の累進度を上げるという主張は、なかなか受け入れられないかもしれない。しかし所得格差の縮小が経済成長につながると説得できれば、所得税の累進度の引き上げを受け入れる可能性も高まるであろう。第6章では、所得格差の縮小が経済成長につながることを示す。

さて累進税とは〝所得が高いほど高い比率で税を支払う〟という制度である。累進税の持つ所得分布改善効果を明確にするために、比例税と比較しよう。図表4－2に示したように、一〇％の比例税のもとでは、課税対象所得一〇〇万円の労働者Aの税金は一〇万円、五〇〇万円のBなら五〇万円、一〇〇〇万円の労働者Cの税金は一〇〇万円となる。課税前のCの課税対象所得はAの一〇倍であり、Cの税引き後所得九〇〇万円もAの税引き後所得九〇万円の一〇倍で、所得分布に変化はない。つまり比例税は所得分布に影響を与えない。一方累進税のもとでは、課税対象所得一〇〇万円の労働者Aの税金が一〇万円（平均税率一〇％）に対し、五〇〇万円のBの場合には一〇〇万円（平均税率二〇％）、一〇〇〇万円の労働者Cの税金は三〇〇万円（平均税率三〇％）といったように、高所得者ほど税率が高くなる。累進税の場合、課税前のCとAの所得格差は一〇倍であるが、課税後にはCの所得は七〇〇万円、Aは九〇万円になるので、CとAの所得格差は七・八倍に縮小する。このように累進税はより高所得者の税負担の割合を大きくすることで所得格差を縮小させる。それゆえ、高所得者は累進税である所得税の増税を嫌う。しかしよく考えてみれば、税金を支払った残金は自由に使えるのである。課税対象所得一〇〇万円の労働者が自由に使える金額はわずか九〇万円であるが、一〇〇〇万円の労働者の手元には七〇〇〇万円もの大金が残るのである。もともとの所得格差が大きければ、税金を払っても手元に残る金額にはなお大きな格差が残るのである。

百歩譲って、仮に所得が完全に個人の能力と努力を反映したものならば、高所得者が累進税である所得減税を要求することを著者も認めよう。しかし現実には所得は個人の努力とは関係ない運や不運（就職時の経済状況、就職した企業のパフォーマンス、親の経済状態、健康状態、生まれた場所、病気や怪我など）を反映し、さらに高い学歴を与える大学は高い平均収入を約束しており、その大学には一般国民の税金が投入されている。それゆえ高所得者が高い租税負担をするのは、社会に対する当然の返礼と捉えることもできよう。

このように政府とは、税金を原資として公的サービスを提供する機関である。それゆえ公的サービス供給の質と量は、税負担に依存する。税負担が少なければ、社会保障を始めとする公的サービス供給は小さくなる。租税負担なしの公的サービスの拡大はあり得ない。もちろん国債発行による歳入増もありうるが、国債発行は借金であり財政破綻リスクに結び付くので、できる限り税金で歳出を賄うべきである。それゆえ、もし介護や医療、年金などの社会保障の充実を願うのならば、自ら所得税負担の増加を要求すべきであり、法人税や所得税の軽減を図る一方で、社会保障費を削減し「自助努力」を強調する政党や政治家を選択してはいけないのである。

政府をコントロールするのは国民の代表である議員である。つまり日本社会のあり方を決定するのは国民の意思（主権在民）と言われるが、実際に国会や地方議会において法律を作り、各種の制度を決め、予算配分を決定するのは、国民の代表たる議員である。議員が国民の代表として公的サービスの範囲・質と量を決めてしまうので、国民はその代表者をよほど慎重に選ばなくてはならない。「誰を選んでも同じ」ではない。私たち一人ひとりが、公的サービスの充実を望むのか、あるいは公的サービスは最低限でよいのかをよく考えたうえで、投票による意思表示をしよう。自分と全く同じ考えの人間などいないのだから、自分の考えにより近い政治家を選択しよう。

アメリカよりも政府規模の小さい日本

ここで統計データによって、日本政府の規模がいかに小さいかを確認する。

日本では常に政府が大きすぎると言われ、政府活動の範囲を縮小すること（＝歳出削減）が望ましいとされてきた。マスコミも、自民党から共産党までどの政党も、歳出削減（不要な支出の削減、公務員の削減を含む）を訴えており、それは大多数の日本国民の意識の反映でもあろう。歳出削減は〝国レベルの倹約〟と考えられているが、個人や企業の倹約が経済全体の需要を低下させて経済を停滞させるように、歳出削減は政府需要の減少を意味しマクロ経済に対してマイナスの影響を与える。個人レベルの善とマクロ経済にとっての善は異なる場合があることを理解しなくてはならない。節約は常に善ではない。

この項では、〝日本の政府規模は大きすぎるので、小さな政府を目指して社会保障を削減すべき〟という通説（政府の主張でもある）が誤っていることを明らかにする。著者だけでなく、日本の政府規模が先進国の中で非常に小さいこと、アメリカよりも小さいことを知る人は少なくないはずである。それなのに、なぜ〝日本の政府は大きすぎる〟という間違った情報が常識化しているのであろうか。正直なところ、著者には理解できない。

まずOECD諸国のGDPに占める一般政府支出をGDP比率で比較した図表4-3をみよう。ここでは、一時点ではなく複数年のデータを示す。一般政府支出とは、中央政府、地方政府、社会保障基金の三つの公的機関の支出の合計である。このOECDデータをみると、日本の一般政府規模は〝小さな政府〟と自他共

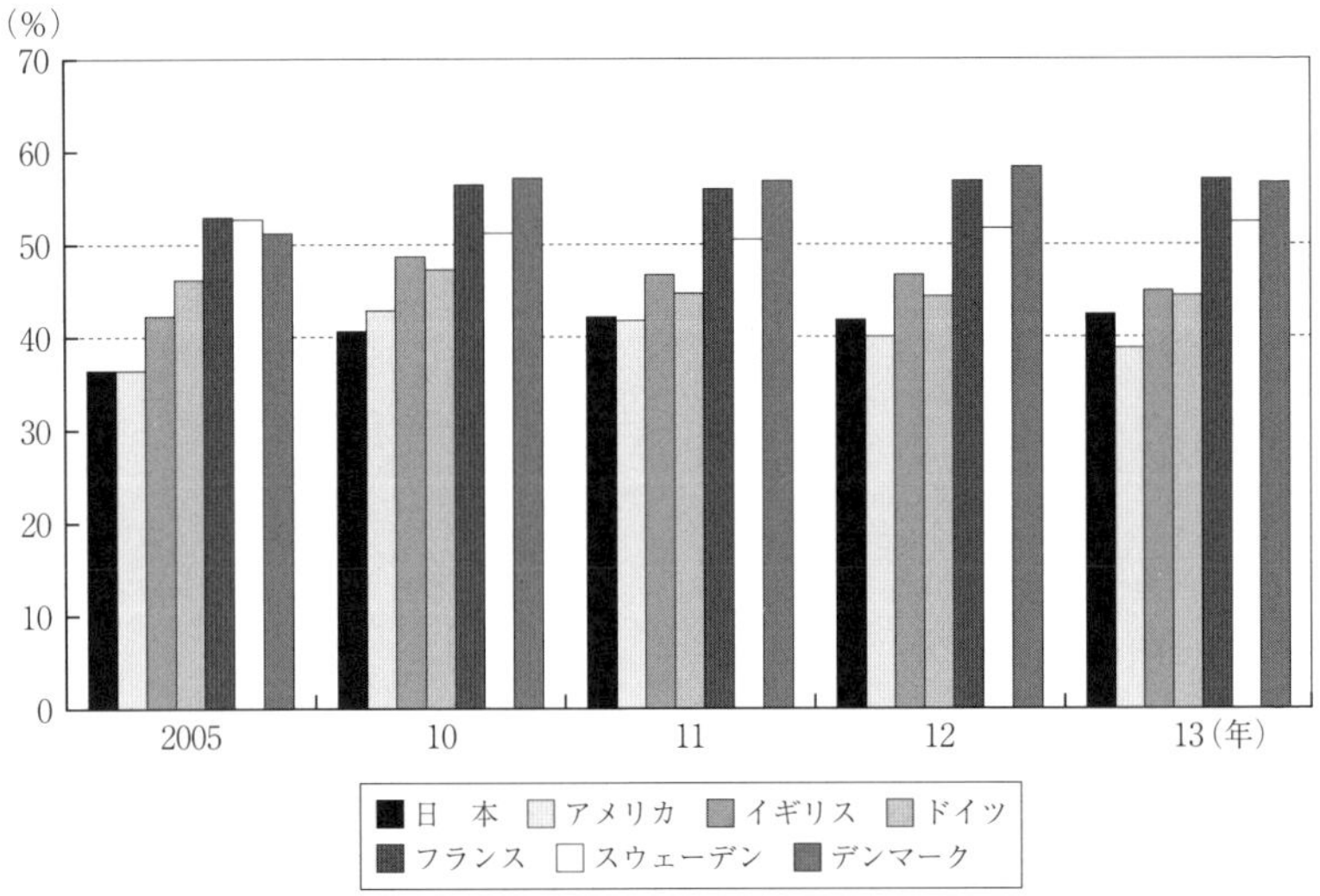

図表 4-3　一般政府支出の対 GDP 比（中央政府，地方政府，社会保障基金の合計，OECD）

出典：OECD データを用いて，著者が作成。

に認めるアメリカと同程度に小さく、北欧諸国やフランスよりはるかに小さく、イギリス、ドイツなどのヨーロッパの大国より小さい。〝大きな政府〟の代表である北欧のスウェーデンやデンマークの一般政府支出はＧＤＰの五〇％を超えているが、アメリカや日本の一般政府支出の規模はＧＤＰの四〇％前後と小さく、北欧福祉国家とは大きな差がある。

ヨーロッパ諸国の一般政府の規模をみると、フランスは北欧諸国並みであるが、ドイツやイギリスは北欧諸国と日本・アメリカの間にあり、一般政府規模はＧＤＰの四五％前後である。ＧＤＰの五％は、日本のＧＤＰが約五〇〇兆円なので二五兆円にあたる。北欧、フランス並みとは言わないまでも、もし日本がドイツやイギリス並みであれば、現在よりも二五兆円も歳出規模が大きくなる。二五兆円あれば、現在の社会保障給付を維持したまま、給付型奨学金、住宅補助、児童手当の増額など家族・若者向けの社会保障給付を増やし、大学への補助金を増やして大学学費を減額することが可能となるであろう。もちろん長い時間がかかるとしても財政赤字の削減も可能である。

しかし残念ながら日本の中央政府・地方政府・社会保障基金を含めた規模は小さい。しかも図表4-3に示された日本の〝小さい政府〟の中央政府の歳出には、単なる借金返済である国債費（二〇一五年で二三兆円）が含まれている。二〇一五年度末に八〇〇兆円を超えた巨額の国債残高に対する国債費（国債の償還、利子支払い）や地方政府の公債費によって、社会保障や教育などに回すべき中央政府や地方政府の支出が圧迫されていることを忘れてはならない。

日本の政府規模が小さいことは、提供する公的サービス供給が限られていることを意味する。実際、日本の公的サービスの範囲や量は、ヨーロッパ諸国と比べると見劣りする（第5章3節の図表5-12を参照）。特にヨーロッパ諸国を訪れたときに、日本の公的サービスの範囲が狭いことをもっとも実感させられるのは、公的住宅・家賃補助と高等教育支出である。

第3章4節でも触れたが、日本では住宅政策は景気対策として用いられてきた。その主な手段は住宅ローン減税であり、公定歩合と連動した公的な金融機関の住宅ローン金利の引き下げである。つまり日本の住宅政策の対象は持家世帯と将来の持家世帯である。日本においては〝住宅政策＝持家推進〟であり、住宅保有は個人の資力に任されてきた。そのため公営住宅の数は少なく、公営住宅の恩恵は低所得者世帯に限定され、中間所得層の借家世帯に対する家賃補助はない。

北欧諸国だけではなくオーストラリアやヨーロッパ諸国でも、家族数に応じて最低居住空間が定められ、低所得で広い住宅に住めない場合には家賃補助が自動的に支給される（個人番号があるため）。日本でも十分な広さの住宅に住む権利は、憲法二五条の定める健康で文化的な最低限度の生活をする権利の中に入っていると思われるが、これまで日本人は公的住宅の充実や家賃補助制度を求めてこなかった。しかし現在では働く人の四割が非正規労働者となっており、低所得者向けの公的住宅や家賃補助の必要性が増大している。所得の多寡にかかわらず、家族の人数に応じた十分な広さを持つ快適な住宅は、生活の基礎になるはずである。公的住宅が少なく家賃補助制度がないことで若者や低所得者の経済的自立が阻害されていることは、すでに多くの研究者が指摘している。しかし日本では、公的住宅の整備や家賃補助を実行するための原資(=税金)が不足しているために、若者や低所得者は劣悪な住宅環境に放置されている。このように税収不足はもっとも困難を抱える国民の生活に悪影響を与えることを知って欲しい。

さらに日本の高等教育に対する公的支出はOECD諸国の中でもっとも低い水準にある。そのうえ高等教育に対する政府支出と家計負担の割合は、一対二で家計負担が大きい。一方ヨーロッパ諸国では大学などの高等教育へは多額の税金がつぎ込まれており、授業料は無料あるいは低額なので、一度働いてから大学に戻る社会人学生も多く、大学が再教育の場として活用されている。日本でも一九七〇年代半ばまでは、国立大学の学費は月一〇〇〇円、年一万二〇〇〇円程度の時代が続き、どんな貧しい学生でも簡単に支払えた。日本の財政事情もよく進学率も低かったため、大学生が大切にされ、学生も大学卒業後は社会に貢献することを当然にしていた時代であった。

しかし今では国立大学でさえ、授業料は年間五三万円を越え、学生個人のアルバイト収入では賄えず、親が負担するか、奨学金という名の教育ローンに頼らざるを得ない。個人負担が重いために大多数の日本人は、アメリカ人と同様に、大学卒業後の仕事で得る所得は完全に個人に帰属すると考えるようになった。実際には削減されているとはいえ、現在も国民全体から集めた税金が大学に対し投入されているが、家計や個人負担があまりに大きいために社会への感謝はほとんどない。同時に大学の高額の授業料は、低所得世帯出身の子供の進学を困難にしている。

若者の数が少なくなっている時代に、低所得世帯出身者に大学進学のチャンスを与えない国であってよいのであろうか。ヨーロッパのように大学教育を公共サービスとみなし、より多額の税金を大学に投入することで、授業料を無料あるいは安価にし、意欲と能力のある若者に大学教育の機会を与えることも可能なのである。著者は日本の少子化の原因ともなっている将来の大学学費負担の不安を軽くするためにも、所得税の引き上げによる大学授業料の引き下げを提案したい。

このように住宅や高等教育を含む教育への公的支出がヨーロッパ諸国に比べて低水準であることが、GDP比でみた日本の政府規模を小さくしている。日本の少子化の大きな原因が狭い住宅、重い住宅ローン負担と教育費にあることはよく知られているはずであるのに、なぜ政治家は増税による公的住宅の整備、家賃補助、教育費の国庫負担の増額などに取り組まないのであろうか。

日本の現状を考えれば、公的サービスの拡大＝「大きな政府」は、国民生活の安定と安心のためには決して悪い選択ではない。マクロの経済活動をみれば、大きな政府は国民生活を安定化させることにより、家計消費を拡大させ、経済成長率を高くする可能性がある。『週刊ダイヤモンド』（二〇一五年二月一四日号）の特集〝北欧に学べ〟で示されているように、少なくとも近年の経済パフォーマンスを比較する限り、税負担も公的支出も大きい「大きな政府」の北欧諸国は「小さな政府」の日本より高い経済成長率を達成している（図表6－1も参照）。日本でも家計の住宅・教育費負担を減少させるために、「大きな政府」を唱える政治家や政党が出てきてもよいときである。

次に公務員数をみよう。OECDデータで比較すると、「小さな政府」の日本における労働力人口に占める一般政府の雇用者の割合は非常に低い。北欧諸国は労働力人口の二〇～三〇％が公務員であるが、アメリカは一五％、日本はわずか六・七％である。OECD三三カ国の平均は労働力人口の一五％である（二〇〇

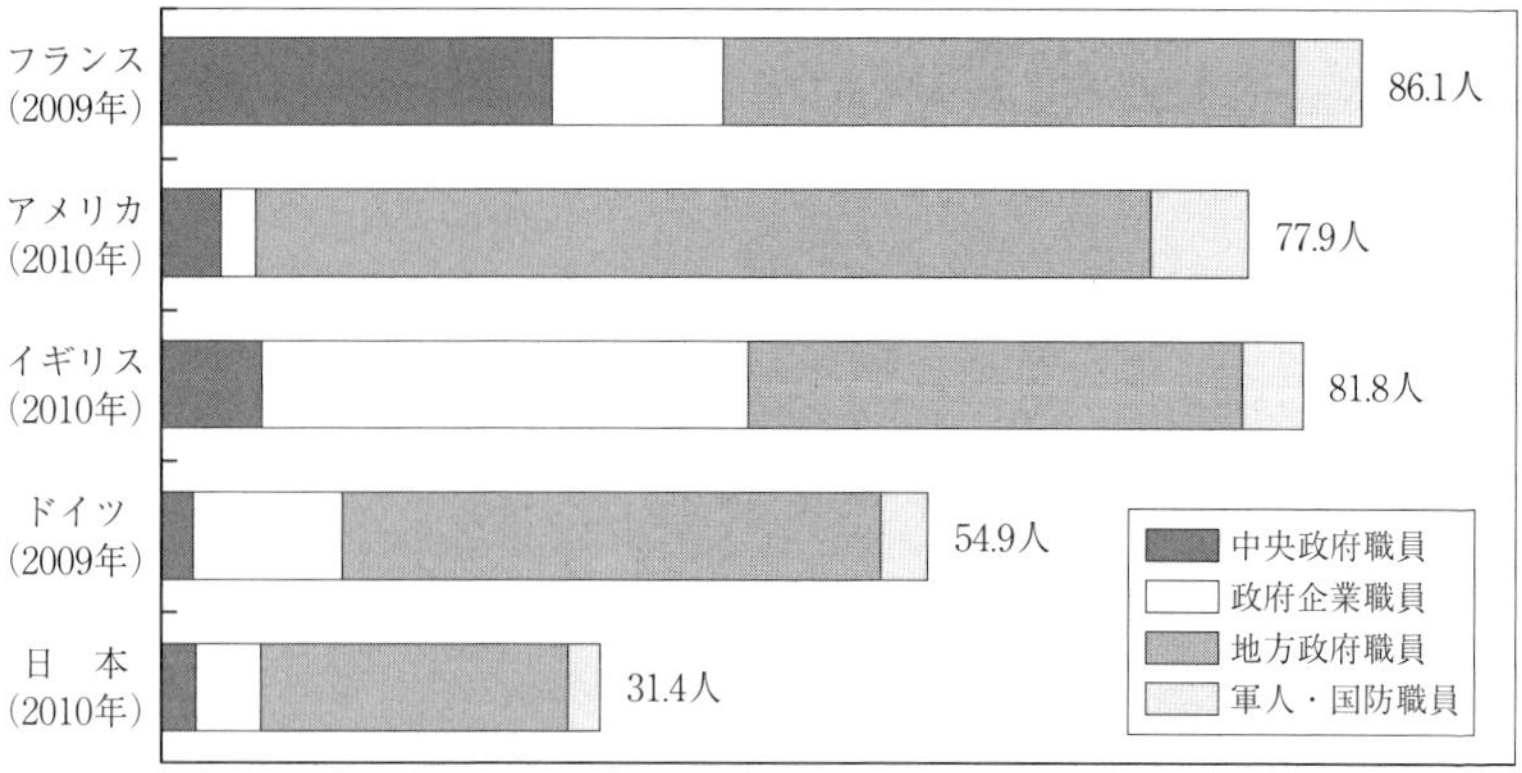

図表4－4　人口1000人あたりの公的部門における職員数の国際比較

注1：国名下の（　）は，データ年度を示す。
注2：日本の「政府企業職員」には，独立行政法人（特定及び非特定），国立大学法人，大学共同利用機関法人，特殊法人及び国有林野事業の職員を計上。
注3：日本の数値において，独立行政法人，国立大学法人，大学共同利用機関法人，特殊法人及び軍人・国防職員以外は，非常勤職員を含む。
出典：総務省調べ。同省ホームページ上にある。

八年)。日本がいかに「小さな政府」であるかがわかるであろう。アメリカの半分以下の公務員で、アメリカと同程度の小さな政府を運営しているというのが、日本の現実である。

図表4－4で人口一〇〇〇人あたりの公務員数を確認すると、フランスが八六人、イギリス八二人、アメリカ七八人と続く。ドイツはやや少ないがそれでも人口一〇〇〇人あたり公務員数は五五人で、日本の三一人より二四人も多い。国際比較すると、日本の公務員数がいかに少ないかがはっきりする。公務員は公的サービスを提供する人々である。公務員が少ないのは、公的サービス供給が少ないということを意味する。フランスの三分の一近い公務員に対し、フランス並みの公的サービスを求めるのは不可能である。アメリカの人口一〇〇〇人あたり公務員数は軍人を除いても日本の倍以上の七一人である(アメリカは連邦制なので地方政府職員が多い)。

第6章の2節で詳しく述べるが、日本では、防衛、警察・司法、消防などの防衛・治安関係以外の分野では、人手不足の公務員が過重な負担を強いられている。仕事量とは無関係に公務員の削減が行われてきたため、公務員の残業時間は激増している。人事院「国家公務員給与等実態調査」によると、二〇一五年度の年間残業時間は二二二時間で、民間企業の平均残業時間一七〇時間より五〇時間も長い。特に政策立案にかかわる本府省の職員は、平均で年間三三八時間もの残業をしている。この残業時間数は三六協定による時間外労働上限の三六〇時間に限りなく近い数字である。このように疲れきった公務員によい仕事ができるであろうか。最近法案の語句という基本的なところにミスがでているのは、公務員の疲れのせいではないだろうか。統計データをよく利用する者として、著者は日本のOECDなどへの最新データの提出が遅れていることが気にかかる。統計関係の人員は十分なのであろうか。

公務員数の削減と同時に、公務員の非正規化もすすんでいる。現在公務員の二割が非正規労働者と言われる。特に労働者を守るべき厚生労働省の非正規化率が高いのは、日本の笑えない現実である。ハローワークで働く職員の六割は非正規労働者であり、契約期間が終われば、職員が求職者の立場に変わるのである。

結局のところ公務員削減政策は、過労死寸前の公務員を増やし、非正規労働者を増やしている。仕事量は減らないのに公務員を削減する政策は明らかに誤っている。公務員は何を言われても表立って反論できないことを知っていて、マスコミは公務員を批判するばかりである。しかし公務員が国民生活の安心をささえるために果たしている役割を正当に評価すべきであろう。民間、公務を問わず、まともな仕事をするには人手が必要となる。公務員の人手不足を棚に上げて、批判ばかりをするのはフェアな態度ではない。

2 「小さな政府」と「大きな政府」の選択

この節では、「小さな政府」と「大きな政府」の違いをできるかぎり明確にしたうえで、両者の選択について論じる。

まず政府の役割を考えてみよう。よく知られているように、経済学の開祖であるイギリスのアダム・スミスは市場に介入しない「小さな政府」をよしとした。アダム・スミスは一七七六年に『国富論』を著し、国の豊かさが君主の保有する金銀財宝ではなく、生産による付加価値の創造によるという現在のマクロ経済学の基礎を提示した経済学者である。

アダム・スミスの活躍した一八世紀後半は、強力な王権による重商主義から製造業者、資本家が力を持つ資本主義社会への転換期であった。そして大量生産はまだ行われず供給量が絶対的に少ない社会だったので、製造されたものや輸入されたものはすぐに高値で売れた。その市場の動きは「神の見えざる手」によって需要と供給が常につりあう美しいものにみえた。それゆえアダム・スミスは、国が市場に介入せず企業の自由な活動を保証することが国を豊かにすることにつながると主張し、国家の役割を①国防・外交、②司法・警察、③個人では不可能な公共事業、の三つに限定した。

しかし現実には、自由放任の資本主義経済が「神の見えざる手」の働きによって、万人の幸福を実現することはなかった。自由放任の資本主義経済は弱肉強食の世界であり、一部の資本家と多数の労働者の貧富の差の拡大や労働条件の悪化による貧困者の低劣な生活環境、低所得者の増加による治安の悪化などの社会的・経済的弊害がもたらされた。それゆえ国家による介入の必要性が、資本家を含めた大多数の国民に受け入れられるようになった。高所得者にとっても、犯罪者の増加、治安の悪化は望ましいことではない。

資本主義勃興期を生きたアダム・スミスと異なり、自由放任の弊害をその目でみたJ・S・ミルは、政府の役割として、スミスの三つに加えて、社会政策と所得分配の公平化を強調した。資本主義市場では労働者と経営者は対等ではないので、立場の弱い労働者の生活を守る必要がある。それが社会政策である。社会政策には、社会保障制度、労働者の保護法制、公的住宅の提供、児童労働の禁止、義務教育の提供など、幅広い政策が含まれる。

社会保障制度は社会政策のうち所得移転を伴う制度であり、その目的は年齢、性別、職業にかかわらず国民の最低限の生活を守ることである。社会保障制度の内容やその原資は国ごとに異なるが、カバーする分野はほぼ一致している。多くの先進国は、社会保障制度として、児童保護制度、生活保護制度、医療制度、年金制度、失業給付金制度、労働災害給付金制度などを持っている。世界中でもっとも自由放任の資本主義をよしとする人々が多く、小さな政府を志向するアメリカでさえ最低限の社会保障制度は持っている。

社会政策の充実と所得分配の公平化を重要視するのが、イギリスに始まり現在の北欧諸国に代表される〝福祉国家〟であり、収入の半分前後を税金として徴収し、その多額の税金を社会保障や福祉に投じる。例えば、福祉国家として有名なスウェーデンでは、医療・介護・教育分野は民間企業に任せることのできない分野として、公務員（短時間公務員も多い）によって公的サービスとして提供されるので、公務員の就業者に占める割合は三割にもなる。医療・介護・教育分野は女性が活躍できる分野でもあり、スウェーデンの女性の就業率の高さの要因となっている。税負担は国民所得の半分以上にもなるが、医療、介護は無料、さらに大学を含めて教育費も無料である。公務員という身分は、雇用の安定性と妥当な賃金の提供を可能とし、医療、介護、教育分野への優秀な人材の確保を可能としている。一九九〇年以降の北欧諸国の経済の好調さをみていると、福祉社会であることと経済成長は決して対立するものでないことがわかる。

一方アメリカは、市場への政府の介入（＝市場の規制）を最小限度にとどめ、自他共に認める「小さな政府」を維持している。その思想はアダム・スミスの〝夜警国家〟に近い。社会保障の範囲もヨーロッパ諸国より狭い。例えば、日本人には信じられないことであろうが、アメリカには六五歳未満の国民が加入できる公的医療保険がない。民間保険会社の強い反対だけではなく、多くのアメリカ国民が公的医療保険の導入を自由な選択への政府の介入であるとみなす。それゆえ公的医療保険は六五歳以上が加入するメディケアに限られる。日本やヨーロッパ型の公的医療保険を持たないアメリカでは、五〇〇〇万人もの人が保険料の高さのために医療保険に加入できなかった。しかし高額の医療費負担が原因となる自己破産が増加し、生活保護者への医療負担（メディケイド）が急増し、政府が医療負担に耐えられなくなったために、低所得者の民間医療保険加入促進のために公的補助（＝税金の投入）をすることが計画された（オバマ・ケア）。それさえも保守的なアメリカ人や共和党の強い反対があり、憲法違反であると訴えられたが、この訴えが却下された二〇一五年にようやく民間医療保険加入への公的補助が認められ、この一年だけで医療保険加入者は約一〇〇〇万人増加したと推定されている。このオバマ・ケアの実施はアメリカ政府の公的サービスの拡大を意味する。

さらにアメリカにはいまだに公的介護保険はない。介護費用を負担できない低所得高齢者の介護費用は最初メディケアから支出され、負担しきれなくなり自己破産するとメディケイドと言われる生活保護者向けの公的医療費として支出される。当然その介護サービス水準は日本よりも低くなる。自由の国アメリカにおいて、十分な資産を持たない高齢者の生活はヨーロッパ諸国の高齢者よりもはるかに過酷である。

そして多額の財政赤字を抱える安倍政権は、最低限の社会保障制度しか持たないアメリカ型の社会を目指している。「小さな政府」を目指す自民党政権を支持することは、今後も年金の切り下げ、介護サービスの

	小さな政府		大きな政府
	日　本	アメリカ	北欧諸国
一般政府の規模 （対 GDP 比，2010）	41%	42%	50%以上
公務員数 （対労働人口比，2008）	7%	15%	20～30%
税＋社会保障負担 （対 GDP 比，2011）	29.3%	24.5%	40～50%
	◎自助努力の強調 ◎限定された社会支出 ◎高等教育は自己負担 ◎規制緩和		◎社会の連帯 ◎社会支出の充実 ・家族手当 ・公的住宅，家賃補助 ◎高等教育は社会負担 ◎労働規制が強い ◎高い投票率 ◎政府への信頼

図表 4－5　「小さな政府」と「大きな政府」

出典：著者が作成。

縮小、医療サービスの自己負担増など社会保障の縮小を受け入れ、「自助努力」で老後を守っていくこと、さらにあなたの覚悟を子供や孫など将来世代にも求めることを意味するのである。よく考えてほしい。

以上のように、「小さな政府」と「大きな政府」は、広い意味の社会保障支出（社会支出ともいう）の規模の違いである。広い意味の社会保障支出の範囲と規模が政府の大きさに直結する理由は、「大きな政府」の充実した社会保障制度の維持には多額の税金と公務員が必要になるので、政府の規模が必然的に大きくなるためである。アメリカは低福祉低負担（税負担も社会保障給付も少ない）の社会であり、北欧諸国は高福祉高負担（税負担も社会保障給付も多い）の社会である。日本政府はどちらの道もとらず〝中福祉中負担〟の社会を目指すといってきたが、戦後長く政権を担当してきた自民党は、田中内閣など社会保障の充実に取り組んだ少数の例外を除いて、常に自助努力・家族の助け合いを強調しており、「小さな政府」を志向してきた。そしてバブル崩壊以降は、小さな政府への志向が一層強くなり、公務員削減、社会保障給付の削減が積極的に実施され、現在の政府規模は、1節の統計データでみたように、アメリカよりも小さな政府となっている。

図表4－5では、「小さな政府」と「大きな政府」の違いをまとめている。「小さな政府」と「大きな政府」の違いは、所得格差に対する態度の違いを生む。資本主義社会において市場に任せれば、豊かなものはますます豊かになり、貧しいものはますます貧しくなることを我々はよく知っている。市場への政府の介入を嫌い、企業の経済活動の自由を強調し、外交を別にすれば治安維持のみを行う夜警国家（アダム・スミス）を理想とするのが、「小さな政府」の根底にある思想である。この文脈では、所得格差は自己責任であり、むしろ経済の活性化のためのインセンティブと捉えられる。逆に、「大きな政府」の場合には、所得格差の持つ負の側面が強く意識される。例えばJ・S・ミルは、経営者の豪奢な生活、労働者の悲惨な生活、困窮者の増加をみて、政府の役割として、医療・年金などの社会保障制度、低所得者対策、労働条件の改善、公的住宅の整備などの〝社会政策〟と所得格差の是正を加えた。所得格差の是正の方法は、累進的な所得税と社会保障給付の充実による。

さらに日本やアメリカのような「小さな政府」では、所得税の累進税率は緩和され比例税に近くなり、税負担も低く最低限の社会保障給付しか提供されない。各個人の収入の差は努力の差とみなされ、貧困は放置されるか、家族間の助け合いが期待される。小さな政府のよい所は、税負担が小さく、収入の多くが手元に残ることであり、十分な収入を得ている個人にとって、収入の大部分を自由に使えることは大きなメリットである。しかし「小さな政府」では教育も自己責任なので、個人に多額の教育支出を要求する。その結果、貧しい家庭の子供は、能力とは関係なく、低い教育しか受けられず低い収入しか得られない可能性が高くなり、負の連鎖が続く。

一方「大きな政府」は北欧福祉国家を念頭に置くとよい。収入の半分以上が税金となり手元に残る金額は少なくなるが、医療、介護、大学の学費を含む教育費など国民に必要と思われるサービスは無料である。このような社会を維持するためには、高い投票率と政府への信頼が絶対に必要である。当然ながら「大きな政府」を成り立たせる高額の税負担は、租税負担の公平が達成されない限り、国民には受け入れられない。つまり租税負担に関しては、個人番号による正確な所得把握と公正な課税がなされない限り、大きな政府を持つことは不可能である。

ここで重要なのは、図表4-3の「小さな政府」と「大きな政府」の背後にある思想は全く相容れないので、双方からの〝良いとこどり〟はできないことである。スウェーデンのような高い福祉を望みながら、個人番号による正確な所得把握と高い所得税負担を拒むという選択はありえない。「小さな政府」を選択すれば、低い税負担と自助努力、家族扶養、最低限の社会保障制度がセットとなる。「大きな政府」は高い税負担と充実した社会保障給付がセットである。それゆえ大きな政府には、政府への信頼、社会的な連帯感がなくては不可能である。社会保障制度そのものが、自己責任、家族扶養ではなく、社会での助け合い（共助）をベースにしていることをもう一度思い返して欲しい。

3　日本の歳出・歳入構造

次に日本の公的サービスの具体的な内容をみていこう。財政赤字の増大とともに「国債費」が増加し、国民の生活を支える公的サービスの支出額が削減されてきた。ただし、国防、警察、外交などの治安維持サー

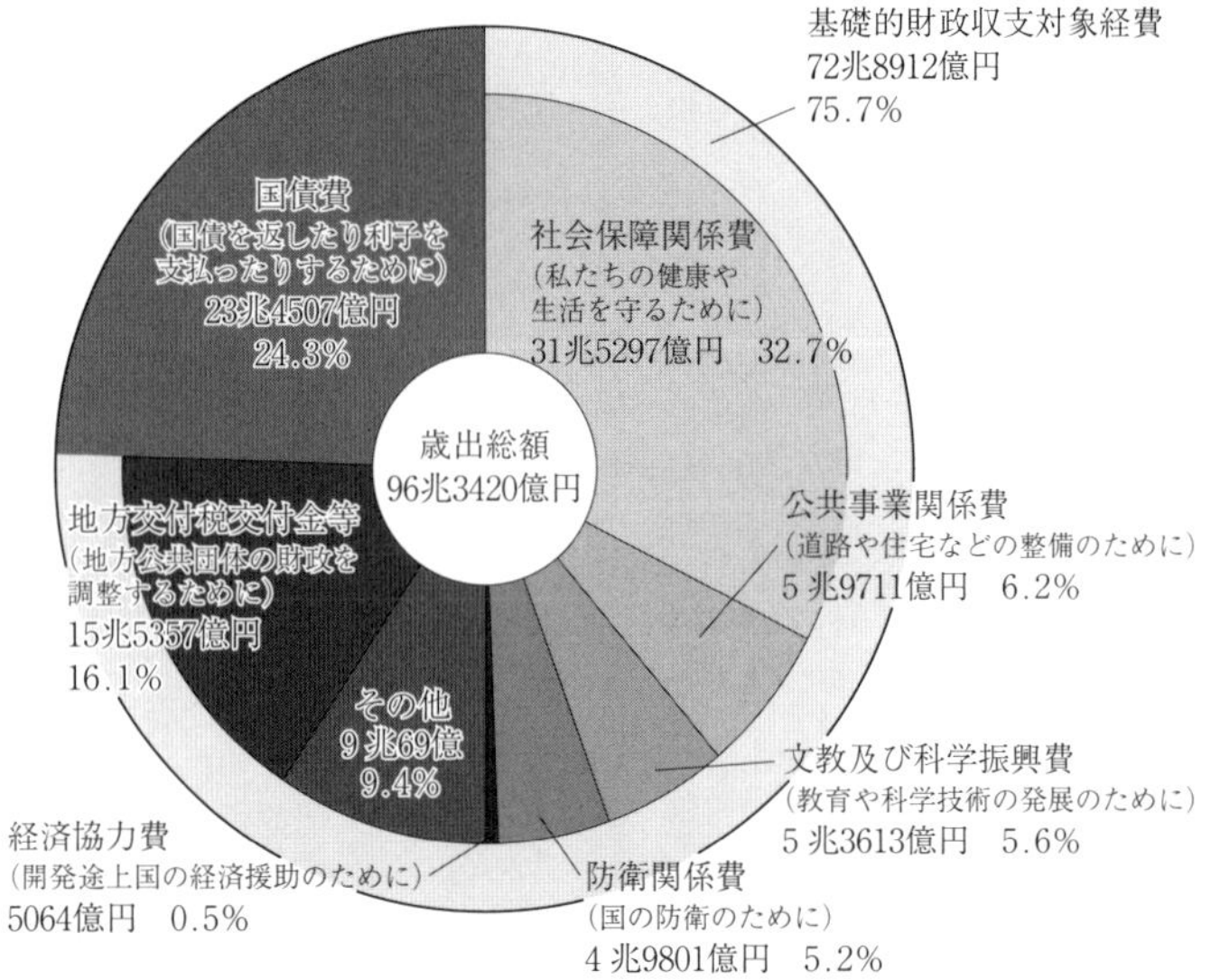

図表4－6　歳出の内訳（2015年度予算）

出典：国税庁ホームページ。

ビスへの支出は維持されている。

二〇一五年度の予算案・歳出を描いたものが、図表4－6である。予算規模は九六兆三〇〇〇億円で、そのうち国債費二三兆五〇〇〇億円を差し引いた政府が自由に使用できる歳出額は、七二兆九〇〇〇億円にとどまる。国債費は巨額の国債償還と国債への利子支払額の合計額であり、一年間に支払わなくてはならない借金返済額である。歳出の四分の一近くが単なる借金返済に使われる状況は、どう考えてもまともではない。財政の自由度を増すためにも、早急な財政赤字の縮小が求められる。

歳出の三分の一の三一兆五〇〇〇億円を占めるのは、社会保障関係費である。社会保障費が歳出削減のターゲットとなっているのは、歳出に占める割合が高いためでもある。高齢者、低所得者、母子家庭の増加などが、社会保障費拡大の要因である。しかし社会保障費の削減のために実施された基礎年金の切り下げ、生活保護費の切り下げ、生活保護基準に準じた母子手当の支給制限は、低所得者の生活をより苦しくするだけでなく、低・中所得者の将来への不安を高めて家計消費を抑制することになり、マクロの経済成長という点からみて望ましい政策ではない。

国債費を除く歳出のうち、社会保障費に続くのが、地方交付税交付金など一五兆五〇〇〇億円である。これは中央政府から地方政府への税金の移転であり、その目的は自治体間の財政力の均衡化である。つまり人口が少なく財政力の弱い自治体により多くの地方交付税が配分される。地方交付税は日本のどこに住んでも一定の生活ができることを保障する一方で、人口が数千人程度の小さな地方自治体が生き残ることを可能にしている。小さい自治体ほど地方交付税の割合が高いのは厳正な事実である。もし個人に対するのと同様に、地方自治体にも自助努力を求めるならば、このような多額の地方交付税を削減すべきかもしれない。あるいは地方自治体は財政的に自立できる規模まで合併で大きくなる方がよいという考えもある。実際、スウェーデンなど北欧諸国では、地方自治体に財政的な自立を強く要求し、強制的な合併をすすめた（下野〔2006〕を参照）。なお日本では効率的な財政運営のできる自治体規模は人口三〇万人前後であることを示す研究は少なくない（古川・下野〔2008〕などを参照）。

これに続くのが、公共事業関係費六兆円、文教及び科学振興費五兆四〇〇〇億円、防衛関係費五兆円、その他九兆五〇〇〇億円となっている。なお安倍内閣になって以後、景気対策として当初予算案での公共事業費が一貫して増加していることを指摘しておく（図表3－5を参照）。さらに安倍政権になってからの大きな変化は防衛費の拡大である。安倍内閣以前の政権は、防衛費はＧＤＰの一％以内という合意を厳密に守ってきた。しかし安倍内閣は短期間の間に安全保障関連法案を成立（二〇一五年九月一九日）させ、集団的自衛権の行使を可能とし、武器輸出を解禁し、ＧＤＰの一％という防衛費の上限を軽く超えるなど、過去の政権と違って明確に軍備拡張路線を採っており、この政権が続く限り防衛費の拡大は避けられないであろう。防衛費の増大の見返りが、社会保障費の削減である。

なお日本の軍事支出はＧＤＰの一％以内とされてきたが、名目ＧＤＰは約五〇〇兆円なので一％でも年間約五兆円の軍事支出となる。この五兆円という軍事支出は世界で一〇位以内にはいり、日本は潜在的な軍事大国とみなされていることも記しておく。自衛隊は日本国内では Self Defence Force という直訳英語が用いられるが、その軍事力の強大さゆえに海外では Japanese Army（日本軍）と認識されている。それでも日本国憲法第九条の制約があり、海外で武力行使ができないことも理解されていた。しかし、安倍内閣による安全保障関連法案の成立により海外での武力行使が可能となり、二二五万人を数える自衛隊は名実ともに Japanese Army になったのである。この変化を日本人は十分理解しているのであろうか。

二〇一五年度予算案の歳入では、久しぶりに新規国債の発行が四〇兆円を割り、三六兆九〇〇〇億円となった（歳入の三八％）。大企業中心に法人税収が大きく伸びたので、税収は五四兆五〇〇〇億円、歳入の五七％となり、二〇〇八年以降ではもっとも高くなった。しかし財政規律を失う前の一九九三年までは、税収が歳出の七〇％以上を占めていたことをもう一度思い起こして欲しい（第1章1節の図表1－1を参照）。また新規国債の発行も四〇兆円を割ったとはいえ、依然新たに三七兆円もの財政赤字を積み上げていることに気がついて欲しい。税収増が必要なゆえんである。

公的サービス供給は国民の生活水準と深く関係するが、政府活動の原資は税収なので、税収が少なければ政府は公的サービスを縮小せざるを得ない。実際、日本政府は財政赤字が膨らむにつれて公的なサービスを縮小している。公的なサービスの縮小の方法としては、公的サービスの供給を担う公務員数の削減、社会保障を中心とした財政支出の削減、そして、公的サービスの民営化がある。公務員数の削減や社会保障費の削減は、公的サービス縮小のわかりやすい形であるが、民営化についてはあまりなじみがないかもしれないので、少し説明を加えておく。

民営化とは公的サービスを民間サービスに変更することであり、民間サービスの目的は利潤獲得である。例えば、専売公社が日本たばこ産業となり、国鉄がJRと名を変え七つの民間鉄道会社となり、郵政公社がゆうちょ銀行など四事業に分割民営化されたことにより、これらの国営企業は、民間会社として利潤を目的として運営されることになった。また二〇〇〇年代半ばには国立大学など多くの公的機関が独立法人化された。独立法人化という名の民営化により、国立大学の国庫負担は大幅に減少し、大学は授業料・受験料などの引き上げにより収入を得ることを求められるようになった。それだけでなく国立大学や公立大学は国や地方自治体の補助金額の減少により、職員数の減少と有期雇用教員の増加に直面している。事務職員の減少は書類作成を教員の仕事にし、採用される若手教員は期限付きの不安定な雇用条件のもとで業績を求められるようになった。国立・公立大学の独立法人化は、若い研究者の労働環境を不安定化することによって、日本の将来の研究レベルを低下させかねない。

さらに公的機関の民営化、独立行政法人化は、公務員の削減＝政府の財政収支改善を目的にして実行されたが、公務員削減と公務員の非正規化は、マクロ経済の視点からみれば、雇用者報酬の減少を意味し、経済成長にマイナスの影響を与えるので、経済成長の観点からみれば望ましい政策ではないことを指摘しておきたい。

第5章　公務員削減と社会保障削減がもたらす隘路

第5章では、公務員や社会保障費の削減が、日本人の生活水準を低下させていることを具体的に示す。公的サービスと社会保障費の切り下げは、低所得者だけでなく、公的年金水準の低下や介護・医療サービスの縮小という形で大多数の国民の将来不安を高め、その消費水準を低下させている。

マスコミや政治家の声高な主張により、日本では公的支出の削減が善いことのように思い込んでいる人が多い。しかし第4章で述べたように、政府とは防衛・警察・外交に加えて、私企業では到底できない社会資本の整備を実施し、個人や家族では対処できないリスクに対処するための社会保障制度を提供する機関である。それゆえ政府の提供する公的サービスの縮小は必ず国民の幸せ・満足感のレベルを下げることを認識して欲しい。

そして日本の政府サービスの縮小には、財政赤字の膨張が関係している。具体的には借金返済である「国債費」の増大により、国民のために必要な公的サービス、社会保障費や教育費などを削減せざるを得なくなっているのである。財政規律を守らなかったことの付けは、国民生活水準の低下としてあらわれている。

1節では、公的サービスの担い手である公務員、社会保障費の削減の経緯を確認する。2節では具体的に三つの職種の公務員を取り上げて、公務員数が不足する場合には、公務員が国民生活を守れないことを示す。また公務員の非正規化が公的サービスの低下をもたらしている可能性を指摘する。公務員は公的サービスの供給の担い手であるが、公務員削減により残業時間が長くなり、十分な公的サービスを提供できなくなっている。大多数の日本人は、悪意はないとしても、少ない公務員に過労死するほどの無茶な働き方を要求していることを自覚すべきである。3節では、日本の社会保障給付（社会支出）水準がヨーロッパ諸国に比べて低い水準にあることを明確にし、社会保険料を原資とする社会保障制度だけではなく、税を原資とする制度の充実を主張する。当然その充実には所得増税分をあてる。社会保障給付の維持・拡大こそが、所得移転と将来不安の解消による低・中所得層の生活水準向上をもたらす。もし政府が本当に国民の幸せを望んでいるのならば、公務員・社会保障費の削減などできないはずであり、所得増税を主張するはずである。少なくない政党や学者が主張する公共事業や防衛費の一時的な歳出削減では、恒常的経費（継続的支出のこと）をまかなうことはできない。

1　公務員削減と非正規化、そして社会保障費の削減

この節では、バブル崩壊以降、財政赤字削減のために公務員数と社会保障費の削減が強力に進められてきたことを確認する。公務員数は毎年のように削減されている。しかし仕事量が減少しているわけではない。その結果、公務員の残業時間は増加し、それでも足りず仕事をこなすために非正規職員を雇用することになる。国家公務員でさえ、その二割が非常勤職員となっており、特にハローワークを抱える厚生労働省の職員の半分が非常勤職員である。国家公務員として公的サービスを提供する職員のうち約七万人が非正規労働者

であることを国民は知っているのであろうか。

公務員の非正規化は公的サービスの質の低下につながりかねないだけに大きな問題であると、著者は考えている。特に著者が問題を感じるのは地方公務員の小中学校教員の非正規化で、日本の将来を担う子供たちを育てる教員の急激な非正規化には危惧の念を抱かざるを得ない（2節を参照）。正規雇用者と同じ仕事をしながら不安定雇用と低賃金であることを受け入れるのは誰にとっても困難である。このような中央政府、地方政府による公務員数の削減・非正規化は、増税をせず財政赤字を積み上げてきた自民・公明党連立政権の政策の結果であり、政権を支持してきた日本国民の選択の結果であることを認識すべきである。そのうえで、現状を直視し、将来の選択をして欲しい。

公共工事や社会保障以外の公的サービスは、公務員が提供する対人サービスであり、政府が強制的に税を徴収するのは、国民全体の幸せに貢献する公的サービスを提供するためである。しかし、この点が国民には十分理解されていないように思われる。大多数の日本人は、政治家やマスコミの声高な主張により、公務員削減が絶対的な善である、と思い込まされている。第3章1節で示したGDPの定義を思い起こして欲しい。GDPを分配面からみれば、GDP＝企業利潤＋雇用者報酬＋原価償却費、なので、〝公務員の削減・非正規化〟は雇用者報酬を減少させ、経済成長にマイナスに働く。そして雇用者報酬の減少は内需の縮小を招くので、企業は日本国内で投資しないことになる。公務員削減を進める日本政府やその政府を支持する人々は、日本の経済成長を望んでいないのであろうか。

図表5－1は国の行政機関の定員の推移を描いたものである。一九八〇年までの国家公務員数は九〇万人近かったが、その後国家公務員数は毎年削減され、一九九〇年には約八六万人、二〇〇〇年には八四万人とゆっくり減少してきた。しかし二〇〇〇年から二〇〇三年の四年間の国家公務員の削減の規模は大きく、国

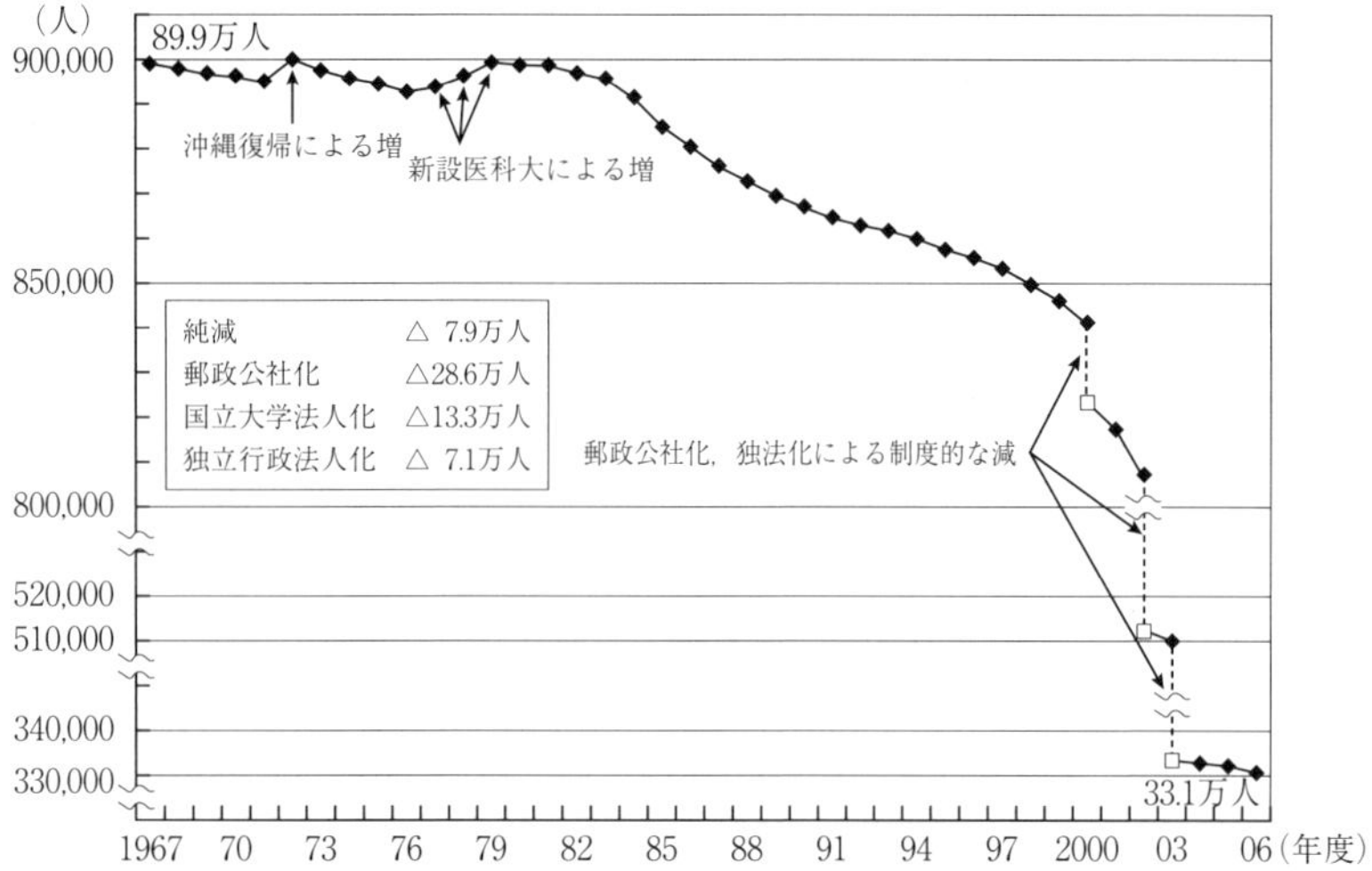

図表5-1 国の行政機関の定員の推移

出典：総務省調べ。

家公務員は五〇万人以上削減された。郵政公社化で二九万人、国立大学法人化で国立大学職員・教員一三万人が国家公務員の身分を離れ、政府企業の独立行政法人化によって七万人の国家公務員が削減された。この中には退職者の補充をしないなどの純減八万人が含まれているが、二〇〇〇年の期首の八四万人が二〇〇三年の終わりには三三万人強にまで一気に減少したのである。

国家公務員の身分を離れた五〇万人の賃金は切り下げられ、国家公務員の削減は雇用者報酬の減少を通じて、日本経済にマイナスの影響を与えたのは疑いのないところである。もちろん名目として、郵政公社化、国立大学法人化、独立行政法人化は、効率的な運営によるコストの削減、新しい財源・営業を期待しているが、最初に実行されるのは賃金の切り下げである。著者はその当時国立大学ではなく公立大学に所属しており、公立大学法人化を経験した。国立大学法人化に遅れたものの大多数の公立大学も法人化されたが、研究者にとってよい変化ではなかった。研究費申請書だけでなく何かにつけ膨大な書類の提出を求められ、書類作成に時間をとられるようになり、新しい財源として大学院生増加が求められたが、退職した教員の補充は困難となった。そのうえ仕事は増えたのに、月給・ボーナスは一貫して低下していった。結局のところ、大学法人化は賃金の低下、教職員数の削減をもたらしただけで、教員としてメリットを感じることはなかった。

さらに大学法人化とともに、若手教員の有期雇用が一般化した。助教、講師、准教授として採用された若手研究者が三年なり、五年なりの期限付きの雇用で、業績を上げなければ終身雇用権を得られないとすれば、若手研究者が選ぶ研究テーマは論文が書きやすく、過去に研究が多い分野や現在多くの人が研究している流行の分野になる。文部科学省は、ほんの少し違うだけの似たようなテーマの研究論文を求めているのであろうか。日本の研究論文の引用数が低下しているのは、生産性が高いはずの若手研究者が落ち着いて研究に取り組めないような状況を作ってしまったためではないだろうか。

ここで公的機関の民営化、あるいは、公的サービス供給を民間企業に委ねることの問題点を具体的に指摘しておきたい。一つ目は個人情報の保護の問題がある。公的機関には多くの個人情報が集まる。それらの情報が簡単に利用されるのは困る。例えば、読む本を調べれば、個人の考えを知ることができる。それゆえ、図書館には個人の読書履歴を外部に漏らさないことが求められる。しかし現在、公立図書館では図書館員の非常勤職員化が進められ、いくつかの市町村では民営化さえ図られている。個人の読書情報は守るべき個人情報のはずであるが、もし完全に民営化すれば、民間企業が営利活動のために手に入れた情報を活用することを止めることはできない。個人情報を扱うような部門の民営化は原則として避けるべきであろう。

もう一つは、事業の継続性である。民間企業は、収益をあげられなければ、住民にとってどんなに重要なサービスであろうと閉鎖する。二〇〇〇年の公的介護保険の導入を境として、訪問介護サービスを民間企業

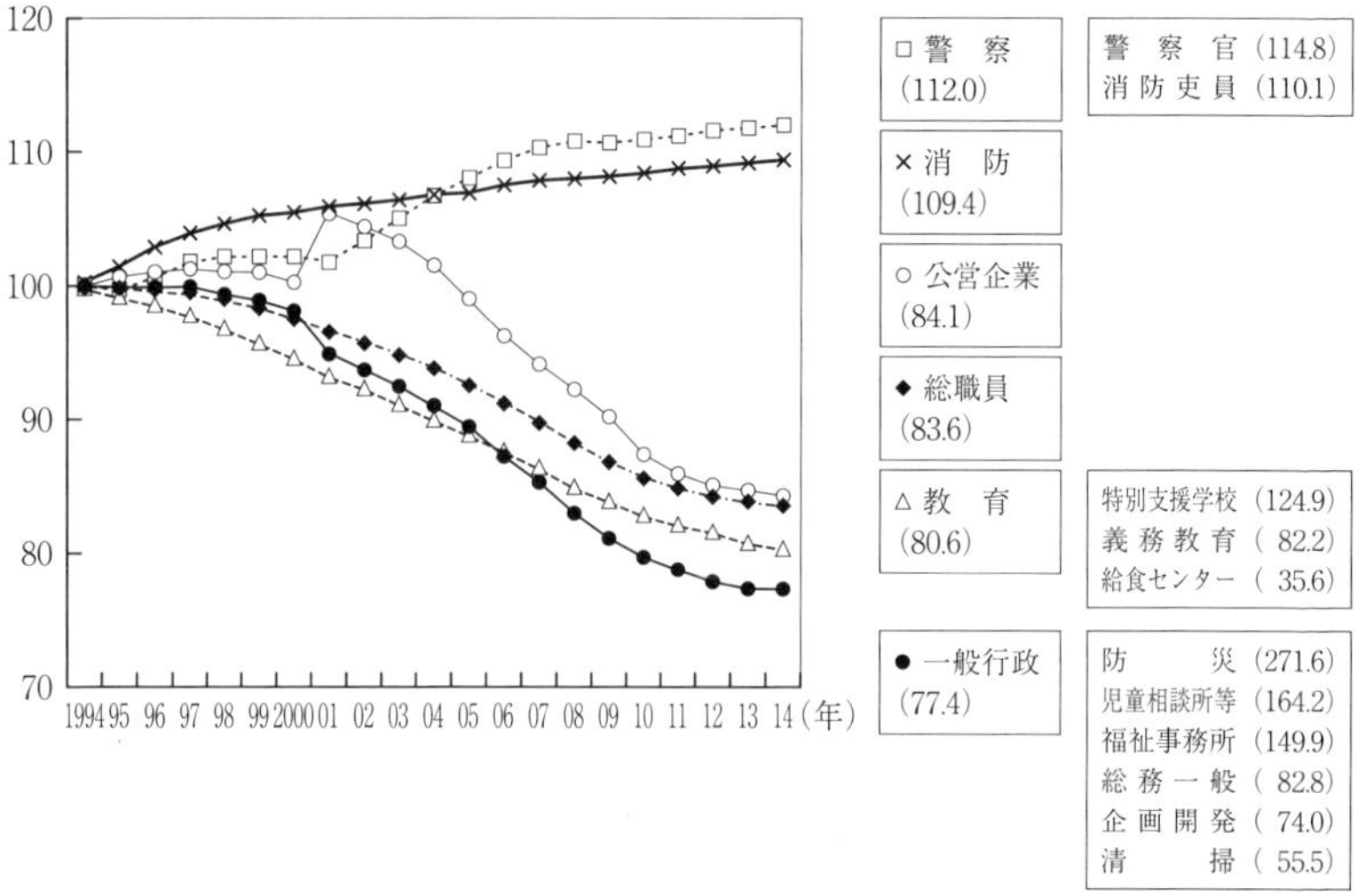

図表5－2　1994年からの部門別職員数の推移（1994年＝100）

注：2001年度に生じている一般行政部門と公営企業等会計部門の変動は，調査区分の変更によるもの。データは各年4月1日現在のものである。
出典：総務省ホームページ「地方公務員数の状況」。

に委ねることにし、社会福祉協議会や自治体による介護サービスの提供を中止した自治体は少なくなかった。しかし採算が合わないという理由で民間の訪問介護事業所が撤退するケースが相次いでいる。民間企業は利益が出なければ、倒産するか撤退する。民営化とは、民営化した公的サービスがなくなる可能性があることを意味する。民営化を議論する場合には、民営化するサービスを担う民間企業の撤退や倒産も想定した議論が必要である。

次に地方公務員をみよう。二〇一四年四月一日現在の地方公務員数は二七四万人である。このうち、教育（一〇三万人）、福祉関係（三六万人）、警察（二八万人）、消防（一六万人）の四つの部門では国が定員を定めている。そのほかは、福祉関係を除く一般行政五四万人、公営企業など三六万人となっている。

地方公務員数の削減も進んでおり、一九九四年の公務員数を一〇〇とすれば、二〇一四年は

八四、つまり二〇年間で一六％も公務員が削減されている。人数にすると五〇万人もの地方公務員の削減が実行されたことになる。図表５‐２によれば、削減率の大きいのは、一般行政（二三％減）、教育部門（一九％減）、公営企業（一六％減）である。一方、警察と消防部門の地方公務員は増加しており、それぞれ一二％、九％の増となっている。このように地方公務員数の推移をみると、治安・安全対策にかかわる警察や消防分野のサービスは削れないと考えられているらしいこと、しかし国民からの増員の要求がほとんどない教育サービスや福祉以外の一般行政の公的サービスを担う公務員数の削減が急速に進んでいる。公営バス、地下鉄などの公的企業の縮小も著しい。

この二〇年間で一般行政部門の人員が二三％も減少していることを考えれば、地方公務員に対し二〇年前と同じサービス水準を要求するのが無茶な話であることも理解されよう。仕事が減少したから公務員数が削減されたわけではないので、残業が常態化し、結局非正規職員を雇用することになる。非正規職員の給与の大半は人件費ではなく物件費から支出されるので、雇用保障のない不安定雇用・低賃金で働くことになる。戸籍・住民票、介護・医療情報などの個人情報を扱う地方公務員の非正規化から、個人情報のセキュリティ面に危険を感じるのは、著者だけであろうか。

ここで社会保障費に目を転じよう。財務省は一貫して、社会保障費の増加が財政赤字の主要因であるというキャンペーンを張っている。財務省の主張を詳しく知りたい方は、財務省のホームページで予算案の資料として公表されている『日本の財政関係資料』をみるとよい。最近のどの年の資料でも、高齢者数の増加による社会保障費が財政赤字の一番の原因であると主張している。ちなみに、二つ目の要因は景気の低迷による税収の減少としている。しかし税収の減少の要因は、第１章で明らかにしたように景気の低迷ではなく、政府・財務省が積極的に実施してきた減税政策である。

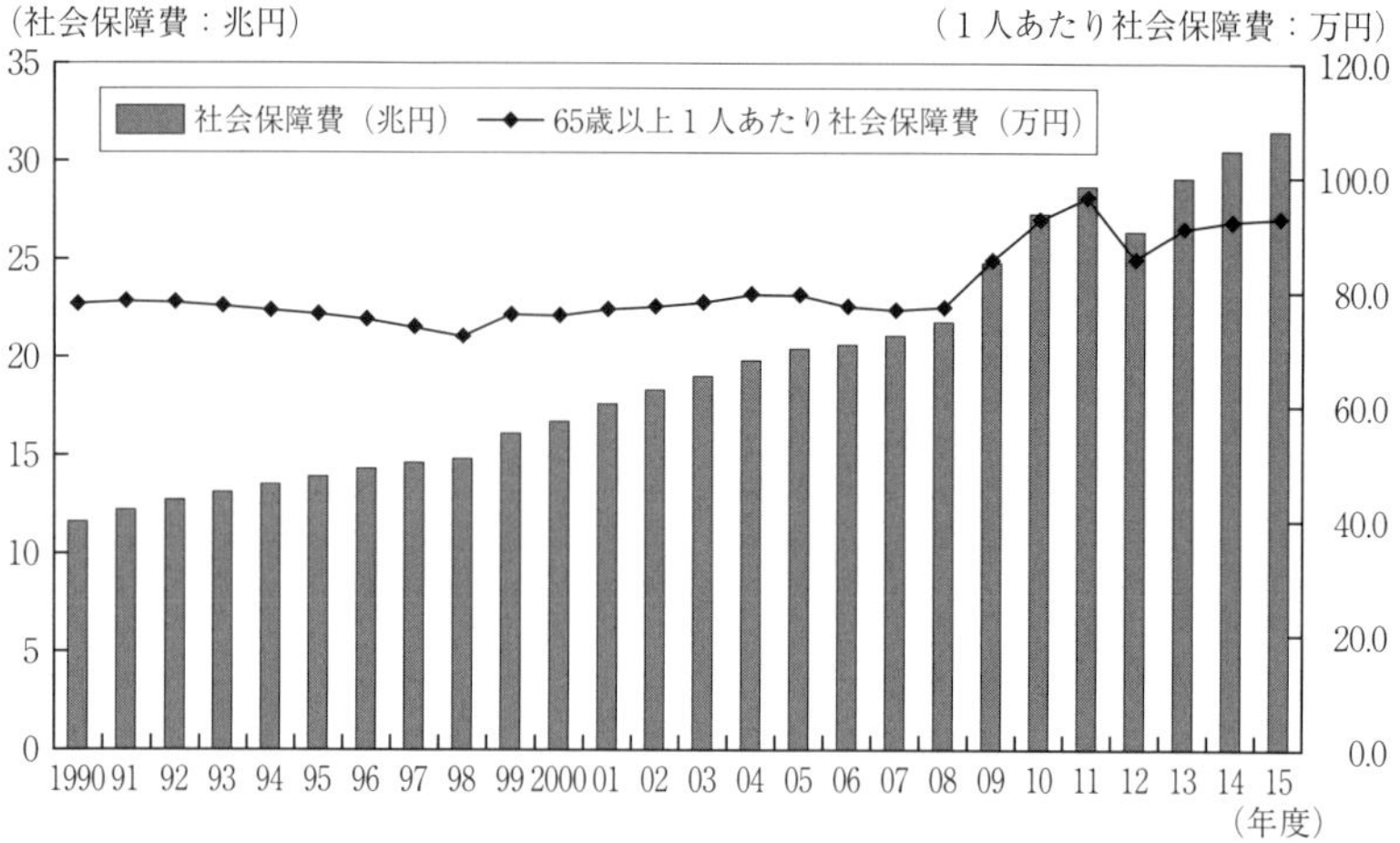

図表５－３　社会保障費と65歳以上１人あたり社会保障費

出典：著者が作成。

ここで「財政赤字の拡大は社会保障費の急増による」という財務省の主張を検討する。その主張の誤りを確かめるために、まず著者の作成した図表５－３の六五歳以上の高齢者一人あたり社会保障費の推移をみてほしい。日本の社会保障費は高齢者関連の支出が多いので、ここでは社会保障費を六五歳以上人口で割って算出している。図表５－３をみると、高齢者一人あたりの社会保障費はほぼ一定で推移しており、制度の大きな変更があった場合のみ増加していることがわかる。つまり高齢者数の推定ができれば、社会保障費の将来推計は難しくない。そして高齢者数の予想は容易である。財務省の「財政赤字の拡大は社会保障費の急増による」という主張は明らかに誤りで、正しくは〝簡単に推計できる社会保障費の増加に見合う増税ができなかった〟と言うべきである。ほぼ正確に予測できる社会保障費の増大に見合う増税どころか、景気対策としての減税政策の継続を許容してきた財務省の責任は重い。

図表５－３に描かれているように、二〇〇八年までの高齢者一人あたり社会保障費は七八万円を中心に、七二

万円から八〇万円のあいだで推移しており、高齢者を特に優遇しているわけではない。逆に二〇〇〇年に導入された公的介護保険では給付額の四分の一が国の負担なので、高齢者一人あたり社会保障費が一気に上昇してもいいはずなのに、前年からの増加は年四万円に抑えられており、その後の一人あたり社会保障費は七七万円前後で推移している。このことはよく言われているように、介護保険は医療保険の支出を抑えるために導入されたことを裏付けている。

二〇〇九年以降一人あたり社会保障費が一気に増加するが、これは大きな二つの制度改革を反映している。一つ目は二〇〇八年四月に創設された後期高齢者医療制度の導入である。七五歳以上高齢者の医療費を公費と各医療保険からの移転資金で賄う制度であり、半分が公費、半分が各保険の負担となる。公費は国、県、市町村が四対一対一の割合で負担する。二〇〇八年の国の負担額は四兆円弱であった。二つ目は、基礎年金の国庫負担（＝税金投入）の引き上げである。基礎年金の国庫負担を給付額の三分の一から二分の一に引き上げるという改正は、基礎年金受給者が三〇〇〇万人も存在するので、社会保障費を大きく増加させる要因となった。しかしこの改正により、国民年金の財政収支は大きく改善され、四〇年間の加入で満額月六万五〇〇〇円という基礎年金水準の維持が可能になったとされた。この状況を壊したのが消費増税の延期につぐ延期であったことを思い起こして欲しい（第1章の4節を参照）。

このように二〇〇八年の後期高齢者医療制度の創設、基礎年金の国庫負担の三分の一から二分の一への引き上げにより、社会保障費は大きく膨らむことになったが、これらは日本の公的医療保険や年金制度がいまだに一元化されていないために必要となった改正である。公的医療制度や公的年金制度を持つ国で、日本のように雇用者とそれ以外とで全く異なった制度を持つ国はない。現在の日本の年金・医療制度は男子労働者のほとんどが正規社員でほとんど転職しなかった時代にはふさわしかったかもしれないが、現在のように非正規労働者が就業者の四割を占め転職も多くなった時代には、職種とは関係なく国民全体を対象とする制度統合が必要であるというのが、著者の個人的意見である。日本の制度に倣っていた韓国では、激しい対立はありながら、医療・年金制度の一元化を成し遂げたことをつけ加えておきたい。

さらに、図表5-3は、財政再建が最優先課題であった小泉内閣の時代においても社会保障費は削減されなかったのに、安倍内閣になった二〇一二年以降、大幅な社会保障費の削減が実行されていることを示している。高齢者一人あたり社会保障費は二〇一一年の九六万円から二〇一二年には八五万円に下がった。二〇一三年以降の九一~九三万円水準は、二〇一一年の九六万円から五万円近く低下している。この社会保障費の低下は、生活保護の切り下げ、介護サービスの縮小と自己負担の増加、医療サービスの自己負担増による国庫負担の削減を反映している。

以上のように、財政赤字の削減という錦の御旗のもとで実行されてきた社会保障費の削減、公務員の削減・非常勤化、民営化は、雇用者報酬の縮小を通して家計消費を抑え、経済成長を鈍化させることにより国民全体の厚生水準(幸せ度)を低下させている。しかし公的サービスの低下によって国民がこうむる不利益をマスコミが丁寧に取り上げないこともあり、一般国民はよく理解していない。それどころか、公務員の削減、民営化、社会保障費の削減が国民にとって望ましい政策であるという誤解が一般化している。

そこで2節では、具体的にいくつかの公務員の職種を取り上げ、公務員不足が国民生活を危険に陥れている現状を具体的に紹介する。マスコミは、子供の虐待死、貧困者の餓死、過労死、輸入食品の安全性などの公務員に絡む事件に際して、「公務員の皆さんにはもっとしっかり仕事をして欲しいですね」というが、公務員が人手不足で過労死寸前の働き方をしていることについては一言も述べない。

2　公務員が不足する日本社会

公務員と公的サービス

多くの国民は公務員削減を望ましい政策と受け止め、野党もそれにほとんど反対しない。しかし、公務員削減による公的サービスの縮小や廃止という政策が、本当に国民生活の安定と安心のために望ましい政策なのか、よく考えてみる必要がある。

この節では、国民の生命、財産、将来にかかわる三つの公的サービスを提供する公務員――食の安全を守る食品衛生監視員、労働者の生命と財産を守る労働基準監督官、日本の未来を担う子供たちを育てる公立小・中学校教員――を取り上げ、それらの公的サービスを支える公務員数や労働条件などを検討する。そして公務員数の削減・非正規化が公的サービスの提供を十分行えない状況を生み出していることを示す。

食品衛生監視員や労働基準監督官は絶対数が少なく、食の安全を守り、労働者の命と財産を守るという役割を十分果たすことができないことが明らかにされる。公務員数の少なさは、必要な公的サービスが供給されないことを意味し、それで損害を受けるのは、公務員の削減を許してきた日本国民自身である。また地方公務員の中でもっとも人数が多い公立小・中学校の教員に関しては、地方財政の悪化と国庫負担の減少により、必要な教員数の確保と歳出削減を両立させるために、非正規教員の割合が増加している。公的部門も民間企業と同じく、非正規労働者が増加しており、公務員の質の低下が懸念される。

食の安全を守る食品衛生監視員

現在の日本人の食卓は輸入品に大きく依存している。二〇一四年の日本の食料自給率はカロリーベースで三九%、生産額ベースで六四%となっている。生産額ベースの自給率が高いのは、米の自給率が大きく寄与しているためである。ちなみに欧米諸国の自給率は軒並み日本よりはるかに高く、カロリーベースでアメリカ、フランスは一〇〇%を越え、ドイツ九二%、イギリス七二%となっている(二〇一一年、農林水産省の試算)。日本の四割という数字は飛びぬけて低い。しかも自給率は一貫して低下しており、先進国が農業保護策を強力に進め高い自給率を維持しているのとは対照的である。

最近の二五年間でも、一九九〇年には四八%だったのが二〇一四年には三九%と、食料自給率は一〇%も低下している。これは農業の大規模化という日本の農業政策が誤っていることを如実に示している。しかし農林水産省は農業の大規模化に固執している。なぜヨーロッパで成功した農家への直接的な所得保障や、農業製品の価格維持政策を積極的に取り入れないのであろうか。その理由ははっきりしている。所得保障や価格維持政策には多額の税金投入が必要なので、小さな政府には決して実行できない。もし日本人が本当に農業を守り自給率を上げることを望むのなら、応分の税負担をして、農家への所得保障・農産物の価格維持制度を備える必要がある。アメリカもヨーロッパ諸国も価格維持制度によって農業を支えているから、自給率が高いのである。農業は補助金なしには成り立たないことを、日本国民ははっきりと自覚すべきである。

残念ながら、現在の日本人の食卓の六割は大量の輸入品に依存している。この節では、日本に大量の流れ込む輸入食品の調査・検査をすることにより、日本人の食の安全を守る役割を持つ国家公務員である食品衛生監視員を取り上げる。所轄官庁は厚生労働省である。なお食品衛生監視員と多少重なる形で、輸入される家畜と植物の検疫を行う家畜防疫官と植物防疫官という公務員も存在し、その所属は農林水産省である。最近では家畜そのものの輸入も増加しており、家畜防疫官の重要性も増している。さらに地方公務員にも食品衛生監視員が存在するが、その業務は日本国内で販売されている食品の検査業務である。

国家公務員の食品衛生監視員は、医学、歯学、薬学、獣医学、畜産学、水産学または園芸科学を大学や専門学校で学んだもの、厚生労働大臣の登録を受けた養成施設において所定の課程を修了したもの、栄養士で二年以上食品衛生行政に従事したもの、という任用資格がある専門職である。空港や港湾など大量の輸入品が流入する場所にある検疫所で、①輸入食品監視業務、②検査業務、③検疫衛生業務、など幅広い業務をこなすことになる。では食品衛生監視員、家畜防疫官、植物防疫官の人数は何人くらいであろうか。国の安全を守る自衛隊員（自衛官のみ）の数が約二五万人なので、日本人の食の安全を守る食品衛生監視員の数は少なくとも一万人くらいいてもいいはずである。しかし二〇一四年の食品衛生監視員数はわずか三九九人で、輸入される家畜や植物の検疫をする家畜防疫官三九四人、植物防疫官八八九人を合わせても一七〇〇人に達しない。膨大な輸入品の波から、日本人の食の安全を守る国家公務員は多く見積もっても一七〇〇人という現実から眼をそらさないで欲しい。一方、国内に流通している食品の監視・検査は地方公務員の食品衛生監視員が担当する。その数は約七五〇〇名、東京都がもっとも多く全体で七一〇名規模である（二〇一一年度）。地方公務員の食品衛生監視員は、飲食店の衛生上の監視・指導、スーパーなどで販売される食品の検査など、国民生活に身近なところで活躍している。

さて国家公務員である三九九人の食品衛生監視員が各地の検疫所で、食品等の輸入重量三二一五万トン、届出件数二一八万件（二〇一二年度）の検査を行っている。二〇〇二年に中国の冷凍ほうれん草から日本での残留量基準をはるかに上回る農薬を検出したのも彼らである。食品衛生監視員は、残留農薬、抗菌性物質、添加物、成分規格、カビ毒、遺伝子組み換え、放射線照射など、数多くの違反の可能性を調べる。しかし三

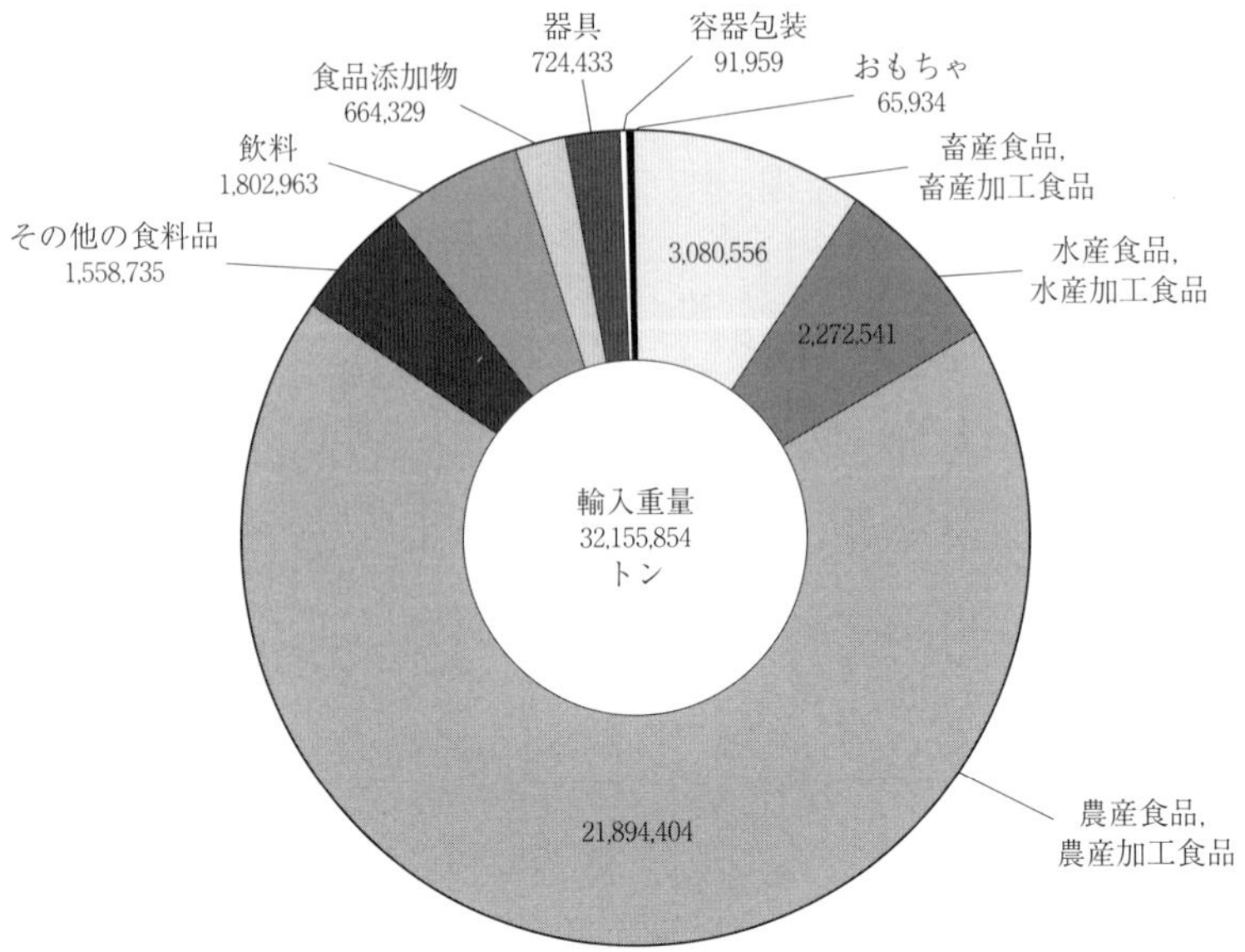

図表 5－4　食品等の輸入の状況（2012年度）

出典：農林水産省ホームページ。

九九人の陣容で輸入品すべてを調査することは無理なので、サンプリング調査をすることになる。一人ひとりの食品衛生監視員は専門家として誠実に仕事を果たしているが、届出件数の増加と食品衛生監視員の数から、輸入食品の届出件数の一〇分の一しか検査できないのが実情である。つまり輸入食品の届出件数の一〇件のうち九件は、検査されないまま日本の食卓にのぼっており、とうてい食の安全が保障されているとは言えない。

もう少し詳しく食料などの輸入の現状をみておこう。図表5－4をみてわかるように、現在の食品等の輸入は農産食品・加工品、水産食品・加工品、畜産食品・加工品だけではなく、飲料、食品添加物そのもの、器具、容器包装、おもちゃなど多岐に渡る。それを反映して、輸入重量はさほど増加していないが、輸入届出数は急増している。図表5－5をみると、一九九〇年の届出数が七〇万件弱であったものが、二

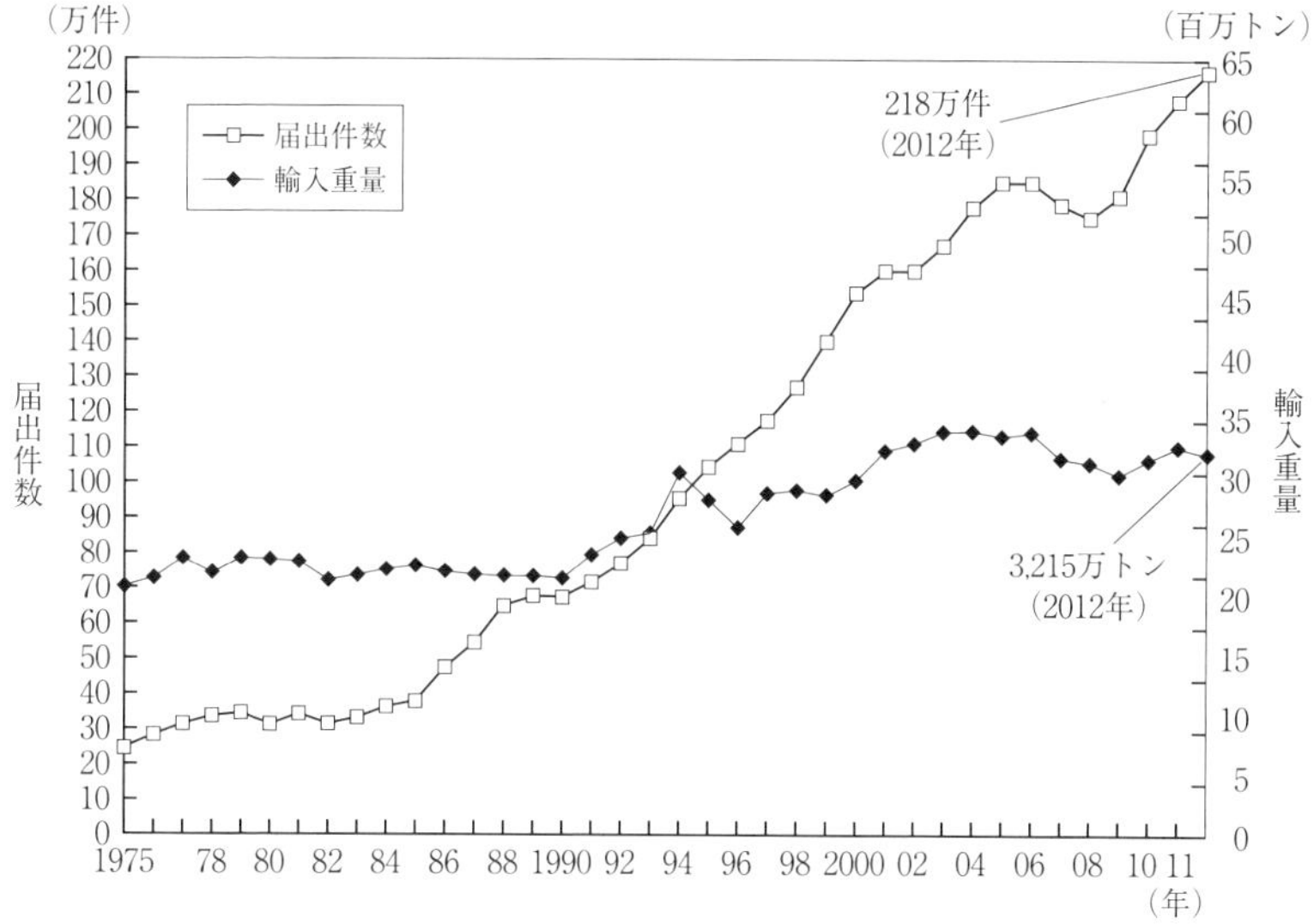

図表 5-5　食品等の輸入届出件数・重量推移

注：1975年から2006年は年次，2007年以降は年度。
出典：図表 5-4 と同じ。

〇〇〇年には一六〇万件と二倍以上になり、二〇一二年には二二〇万件と検査すべき輸入届出数はうなぎのぼりである。

食品等の輸入の増加に伴って、食品衛生監視員も増強されている。一九九〇年に八九名だったものが、二〇〇〇年度には二七〇名、二〇一二年には三九九名体制となった。二〇〇〇年から二〇一二年の間に食品輸入届出数は一・四倍になったのに対し、食品衛生監視員は一・五倍に増加している。公務員全般の削減が実行されている中で、食品衛生監視員は増員されており、輸入食品などに対する政府の危惧がわかる。しかし増強した食品監視員三九九人では、輸入食料品の届出件数の一〇分の一しか検査できないという事実がある。

食の安全にもっと税金を投入してもよいのではないだろうか。もし財政赤字のために食品衛生監視員の増強ができないというのなら、国民に対して食の安全を守るための負担増（所得増税）を説得するべきであろう。届出件数の一〇分の一しか検査されていないという実情を知れば、たいていの国民は所得増税と食品衛生監視員の増員に賛成するのではないだろうか。仮に食料衛生監視員の数を一〇倍にして四〇〇〇人体制にした場合、平均年収六五〇万円として人件費が二六〇億円、同額の検査費用がかかるとしても五二〇億円である。一万人体制でも一三〇〇億円程度、防衛費の五兆円からみれば微々たる金額にみえる。

しかし自衛隊二五万人は日本の防衛のために必要で削減は困難とすれば、食料衛生監視員の増員のためには、税負担の増加（所得増税が望ましい）を受け入れなくてはならない。財源なしの公的サービスの拡大は絶対に不可能である。無い袖は振れない。必要な税負担もしないで、たった三九九人の食品衛生監視員に過重労働を押し付けてはならないと、著者は考える。

労働者を守る労働基準監督官

次に、労働者の生命と財産を守るため働く公務員である労働基準監督官について述べる。労働基準監督官は行政官であるとともに、労働基準関係法令違反に対しては司法警察員として犯罪捜査と被疑者の逮捕を行う権限を持つ。司法警察の権限を与える法律は、労働基準法、労働安全衛生法、最低賃金法、賃金の支払いの確保に関する法律などであり、二〇一二年の送検事件数は一一三三件と少なくない数となっている。行政官として扱う主な法律は、労働者災害補償保険法、労働者派遣法、男女雇用機会均等法、パートタイム労働法、過労死等防止対策推進法などがある。このように、労働基準監督官は労働法規を守らない企業に対し、是正勧告・指導票の交付、送検などの手段を用いて、労働者の権利を守り労働環境の改善に努める。さらに労働者の申告を受けて、労働者の権利の救済を行う。労働者の申告で多いのは賃金・残業代の不払いである。

この項では労働者の命にかかわる問題、長時間労働に焦点をあてて、労働基準監督官の役割を説明していこう。労働時間のデータは、厚生労働省のホームページによる（二〇一二年データ）。よく知られているように、日本の労働時間は長い。残業の上限規制がないアメリカの一年間の平均労働時間が一七九〇時間であるのに対し、残業規制があるはずの日本の平均労働時間は一七六五時間とほとんど変わらない。ヨーロッパに眼を転じると、イギリスの一年間の平均労働時間は一六五四時間、フランス一四七九時間、ドイツ一三九七時間である。日本人一七六五時間とドイツ人一三九七時間の労働時間には、年間で三六八時間もの差があり、一日八時間労働とすれば四六日もの差になる。なお職種や地域によって多少の違いはあるが、ドイツ、フランスの所定内労働時間は週三五時間前後（一日七時間程度）となっている。

なぜ日本は長時間労働が一般化しているのであろうか。まず労働時間に関する規制が経営者に有利になっていることがあげられる。第一に、日本の残業の上限規制がゆるい。イギリスは〝残業を含む法定労働時間が週四八時間〟と定められている。ドイツの残業規制のもとでは、一日の労働時間の上限が一〇時間、かつ六カ月平均で一日の労働時間が八時間を超えないことを求められる。フランスの残業時間は年間二二〇時間に規制されている。しかし、日本では〝三六協定〟という形で、経営者と労働者の代表が合意すれば、信じられないほど長い残業時間が認められる。残業時間の上限は、一カ月四五時間、三カ月一二〇時間、年間三六〇時間となっている。年間の残業時間の限度三六〇時間は、フランスの残業の上限二二〇時間より一四〇時間も長い。そのうえ〝三六協定〟で特例を認めれば、残業の上限はなくなる。

第二として、日本の残業割増が低いことがあげられる。日本では残業割増は二五％が原則で、一カ月六〇時間を超えると五〇％となる。アメリカ、イギリスの残業割増は五〇％であり、フランスは一週間で八時間を超えると五〇％（それ以下は二五％）、ドイツは二時間を超えると五〇％（それ以下は二五％）となっている。

経済学的に考えれば、五〇%の残業割増は合理的な経営者に労働時間短縮のインセンティブを与える。日本とアメリカを比較すると、一日あたりの日本の平均残業時間六一・八分、アメリカ二五・七分（OECD、二〇一三年）となっており、一カ月に換算すると日本二〇・六時間、アメリカ八・六時間と大きな差がある。企業は、経済的インセンティブでしか動かない。仮に日本がアメリカと同様に残業割増を五〇%にすれば、合理的な日本企業は、労働者が残業したいと望んでも、残業を許さないであろう。

日本でも麻生内閣のもとでようやく長時間労働を抑えるために二五%の残業割増の引き上げを図ったが、小売店を中心に企業の抵抗が強く、一カ月六〇時間以上の残業時間について割増率を五〇%にすることでようやく決着し、労働基準法の改正が二〇〇八年三月に成立した。引き上げ時期は二〇一〇年四月にまでずれ込み、しかも中小企業には三年間の猶予期間が設けられた。つまり日本の企業は労働時間短縮のインセンティブを持たないまま、一九九〇年以降の経済の国際化を進めてきたことになる。過労死がなくならないわけである。

一カ月八〇時間以上の残業時間が過労死の危険ラインとされている。残業時間六〇時間以上での残業割増五〇%への引き上げは過労死の危険のある残業時間を引き下げる効果はなく、労働者の命にかかわる長時間労働が現在も続いている。ちなみに二〇一〇年の週六〇時間以上働く長時間労働者の割合は、雇用者の九・四%、五〇〇万人強であったが、二〇一三年でも四七〇万人強（八・八%）の長時間労働者が存在する。週六〇時間以上の労働時間ということは、法定労働時間四〇時間に対し、週に二〇時間以上の残業をしていることになる。つまり毎日平均四時間以上の残業を続けることを意味する。このような長時間労働が体の変調につながらないわけがない。

ここで過労死の実態をみておこう。過労死は英語でも日本語の KAROSHI がそのまま使われ、日本的な

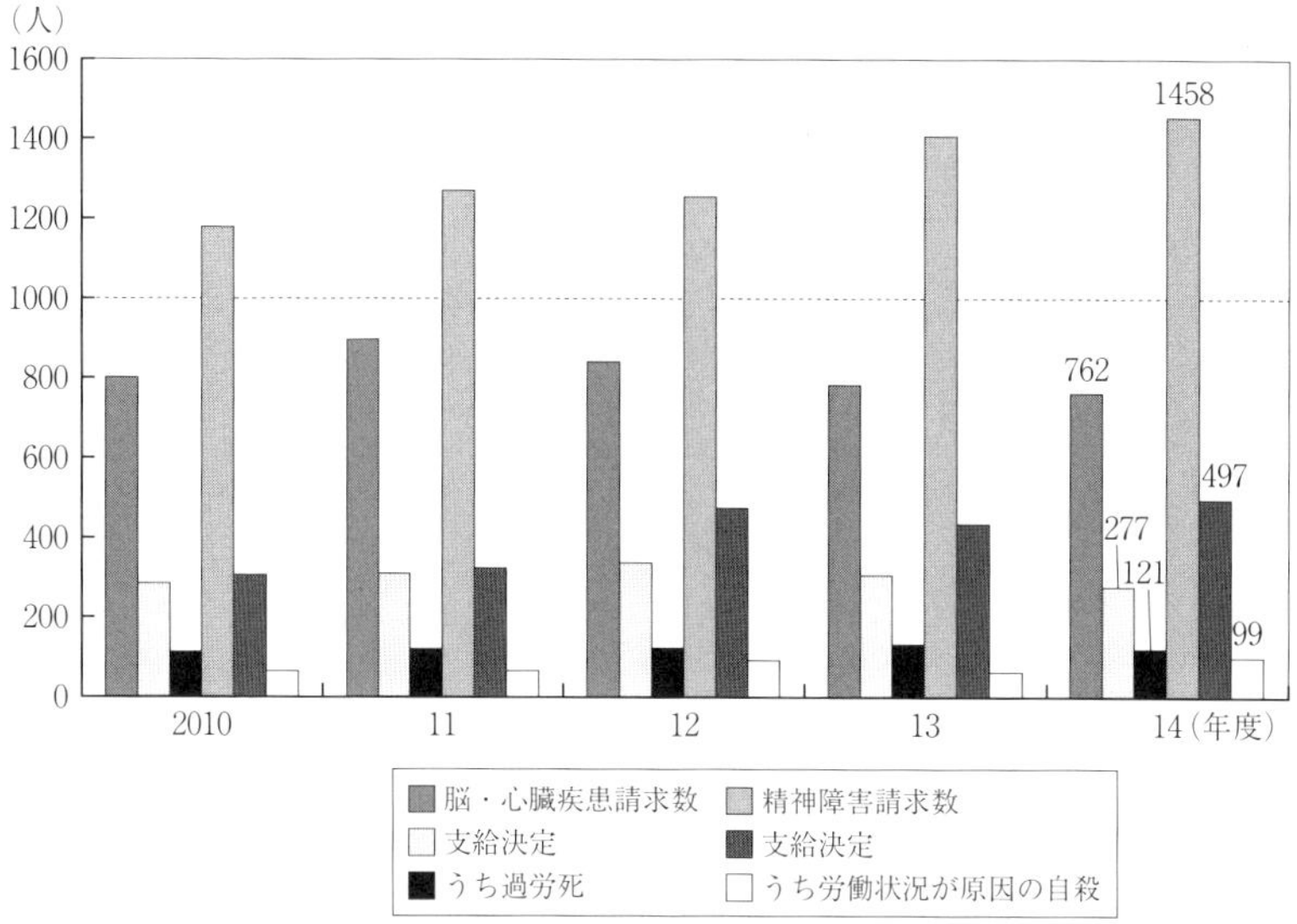

図表5－6　"過労死", "労働状況が原因の自殺"の推移

出典：厚生労働省「過労死等の労災補償状況」をもとに，著者が作成。

現象であることを示している。日本では長時間労働が不思議と思われず、むしろ長時間労働をするスーパー・サラリーマンを主役にする漫画や小説が受け入れられてきたという事実そのものが、日本では個人生活の充実を求める労働者を傍流に押しやってきたことを物語っている。労働コストを低くしたい企業には都合のよい状況である。

図表5－6の過労死・労働状況が原因の自殺の推移は「過労死等の労災補償状況」(厚生労働省)をもとに作成した。このデータによれば、二〇一四年度の過労死は一二一件、労働状況が原因の自殺は九九件となっている。合計すると、一年間で二二〇人の労働者が長時間労働などの労働状況により命を失っていることになる。ただし、この数字は厳しい認定条件をクリアした数字であることに注意して欲しい。家族が過労死や労働環境のストレスで死を選んだと考えているケースは、死亡者の少なくとも三倍以上存在する。

図表5－6をみてわかるように、脳・心臓疾患

を起こした労働者の労災申請数は近年減少しているが、二〇一四年度でも申請数は七六二件、二〇一四年度内の決定数は六三七件、そのうち労災認定されたのは半分以下の四二・五％（死亡に関しては二四五件で認定率は四九・四％）、死亡者は一二一人である。一方、精神障害の労災補償の申請数は毎年大きく伸びており、二〇一四年度の申請数一四五八件、年度内の決定数一三〇七件のうち労災保険の支給決定が出されたものが四九七件（三八％）である。死亡者については決定数二一〇件のうち九九件（四七・一％）で労災保険の支給が決定した。

労働災害のうち脳・心臓疾患の労災補償支給決定数は三〇〇件前後で低下傾向にある一方、精神障害の労災補償支給決定数が二〇一〇年の約三〇〇件から二〇一四年の五〇〇件へと大きく伸びている事実は、比較的若い労働者が現在の労働環境の犠牲者となっていることを意味する。なぜならば、労働災害のうち脳・心臓疾患は圧倒的に四〇代、五〇代での発症が多いが、精神障害は二〇～四〇代の比較的若い世代で起きている。「ブラック企業」と言われる低賃金・長時間労働を武器に低価格品を供給する企業の蔓延が、若い労働者を精神的に追い込んでいる現状がよく理解できるであろう。

このように残念ながら日本では、過労死や自殺を含む精神障害を起こすほど苛酷な労働環境が放置されている。その大きな理由は、残業に関する労働法制のゆるさもあるが、労働者の生命と財産を守る役割を持つ労働基準監督官の絶対数の不足も大きい。

労働基準監督官は、労働基準法など労働法に基づいて働く公務員であり、労働犯罪の捜査と被疑者の逮捕を行う強い権限を持つ。国民が安心して暮らせるように犯罪者を取り締まるのが警察の役目であるように、労働基準監督官は国民が安心して働けるように労働犯罪者を取り締まるとともに、企業が労働法を守るように積極的に働きかける。企業は法律を遵守して市場で競争することを期待されているが、利潤を目的とした

日　本	アメリカ	イギリス	フランス	ドイツ	スウェーデン
0.53	0.28	0.93	0.74	1.89	1.22

図表5-7　諸外国における労働基準監督官数（雇用者1万人あたり，2010年）

出典：厚生労働省調べ。

組織なので、もし法律を遵守しなくても罰せられないと考えれば、不法な労働を雇用者に押し付ける。利潤の前には、企業〝性善説〟は絶対に通用しない。

労働基準監督官の役割は、労働法を守らないで長時間労働を強いる経営者を摘発し、賃金・残業割増の不払いを正し、労働者の生命と財産を守ることであり、ＩＬＯ（国際労働機関）は「先進工業市場経済国では労働監督官一人あたり最大労働者数を一万人とすべきと考える」（二〇〇六年一一月）としている。しかし日本の労働基準監督官数はお寒い限りである。図表５－７は二〇一〇年の厚生労働省の労働基準監督業務・業務評価シートからとったものである。日本の雇用者一万人あたりの監督官数はわずか〇・五三人で、フランス〇・七四人、イギリス〇・九三人、スウェーデン一・二二人、ドイツ一・八九人などのヨーロッパ諸国とは比較にならない少なさである。

フランスの数字は小さくみえるが、労働組合が強く、労働組合が労働監督官とともに、不法労働行為から労働者を守る役割を果たしている。日本の労働組合は組織率が低いだけではなく、大企業中心で正社員の雇用を守ることを優先しており、不法労働行為を受けやすい非正規労働者にはほとんど手を差し伸べない。日本において、労働組合を持たず、低賃金・長時間労働の温床になりやすい中小・零細企業で働く労働者の命と財産を守る役目を果たしうるのは労働基準監督官だけであるが、その労働基準監督官の絶対数が少ないのである。

また労働市場の規制の少ないアメリカでは、日本より労働基準監督官は少なく、雇用者一万人あたり〇・二八人と日本の半分程度である。ただしアメリカでは自分の権利は自分で守るのが原則となっており、労働基準監督官の代わりが裁判所・弁護士であり、不法労働行為があれば裁判所に訴えることになる。それに対し、日本は裁判官の絶対数が少なく、裁判時間が長くなるため労働者が不法労働行為を裁判所に訴えることはほとんどない。アメリカは訴訟社会と言われるが、裁判所が個人の権利を守っている。

このように労働者の生命や財産や権利を守る役割を果たす組織として、労働基準監督官以外にも労働組合、裁判所もあるが、どちらも日本ではほとんど機能していない。それゆえ日本では労働基準監督官の役割は欧米以上に重要であるが、雇用者一万人あたりの日本の労働基準監督官数は〇・五三人に過ぎない。さらに労働基準監督官の総数は二九四一人であるが、実際に現場で査察を行うのは二四七四人なので、この数字を用いると監督官の割合は〇・四五に低下する。日本の雇用者一万人あたり労働基準監督官数はＩＬＯが求める基準の半分程度で、労働基準監督官は明らかに人手不足である。

では、労働基準監督業務にどれくらいの税金が投入されているのであろうか。利用可能な事業評価シート（二〇一〇年）をみると、人件費二六七億円（正職員二九四一人、臨時職員等二六一人）、事業費一五億円となっており、合計二八三億円である（数字は四捨五入している）。つまり二八三億円を追加すれば、ＩＬＯの勧告する雇用者一万人あたり一人の労働基準監督官を配置できるのである。

もちろん二八三億円は決して小さな金額ではないが、会計検査院が指摘した二〇一四年度の税金の無駄遣いが五七〇件、一五六九億円にも上ることを考慮すれば、決して捻出できない額ではないとも思える。賃金の未払いや長時間労働などの違法行為を行う企業を取り締まらない限り、日本語の不自由な外国人技能実習生や労働法を知らない若い派遣労働者の命や権利を守ることができない。労働者と経営者は対等ではない。労働者の立場に立って正当な賃金支払い（特に残業代の未払い）を要求し、長時間労働の規制を行うことは、日本の将来を守ることでもあると考える。

ついでに言えば、日本では中学校・高校レベルで労働者の権利を学ぶ機会がないことが、企業の横暴を許していると、著者は考えている。大学で労働経済学を講義したとき、学生は労働組合の役割や労働者の権利についてほとんど知識がなかった。例えば、パートやアルバイトでも労働条件をはっきり示した契約書の交付が必要であることを知らず、所定内労働と残業の区別も知らず、残業割増のことも知らない。経営者と労働者は決して対等の立場ではないので、経営者と交渉するために労働組合が存在することも理解していない。労働者の権利を理解しないままに長時間労働に追い込まれている若者が日本には多数存在する。若者が就業する前に、労働基本法、労働組合の役割を教え、労働者を守るために活動している労働基準監督官の存在を教えておけば、過労死するまで体力のある若者を働かせるブラック企業の活動も難しくなる。

企業の善意を期待しても、長時間労働、残業代未払いという日本の悪しき労働慣行は絶対になくならない。警察官の治安を守るサービスが重要と思う程度に、労働者の生命と財産を守る労働基準監督官のサービスの重要性を理解して欲しい。

労働基準監督官の増員は、長時間労働が蔓延する過酷な労働現場で重篤な病気や精神障害に追い込まれた労働者、労働災害請求者二二〇〇人（うち死亡者二二〇人）のうち少なくない数を救い出すことを可能とする。そう考えれば、労働基準監督官数をヨーロッパ諸国並みにするための二八三億円は、将来の日本のための投資であり、国民が負担するに値する支出対象ではないだろうか。

小中学校教員の非正規化と財務省の教員削減計画

次に日本の将来を担う子供を育てる義務教育で働く公立の小中学校の教員を取り巻く厳しい状況を説明する。日本の労働現場で非正規労働者が増加しているのと歩調を一にして、教育の世界でも非正規教員が増加している。後で詳しく述べるが、教員の非正規化には、巨額の財政赤字の存在が大きく影を落としている。

最初に日本の公立の小中学校の学級規模について簡単に説明したい。日本は他のOECD諸国に比べて、学級規模が大きいことを、子供を持つ親たちは知っているであろうか。学級規模が大きければ、個々の児童・生徒に眼が届きにくくなり、学習に興味を示さないものに対する手助けも困難になり、いじめに対応することもできず、学級運営も難しくなる。

二〇一〇年のデータでみると、日本の小学校、中学校の日本の一学級あたりの平均生徒数は二八人、三三人であるのに対し、OECD平均は二一・六人、二三・七人となっており、小学校では六人、中学校では九人も日本の方が多くなっている。日本の学級規模が大きいことは文部科学省も気にしてきたが、一九八〇年に学級規模の上限を四五人から四〇人に引き下げたきりで、その後の縮小は図られなかった。学級規模が縮小されなかった理由は財政問題である。教員を増やすと、教員の給与の三分の一を国が負担する（義務教育国庫負担金、二〇〇六年度以前は二分の一）必要があるので、学級規模の縮小は進まない。

民主党政権になり、ようやく将来の日本を見据えて、八年かけて小学校一、二年生は三〇人、中学校は三五人に減らす計画が立てられたが、財政赤字を拡大させることが問題となり、結局二〇一一年に小学校一年生だけが三五人学級とされた。個人的には〝学級規模の縮小のために、所得増税する〟という提案をして欲しかった。ともかく巨額の財政赤字が存在すると、クラス規模を縮小するなどの教育水準の改善もできないのである。しかも財務省は二〇一五年予算を立てる際、小学校一年生の三五人学級を四〇人にもどすことを文部科学省に求めた。その理由は、もとにもどせば教員四〇〇〇人を減らせるので国庫負担分八六億円の削減が可能になることである。この提案は激しい批判を浴び、小学一年生の三五人学級はなんとか継続したが、今も財政赤字は拡大しており、我々が知らないうちにいつの間にか四〇人学級にもどっている可能性は小さ

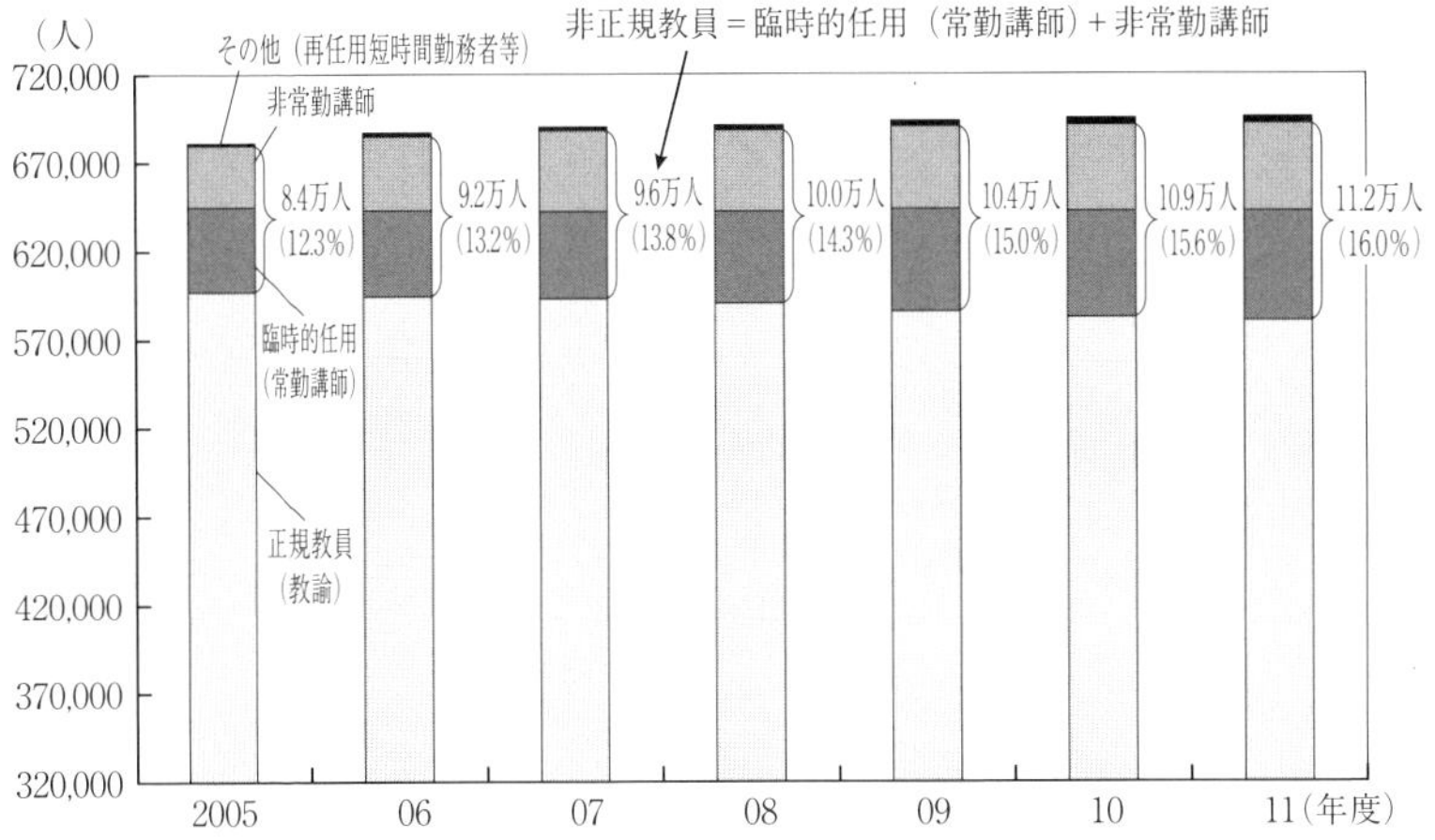

図表5－8　公立小・中学校の正規教員と非正規教員の推移

注1：各年度5月1日現在の校長，副校長，教頭，主幹教諭，指導教諭，教諭，助教諭，講師，養護教諭，養護助教諭及び栄養教諭の数。
注2：2004年に教員給与の決定権が都道府県になる（それ以前は国に準ずる）。
注3：2006年に「総額裁量制」が導入される。国庫負担が1/2から1/3に削減。
出典：文部科学省・初等中等教育局財務課調べ。

くない。

このように日本の教育は財政赤字の影響をもろに受けている。後述するように，国庫負担の二分の一から三分の一への引き下げにより，民間企業と同様に，教員給与の減額，教員の非正規化が恐ろしい勢いで進んでいる。教員を取り巻く問題は多いが，ここでは教員の非正規化に焦点をあてる。

さて図表5－8に示されるように，日本の小学校や中学校で「先生」と呼ばれる地方公務員には，三種類の異なった賃金体系の教員が存在する。第一は，「先生は給料もよくて安定している」という言葉があてはまる，常勤で終身雇用の正規教員で，多くの場合〝教諭〟と言われる。第二は，常勤で教諭と同様に，クラス担任もするにもかかわらず，雇用が不安定で臨時的な任用の非正規教員の〝講師〟という身分がある。さらに第三として，働いた時間によって給与が支払われる〝非常勤講師〟が存在する。

図表5－8をみてわかるように，非正規教員で

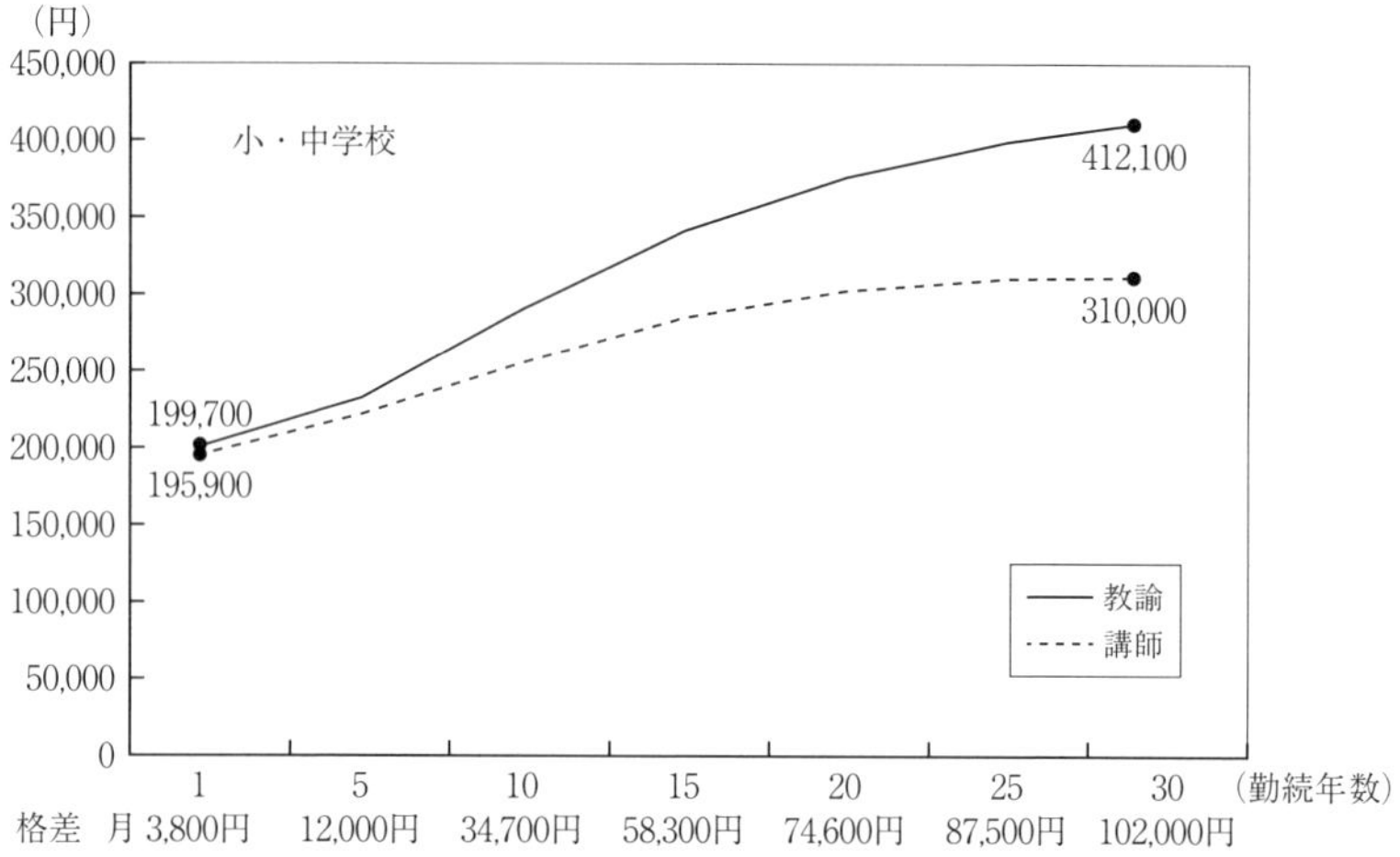

図表5－9　小・中学校の臨時教員（講師）と正規教員（教諭）の賃金格差

出典：大阪教職員組合「大阪りんきょう白書」2008年。

ある講師と非常勤講師の割合は、国や地方自治体の財政の悪化とともに上昇している。二〇一二年には、教諭五九万人に対して、講師六・三万人、非常勤講師五・一万人で、全教員の一六％が非正規教員である。一〇年前の二〇〇二年の非正規教員の割合は一二・三％なので、この一〇年間で非正規教員数の割合は四％も上昇していることになる。また常勤の教員のうち、一〇人に一人が臨時的任用の〝講師〟となっていることにも注意して欲しい。

ここで問題となるのは、常勤教員であり仕事内容に差がないにもかかわらず、教諭と講師では賃金、雇用条件で大きな格差があることである。教諭と講師はともに担任を持つなど仕事の内容に違いがないが、教諭は正規雇用者で、講師は臨時的任用として人件費ではなく物件費で雇用される非正規雇用者である。臨時的任用とは次年度の契約の確証がない不安定な雇用形態である。しかもたとえ同じ年数働いたとしても両者の給与体系は全く異なる。図表5－9は二〇〇八年の大阪の例であるが、講師と教諭の給与は一年目から四〇〇〇円の違いがあり、その差は年ごとに大きくなる。一〇年目の給与額をみると、正規教員である教諭の月収が二八万九二〇〇円であるのに対し、非正規教員の講師は二五万四五〇〇円と、三万五〇〇〇円もの賃金格差が生じる。両者の賃金格差は、二〇年目で七万五〇〇〇円、三〇年目では一〇万円もの大差がつく。

子供にとっては同じ先生であっても、講師は労働者としてもっとも大切な賃金や雇用条件について、教諭に大きな差をつけられている。同じ仕事をしていながら、賃金体系や雇用条件で劣った条件で働かざるを得ない講師が、労働のインセンティブを維持するのは難しいことではないだろうか。もう一度強調したい。教諭と講師では、仕事内容に差はない。もしＩＬＯが日本政府に対し何度も勧告している「同一労働同一賃金」が批准され、労働法制に反映されたならば、日本における講師と教諭の賃金格差は間違いなく違法とされるであろう。しかし残念なことに日本人には「同一労働同一賃金」という公正の概念はなく、公正な労働を求める動きも鈍く、講師と教諭の賃金格差が問題にされることはほとんどない。

なお非正規労働者である講師が教諭と同じ賃金を要求できない大きな理由は、雇用の不安定性にある。非正規教員である講師は〝臨時的任用〟で、次年度の仕事の保障はない不安定な雇用条件で働いており、もし賃金について不満を唱えれば、次年度の雇用が取り消されるのはほぼ確実である。非正規教員が弱い立場にあるのは、日本全体の非正規労働者が弱い立場にあるのと全く同じである。不安定な雇用条件によって、賃金を含む格差是正の要求ができないことをいいことに、安い労働力として講師を利用する地方自治体の動きの背後には、地方財政の悪化があることを忘れてはいけない。

教員を取巻く労働条件低下の第一歩は、二〇〇四年度の国立大学法人化を契機とする教職員の給与の見直しにある。将来を担う子供の教育を担う教員には優れた人材が必要であるとされ、その給与水準は国立大学の教職員に準拠していたが、二〇〇四年度からは都道府県が独自に決定できることになった。同時に義務教育費国庫負担金を一般財源にも使用できるようにする〝総額裁量制〟も導入された。小・中学校の教職員給与の半分にあたる義務教育国庫負担金は必ず教職員給与にあてることになっていたが、二〇〇四年度以降は義務教育国庫負担金の範囲で、各都道府県が教職員の給与を自由に決定できるようになったのである。〝総額裁量制〟の導入は、財政が苦しい県に対し、非正規教員の採用というインセンティブを与えた。このように小泉内閣のもとで導入された〝総額裁量制〟は、小中学校の教職員の賃金を低下させ、非正規教員を増加させる契機となったのである。

また二〇〇六年度には、義務教育国庫負担金を教員給与の二分の一から三分の一へ切り下げたため、非正規教員採用へのインセンティブがさらに強化されたことに疑問の余地はない。なお二〇〇六年度には義務教育費国庫負担金の廃止さえも議論されていたことを付け加えておく。小泉政権下の財政再建策により、日本の将来への投資（教育費）が大幅に削減されたのである。教育改革の名前を借りて、国立大学の民営化（独立大学法人化）、義務教育費の削減など、未来への投資を削減したことの罪は重いと、著者は考える。今後も財政再建を歳出削減で行おうとすれば、社会保障費だけではなく教育費の削減も実行されるであろう。実際、ＯＥＣＤ諸国平均の小学校の学級人数が三〇人未満であることを知っていながら、財務省は小・中学校の教員削減、義務教育費の削減に熱心である。政府・財務省はＯＥＣＤの平均をはるかに上回る四〇人学級で、日本の未来を担う子供たちが個性豊かで創造性に富んだ大人に育つと考えているのであろうか。

このように学級規模の縮小ができないことも、教員の非正規化が進むことも、減税政策により積みあがった財政赤字と税収不足が原因である。〝安かろう、悪かろう〟はどんな商品・サービスにでもあてはまる。よい教育を提供するにはよい教員が必要で、よい教員を確保するためにはそれ相応の給与水準が必要であることを認識すべきであろう。教育投資は、未来の日本への投資である。十分な教育投資を確保したい。

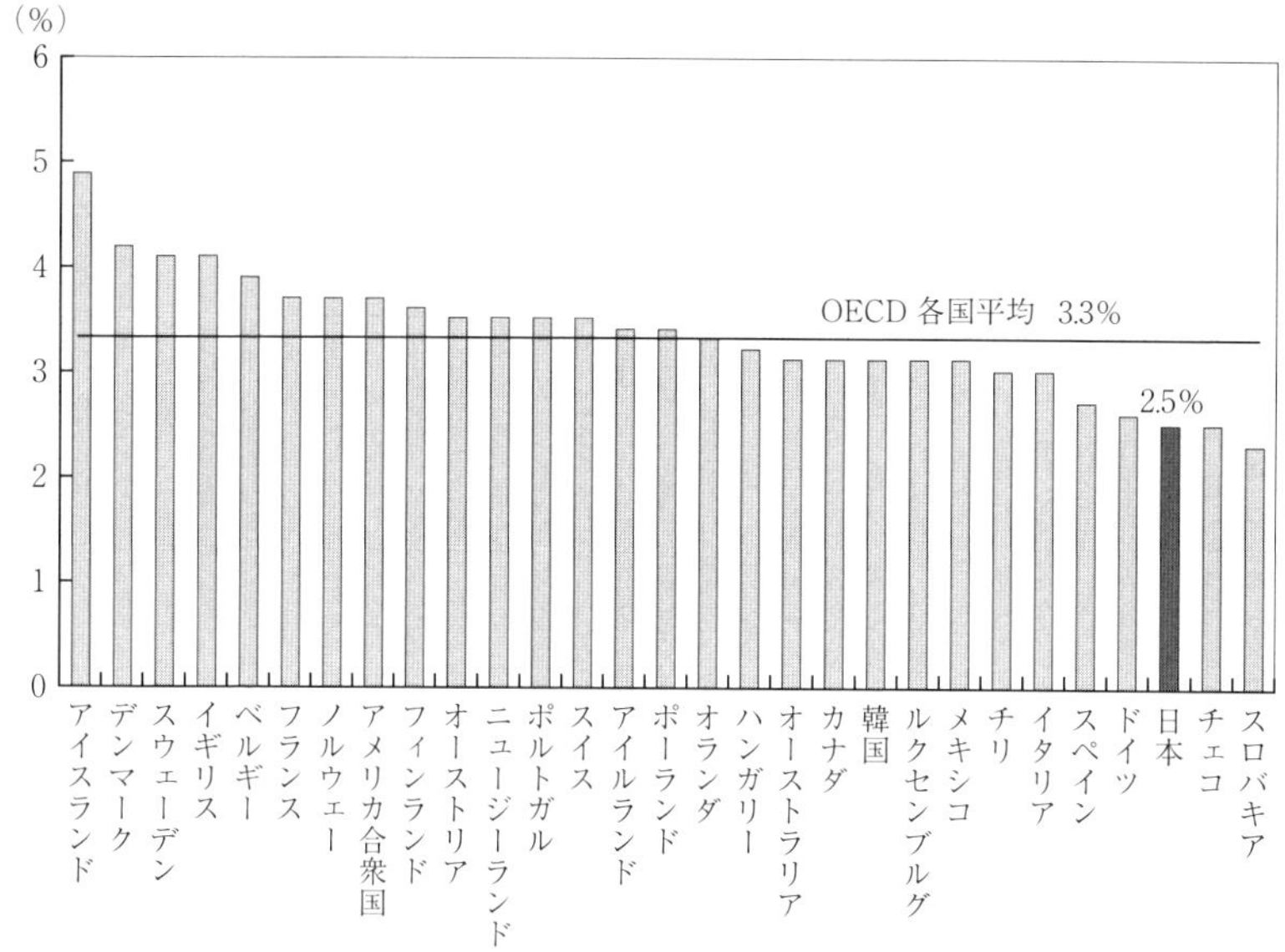

図表5－10 教育機関への公財政支出の対GDP比（初等中等教育）（2007年）

出典：文部科学省ホームページ。OECDデータを使用。

しかし日本の教育投資は非常に低い水準にある。OECD『図表で見る教育（二〇一〇年版）』によれば、日本の公的教育支出合計の対GDP比は、OECD二八カ国の中で最低の三・三％で、OECD平均の四・八％よりも一・五％も低い。日本の教育費をOECD平均にまで増額するためには、GDPが約五〇〇兆円なので、教育費を現在の一六・五兆円から七・五兆円（四五％の増加）増加させて、二四兆円にする必要がある。いかに日本の公的教育投資の水準が低いか、理解できよう。

　では義務教育への公的支出はどうなっているのであろうか。OECD諸国の平均並みは確保しているのであろうか。図表5－10をみると、なんと義務教育への投資も少なく、OECD平均の三・三％に対して、日本は二・五％とOECD諸国二九カ国中二七番目であり、日本より低い国はチェコとスロバキアしかない。小さな政府を自認し大学授業料の高いアメリカでさえ、義務教育の公費負担としてＧＤＰの三・六％をあてており、未来への投資はしっかり実施している。日本の義務教育への公的支出をＯＥＣＤ平均にまで引き上げようとすれば、二〇〇七年の一二・五兆円を一六・五兆円へと、四兆円の増額が必要となる。義務教育費を四兆円増額しないとＯＥＣＤ諸国平均にならないということは、日本政府が教員給与を下げ、教員定数をおさえるなど教育費を毎年のように削減してきたことを反映している。景気対策として実施された所得税や法人税の減税は、高所得者や企業の貯蓄を大幅に増加させたが、経済の好転にはつながらず、結果的に財政赤字を膨らませ、未来への投資さえ削減するという結果をもたらしているのである。

最後に、日本の教員の労働時間の長さについてもふれておきたい。二〇一四年六月二五日に公表されたＯＥＣＤの国際教員指導環境調査によると、日本の中学校教員の平均仕事時間は一週間五三・九時間で、ＯＥＣＤ三四カ国の平均三八・三時間に比べると、なんと一五時間以上長い。仕事時間が長くなる要因は、会議・事務、課外活動の指導である。会議・事務の時間は、日本八・五時間、ＯＥＣＤ平均四・五時間で、四時間の差がある。課外活動の指導時間は、日本七・七時間、ＯＥＣＤ平均二・一時間で、なんと五・六時間もの差がある。日本では教員が課外活動の指導も行っているが、多くのＯＥＣＤ各国では課外活動は外部のクラブ、地元のＮＰＯなどが行っている。課外活動を学校内で専門家でもない教員が指導するという日本の状況は、国際標準からは大きくはずれていること、そして、課外活動の指導が教員の労働時間を長くしていることを認識すべきである。日本でも、課外活動は学校外で行うようにしないと、教員の生活が守れないし、本業の授業の質を落とすことになる。実際、授業時間は日本一七・七時間に対し、ＯＥＣＤ平均一九・三時間で、日本の方が教員の本来の仕事である授業時間は短いのである。

かつて〝日本は資源を持たない国なので、人間に投資して優秀な国民を育てなくてはならない〟と言われた。しかし現在では、日本の〝未来への投資〟はＯＥＣＤ諸国の中で圧倒的に見劣りする。教員に事務仕事をさせ、課外活動の指導という本来の教員の仕事以上の負担を与えて、一週間平均五四時間もの労働を強いている現状はまともではない。事務員を増やして教員を事務作業から解放し、地域のスポーツ・文化団体への援助を増やして教員をクラブの顧問から解放すべきであろう。それには公的支出増加が必要となる。そのための財源は国民の公正な税負担の増加である。

未来への投資を行うのは企業ではないし、企業にはその気もない。日本の将来を担う子供を育てる責任は、日本政府にある。しかし財政状況の悪さが文部科学省の手足を縛り、財務省は財政赤字削減のために積極的に教育支出を削減している。国庫負担の減少は、小中学校の教員数を減らし、正規教員を非正規教員に置き換えることにより、結果的に大学など高等教育だけではなく、義務教育の水準まで切り下げてしまう。

個人的には、日本の将来のためになら喜んで所得税負担の増額に応じるつもりである。しかしその前提として、増税による税収の使い方を決定するのは政権党なので、所得増税分を公務員の増員、教育費・社会保障費の増加に向けることを公約し、誠実に公約を守る政党を選びたい。予算配分を決定する国会議員選挙は、日本の未来を決定することになるので、国民にとって非常に重要な選択となる。

3　社会保障費削減による将来不安と消費の抑制

「低福祉低負担」と自助努力の強調

この節では、日本の社会保障水準そのものが低いことを明らかにし、社会保障費の削減と国民生活の困窮化を具体的に説明する。著者は経済学者として、どの社会においても将来への希望をもたらす経済成長が必要であると確信している。それゆえ需要不足による経済停滞に陥っている日本において、社会保障費の切り下げは絶対にやってはいけない政策である。なぜならば社会保障費の削減は、低所得層を中心に生活水準を引き下げると共に、将来への不安を高め、家計消費を低迷させ、その結果、経済を低迷させるからである。

さて日本の社会保障制度は五つの社会保険と社会扶助からなる。五つの社会保険は、病気のリスクに備える「医療保険」、高齢期の所得保障を担う「年金保険」、公的な介護サービスを提供する「介護保険」、失業のリスクに備える「雇用保険」、労働災害に備える「労働者災害保険」からなる。これら五つの社会保険は社会保険料と税金によって運営されている。一方、社会扶助とは、生活保護制度であり、日本国憲法第二五条が定めるように日本国民に対し健康で文化的な最低限度の生活を保障する制度であり、全額税金で賄われる最後のセーフティネットである。

上記の社会保障制度のうち、財政赤字の存在によって給付切り下げの圧力を強く受けるのは、多額の税金が投入されているサービスである。具体的には、生活保護制度、給付額の半分が税金で賄われる基礎年金、給付額の半分が税金（給付の半分は社会保険料で、国が四分の一、都道府県と市町村が八分の一ずつを負担）である介護保険である。これらの制度は財政赤字削減を口実に、すでにサービスの縮小が実施されている。この節では、上記の三つの制度に加えて、国民生活に大きな影響を与える医療保険制度の変化についても言及する。

その前に広い意味の日本の社会保障関係支出（社会支出）の特徴を明らかにしておこう。図表5‐11はOECDの定義による社会支出の国際比較データである。OECDの定義でいう社会支出は、家族政策、住宅補助、積極的労働政策などを含み、日本の社会保障給付よりも広い範囲の国民生活支援のための公的な支出をカバーする。

図表5‐11からは、日本の社会保障関係支出（社会支出）の規模が決して大きくないことが明らかになる。

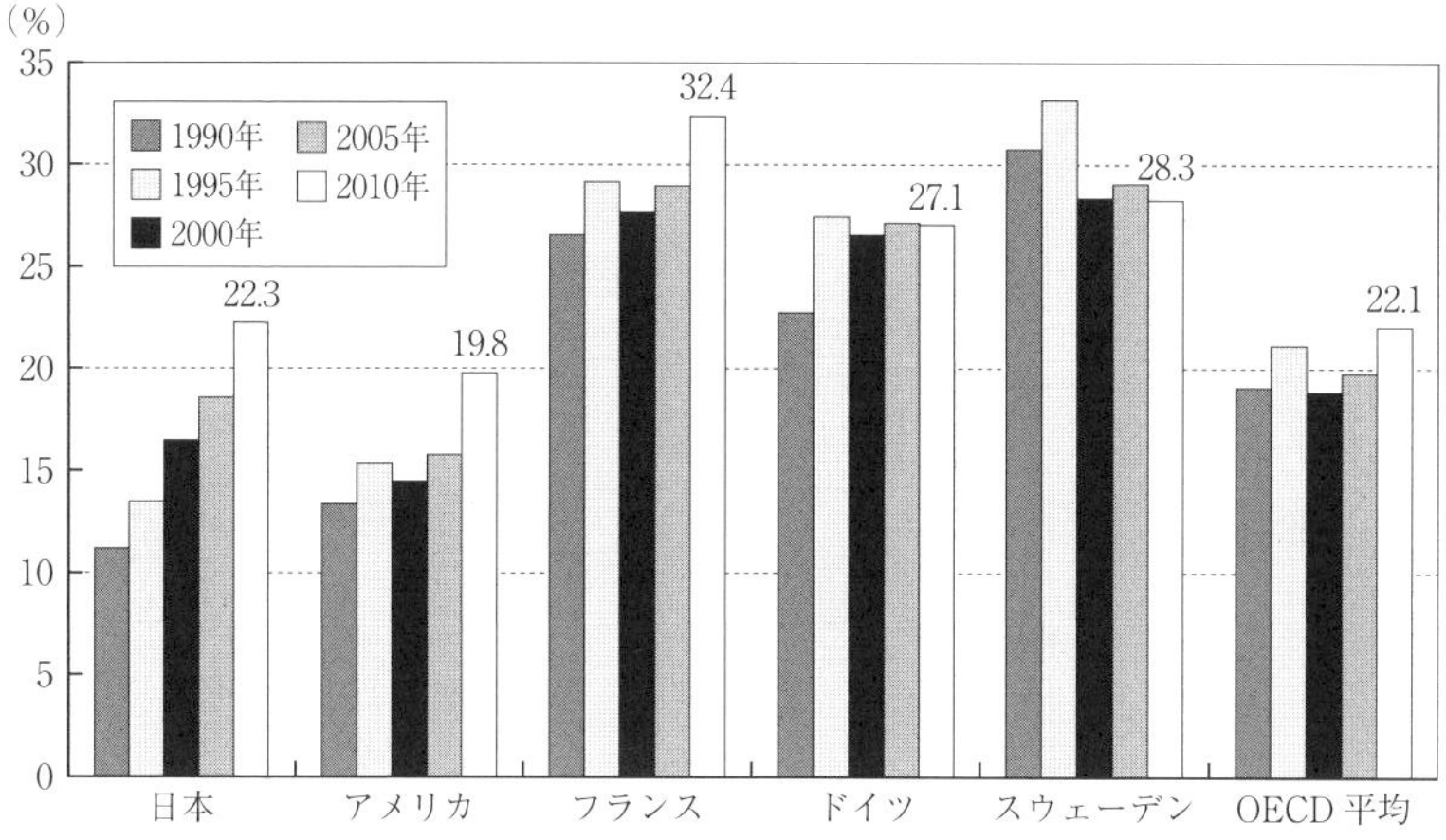

図表5-11 社会支出の推移（GDP比）

出典：OECDデータを用いて，著者が作成。

一九九〇年、一九九五年の社会支出はアメリカよりも少ない。日本の社会支出はOECD諸国の平均値を大きく下回り、アメリカと同様に「低福祉低負担の国」であった。二〇〇〇年以降の日本の社会支出の増加は、高齢者数の増加による年金、医療の拡大を反映している。それでもスウェーデンは当然として、フランス、ドイツよりも社会支出の規模は小さい。日本は社会保障制度が大きすぎる国では決してない。

二〇一〇年のOECDデータでも、低福祉低負担の国と自他共に認めるアメリカの社会支出がGDPの二〇%に対し、日本も二二%でほぼ同じレベルである。人口の多いヨーロッパ先進諸国のうちもっとも社会支出の比率の低いイギリスはGDPの二四%であるが、大陸ヨーロッパのドイツ、フランス、スウェーデンの社会保障支出はGDPの二七~三二%となっており、日本とは大きな差がある。

図表5-12は二〇〇九年の社会支出の内訳を図示したものである。この図から明らかになることは次の二点である。まず第一は、日本の社会支出の八割以上が年金・医療・介護給付であることである。社会支出に占める年金・医療・

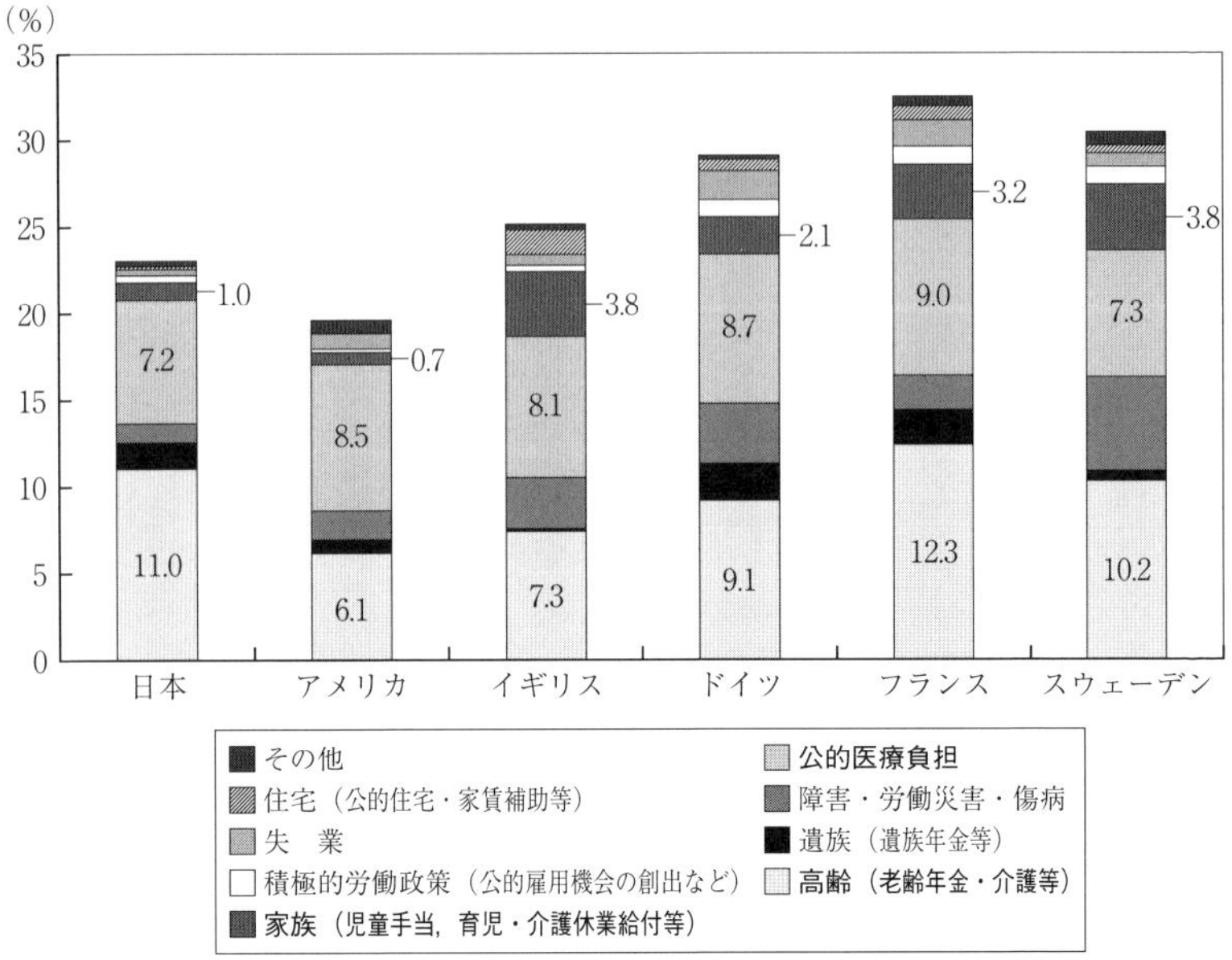

図表5－12　社会支出の内訳（OECD，対GDP比，2009年度）

注：項目の名称はわかりやすく変更したり，（　）書きをつけている。
出典：OECDデータを用いて，著者が作成。

介護の割合が高く，これらのサービスの利用者は高齢者の多いことで，図表5－11に描かれた日本の社会支出の急増を説明することができる。年金のうちの厚生年金と共済年金，医療保険のうちの組合健保と共済組合は保険料収入（労使半々）で賄われており，財政赤字の影響を受けることなく給付を伸ばしている。基礎年金，国民健康保険，介護保険も給付の半分は保険料である。日本の社会保障給付の六割程度が保険料によって賄われており，そのことが財政赤字を口実とした社会保障給付の削減を最小限に抑えていると言えよう（図表1－7を参照）。

第二は，年金・医療・介護以外の社会支出が圧倒的に少ないことである。日本の社会保障給付は高齢者に偏っているのではなく，「障害・労働災害・傷病」「家族」「失業」「住宅」への支出割合がヨーロッパ諸国に比べて圧倒的に少ないのである。これらの制度の原資をみると、雇用保険（失業給付）は企業と雇用者の保険料で賄われ、労災保険は企業の保険料で賄われているが、それ以外は税を原資としている。税負担の小さい日本では、税を原資とする社会支出を最低限に抑えてきたことがはっきりする。戦後自民党政府は「小さな政府」を維持し、政府支出・社会保障支出を抑え、〝自助努力〟を強調し、個人や家族の努力に多くを依存してきた。そして歴代の自民党の政策を日本国民が受け入れてきた結果、疾病・労働災害などによる場合を含めた障害者給付はＧＤＰのわずか一・一％で、ヨーロッパ諸国の半分以下の水準である。また税を原資とする児童手当、育児・介護休業に対する給付、幼稚園や保育園に対する公的補助などを含む日本の〝家族を対象とした給付〟はＧＤＰの一％未満にとどまる。一方、「大きな政府」であるヨーロッパ諸国はＧＤＰの二〜四％を家族給付にあてている。

以上のように、図表５‐11、図表５‐12から読み取れる日本の社会保障関係支出（社会支出）の特徴は、①社会支出水準はアメリカ並みで、福祉小国であること、②社会保険料で支えられている年金・医療・介護給付の比重が社会保障の八割以上を占めること、③税を原資とする給付（児童手当、障害、生活保護など）は最小限に抑えられていること、の三点としてまとめられる。また日本においては、ヨーロッパ諸国で一般的な家賃補助や積極的雇用政策がほとんど実施されていない。

日本の社会保障給付の六割以上が社会保険料で支えられているという事実は重要である。日本の社会保障の中心を占める年金制度、医療制度の大半は、税金ではなく社会保険料で賄われている。社会保障給付の原資が税か社会保険料かの違いは、決して小さなものではない。具体的に言うと、租税で運営される制度では国民全員が対象になるが、社会保険料を原資とする社会保障制度は加入者のみが給付対象となる。つまり社会保険料で支えられる日本の年金、医療制度は、保険料を支払えない人を排除するシステムとなっている。

実際、国民皆年金といいながら、二五年間の加入歴がない無年金者が五〇万人も存在し、医療保険料を支払えない八〇万人もの低所得者には正式の医療保険証が発行されない。仮の保険証では、後で返金されるとはいえ病院では全額自己負担しなくてはならず、実質的に医療にアクセスできなくなっている。

さらに日本の社会保障給付の六割が社会保険料であることは、日本では社会保障給付による所得格差の縮小効果が小さいことを意味する。私的保険と同じように、社会保険料を原資とする社会保障制度には、高所得者から低所得者への所得移転を期待することはできない。日本の社会保障給付は、図表5-12に示されるように、所得再分配効果を持つ住宅手当、児童手当、失業給付、障害者手当などが最低限に抑えられており、低所得者への所得移転や所得保障は限定的である。例えば、日本の労働災害、失業給付の公的支出の水準は、GDP比でみてヨーロッパ諸国の半分以下である。このように低所得者への所得移転を伴う社会保障関係支出の規模が小さければ、社会保障制度はセーフティネットの役割をはたすことができない。

以上からはっきりすることは、セーフティネットを用意し維持するのは政府の責任であるとして幅広い社会支出を実施するヨーロッパ諸国とは異なり、日本はアメリカと同様に、社会支出の範囲が限定されていることである。日本の社会保障制度の中核は年金・医療制度であり、制度は社会保険料収入に支えられており、社会保険料を支払えないものを排除する。さらに巨額の財政赤字を抱える日本では、近年自己責任がさらに強調され、税を原資とする社会保障サービスの削減がすすめられている。

小さな社会保障制度しか持たない小さな政府は、小さな負担で賄われている。図表5-13は財務省による国民負担率の国際比較である。国民負担率なので、GDP比ではなく、国民所得比となっていることに注意して欲しい。図表5-13をみると、小さな政府=少ない社会支出の国である日本の税・社会保障負担は驚くほど低い。二〇一二年で、税負担が国民所得の二三・二％、社会保険料が一七・四％で、合計四〇・五％で

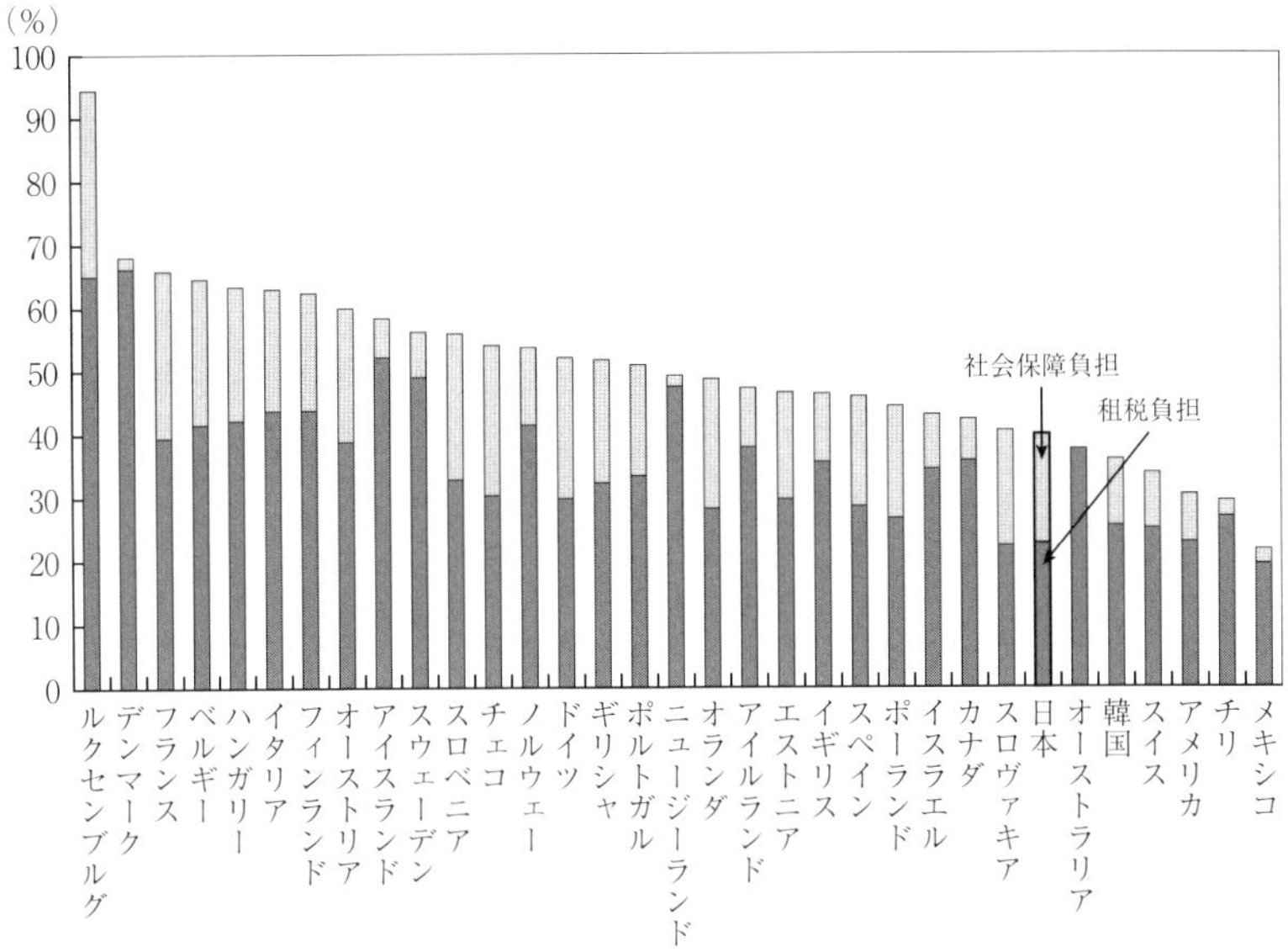

図表 5－13　OECD 諸国の国民負担率（対国民所得比，2012年）

注 1：国民負担率は，租税負担率と社会保障負担率の合計。
注 2：各国2012年（度）の数値。なお，日本の2015年度予算ベースでは，国民負担率：43.4％，租税負担率：25.6％，社会保障負担率：17.8％となっている。
注 3：トルコについては，国民所得及び社会保障負担の計数が取れず，国民負担率（対国民所得比）が算出不能であるため掲載していない。
出典：財務省ホームページ。日本：内閣府「国民経済計算」等，諸外国：OECD "Revenue Statistics 1965-2013" 及び同 "National Accounts" を利用して作成。

ある。税と社会保険料を含めた国民負担率はＯＥＣＤ三三カ国中二七番目であり、日本は国民負担がもっとも負担の軽い国の一つとなっている。そして、税負担と社会保険負担を比べると、税負担の低さが特に目立つことを指摘しておく。アメリカでさえ、税負担は国民所得の二三・七％で、日本よりは高い。

　福祉国家と呼ばれる北欧諸国の税と社会保障負担を含めた国民負担率は六〇％前後であり、ヨーロッパの大半の国の国民負担率は五〇％を超えている。しかし税・社会保障負担を含めた負担の低さを認識している日本人は少ない。テレビや新聞などのマスコミ報道では、常に日本人は〝重税〟に苦しんでおり、本屋に行けば税金をいかに払わないようにするか、という節税本が売れている。しかし図表5‐13をみれば明らかなように、日本人の税・社会保障負担を合計した国民負担率は四〇%と十分低い。逆に言えば、日本には税負担を増やすことで今後社会保障関係支出を拡大する余地が残されているとも言える。社会保障制度の拡充を通じた経済成長という将来は、決して夢物語ではない。

ＯＥＣＤ諸国の中で税・社会保障負担のもっとも低いグループに入っているにもかかわらず、大半の日本人は税金が重いと思い込んでいるのは、マスコミ報道によるすり込みであろう。マスコミは税金の負担感のみを取り上げ、増税が財政破綻を救うこと、社会保障制度を維持するのに必要なことなどを説明しない。例えば、二〇一二年に民主党の野田政権が消費税の五%から一〇%への引き上げを計画したときも、報道機関や報道番組では各所得層での税負担の増加のみに焦点があてられ、消費税引き上げによる国民の利益――社会保障給付水準の維持、財政再建、財政破綻リスクの回避など――には全く目が向けられなかった。これでは消費税だけでなくどのような税であっても、増税反対ということになる。増税によってのみ実現しうる国民の利益を報道して欲しいと、著者は強く願う。財政破綻リスクの回避や社会保障制度の維持は、税負担の上昇に十分見合う。

大部分の日本人にとって、巨額の財政赤字を抱える現状において減税の継続を望むことは、自分で自分の首を絞める行為である。減税による税収の減少は、社会保障給付の削減、公務員の削減＝公的サービス供給の低下につながる。そして社会保障費の削減の影響をもっとも受けるのは、低・中所得者である。一方で、減税による彼らの所得増はゼロかほんのわずかであり、減税の恩恵を受けるのは高所得者である（詳しくは第6章の1節を参照）。すずめの涙のような減税で、現在と将来の安心を捨ててしまうのはあまりに不利な交換ではないか。

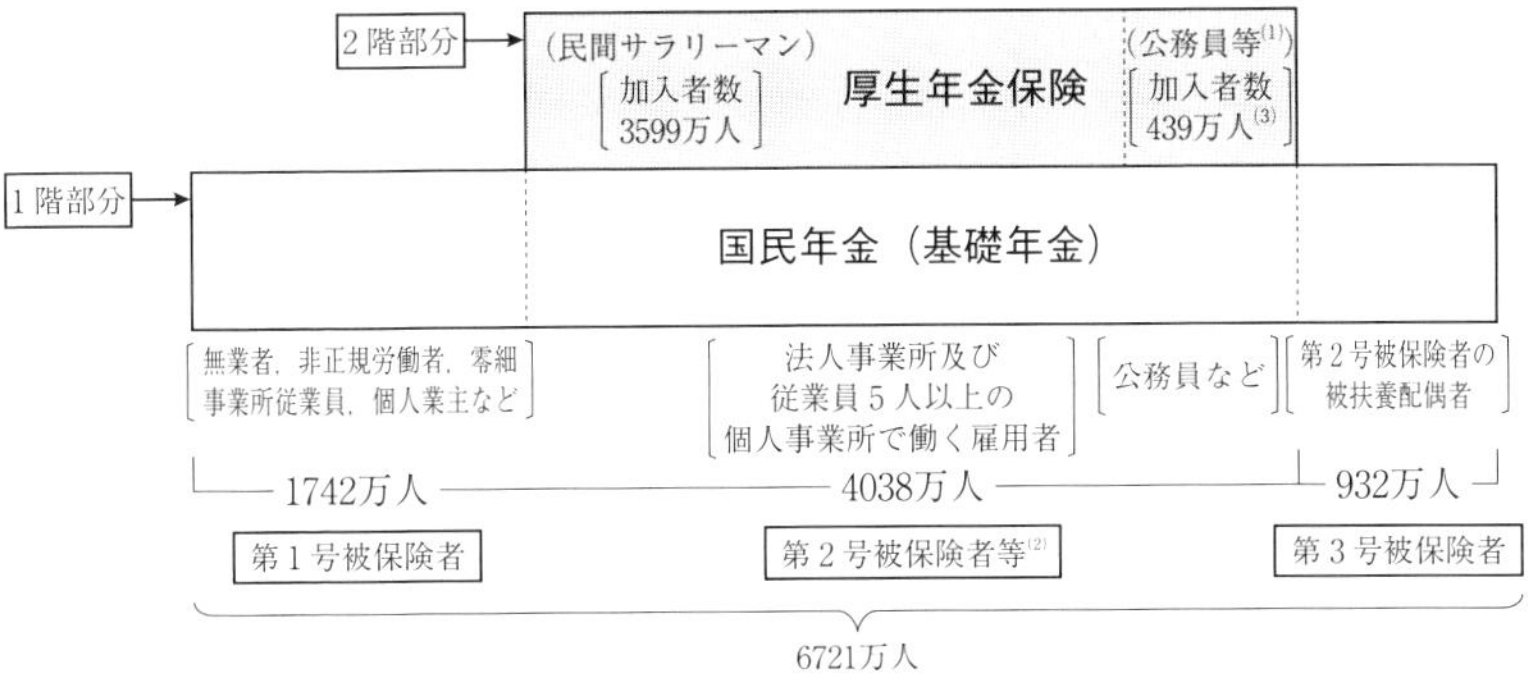

図表５－14　公的年金制度（2015年３月末）

注１：被用者年金制度の一元化に伴い，2015年10月１日から公務員および私学教職員も厚生年金に加入。
注２：第２号被保険者等とは，被用者年金被保険者のことをいう（第２号被保険者のほか，65歳以上で老齢，または，退職を支給事由とする年金給付の受給権を有する者を含む）。
注３：(3)は2014年３月末。
出典：厚生労働省ホームページ。ただし，被保険者の説明を変更している。

以下では、社会保障給付の削減と関連する三つのトピック——基礎年金と生活保護、介護サービス産業と介護保険——を取り上げる。

貧困老人と生活保護受給者の増加

大部分の高齢者の収入源でもっとも大きな比重を占めるのが公的年金であり、年金水準が低ければ、高齢者は直ちに貧困に陥る。そして日本は年金格差の大きな国で、十分な額の公的年金を受給できるグループと生活保護水準にも満たない公的年金しか受給できないグループが存在する。

図表５－14は現行の公的年金制度を図示したものである。日本の年金制度は二階だてである。一階部分は日本人全体が加入する国民年金であり、六五歳以降に老齢基礎年金が給付される。さらに法人事業所及び従業員五人以上の個人事業所で就業する雇用者や公務員・公務員に準じるものに対しては、基礎年金にプラスして二階部分の厚生年金保険から老齢厚生年金が給付される。老齢基礎年金と老齢厚生年金の両方を受給できる「国民年金第

二号被保険者」である民間企業雇用者と公務員の合計四〇〇〇万人には、将来の年金不安はほとんどない。彼らの配偶者である「国民年金第三号被保険者」九三〇万人も、離婚しない限り十分な公的年金を期待できるので、将来の生活を心配する必要はない。貧困に陥る可能性があるのは、一階部分の基礎年金しか受給できない「国民年金第一号被保険者」一七〇〇万人である。このグループには、従業員五人未満の個人事業所の従業員、個人業者、派遣社員・フリーター・パートタイムなどの非正規労働者、彼らの被扶養配偶者、さらに二〇歳以上の学生と無業者が入る。学生には就職によって前者のグループへ移行できる可能性があるが、零細事業所従業員や派遣社員・フリーターとその配偶者には厳しい老後が待っている。

残念なことに老齢基礎年金の水準は低い。二〇歳から六〇歳までの四〇年間も保険料を支払って受給できる満額の老齢基礎年金は、わずか月六万五〇〇〇円である。保険料の納付期間が短ければ、その期間に応じて年金額は少なくなるので、老齢基礎年金の平均受給額は月五万円にとどまる。また国民年金加入期間が二五年間に達しない場合には無年金者となる。老齢基礎年金の受給権を得るための二五年間という加入期間は世界の中でもっとも長いため、消費税一〇％への引き上げと同時に一〇年間への短縮が予定されていたが、安倍政権による消費税引き上げの再延期のため、年金受給に二五年間必要になる状況が続いてた（二〇一六年の国会で一〇年への短縮が決定）。しかも現在の年金額の計算式を変更しないかぎり、加入年数一〇年間では老齢基礎年金は一万六〇〇〇円にしかならず、最低限の生活も不可能である。

一方、老齢厚生年金の平均額は月一〇万円以上の水準になるが、年金額は給料の一定率の保険料と加入期間に応じて決定されるので、年金受給額は個人ごとに異なる。老齢基礎年金の平均受給額は五万円、老齢厚生年金の平均受給額は一〇万円で、老齢厚生年金の給付額の方が二倍も大きいことに注意してほしい。現在の公的年金制度のもとでは、二階部分のない国民年金第一号加入者が公的年金だけで最低限の老後生活をおくるのは困難である。夫婦で月一〇万円、単身者では月五万円である。老齢基礎年金五万円でどうやって生活できるのであろうか。高齢単身者の生活保護受給者が増加しているわけである。

なお二〇一五年一〇月一日以前には、図表5-14の「厚生年金保険」が民間サラリーマンの「旧厚生年金保険」と公務員等の「旧共済年金組合」に分かれていた。民主党政権のもとで進められた公的年金制度の一元化に向けた第一歩として、旧厚生年金と旧共済組合がようやく統合されたのである。次のステップとして、基礎年金の引き上げ、月七万円の最低保証年金の導入が計画されていた。しかし残念なことに、安倍政権は最低保証年金の導入計画を受け継がなかった。逆に基礎年金の引き下げを図っており、二階部分を持つ高齢者と持たない高齢者の間の公的年金受給額の格差は拡大することであろう。

日本の公的年金制度の歴史を振り返ると、最初は公務員のための共済組合、大企業から始まり中小企業の従業員までをカバーする厚生年金を中心に発展してきたので、この二つの制度は手厚く、年金給付額は定額部分+所得比例部分からなっていた。一方、従業員五人未満の零細企業従業員、個人業主、彼らの配偶者(以上は強制加入)、及び、専業主婦(任意加入)のための公的年金制度として国民年金が創設されたのは、今からたった五〇年前の一九六一年のことである。その後一九八六年には、国民年金と旧共済年金・旧厚生年金の定額部分が統合され、旧共済年金・旧厚生年金の定額部分も国民年金と呼ばれるようになった。国民年金から給付されるのが基礎年金である。厚生年金と共済組合には、所得比例年金部分のみが残った。そして二〇一五年一〇月一日に、所得比例年金である旧厚生年金と旧共済組合の統合が実行され、新しい「厚生年金」となったのである。

財政赤字に苦しむ政府は、基礎年金給付額の半分が国庫負担であるため、老齢基礎年金の削減に熱心である。老齢基礎年金は二五年以上国民年金保険料を納めた六五歳以上の高齢者すべてに給付されている。それゆえ、基礎年金給付額を削減することによる歳出削減効果は非常に大きい。月一〇〇〇〇円の削減であっても、老齢年金受給者数は三〇〇〇万人を超えるので、少なくとも、年間に一八〇〇〇億円の歳出削減となる（給付額減三六〇〇〇億円の半分）。財務省には、老齢基礎年金削減が財政赤字解消の大事なカードにみえることであろう。しかし老齢基礎年金が唯一の収入となっている人は少なくない。老齢基礎年金の引き下げは彼らの生活を直撃するので、安易な切り下げを行って欲しくない。

日本の公的年金制度には〝第三号被保険者問題〟も存在する。「国民年金第三号被保険者」は第二号被保険者の被扶養配偶者（年収一三〇万円未満）であり、民間企業雇用者あるいは公務員の妻が大部分を占める。彼らは国民年金保険料を支払うことなく老齢基礎年金を受給できる不思議な立場にある人々であり、その数は九三〇万人にもなる。仮に彼らが年間一九万円の国民年金保険料を支払うならば、現在は厚生年金加入者全員で支払っている一兆八〇〇〇億円が必要なくなり、厚生年金保険料を安くすることができる。正直のところ、なぜいつまでも雇用者の被扶養配偶者のみが優遇されるのか、理解できない。零細企業従業者・派遣労働者・フリーターや個人業主の配偶者は「国民年金第三号被保険者」ではなく「国民年金第一号被保険者」であり、収入のない専業主婦であっても、国民年金保険料を支払わないと老齢基礎年金を受給できないのである。夫の職業によるこのような格差は公正とは言えない。

以上のように、老齢基礎年金しか受給できない非正規労働者、零細企業従業員や個人業主と、基礎年金に加えて老齢厚生年金や共済老齢年金を受給できる民間企業雇用者や公務員では、公的年金受給額に大きな格差が生まれる。その結果、日本では引退期に所得格差が拡大する（下野〔1991〕、大竹〔2005〕などを参照）。しかし日本の常識は、世界の非常識である。大半のＯＥＣＤ諸国では、現役世代と引退期の所得格差を比較すると、引退期の所得格差の方が小さい。なぜならば、イギリス、オーストラリア、スウェーデンを除く北欧諸国などでは、一律年金が公的年金の中心となっている。所得や資産による減額を行う国もあるが、同額の年金が国民全員に給付されるので、公的年金は所得格差を縮小する方向に働く。また日本と同じように年金制度が分立し保険料を財源とする所得比例年金のドイツやフランス、スウェーデンでは〝最低保証年金〟を導入することにより、年金格差を縮小させている。

日本でも、民主党政権が月七万円の保障年金制度（最低保証年金）の導入を計画したが、その原資が問題となり、計画を諦めてしまった。個人的には、諦めるのではなく、原資を税収増に求めて国民を説得して欲しかった。アメリカを除く先進国では、一律年金の水準を生活保護水準以上にするか、あるいは最低保証年金を導入することで、高齢者の最低限の生活を保障している。日本でも最低保証年金が導入されていれば、高齢者が増加すると生活保護受給者が増加するという現状を変えられたはずである。日本では生活保護受給者二三〇万人のうち半分が六五歳以上の高齢者であり、その理由は低年金か無年金のためである。

このように老齢基礎年金と生活保護とは無関係ではない。二〇〇四年に導入された就業者の減少、年金受給者の増加を織り込んだ「マクロ経済スライド」が二〇一五年度から本格的に実施され、今後毎年一％のペースで給付額は切り下げられ、三〇年後の老齢基礎年金額は現在の七割程度、月四万五〇〇〇円程度になる（厚生労働省の試算）。四〇年間保険料を支払ってわずか月四万五〇〇〇円の年金で、零細企業従業員や個人業主、そして、就業者の四割を占める非正規労働者の多くは、どうやって老後生活を成り立たせていけるというのであろうか。このままでは高齢の生活保護受給者が急増するのは明らかである。財政赤字削減のための老齢基礎年金切り下げは、低所得高齢者の生活を破壊するだけでなく、生活保護受給者の増加によって財政収支を悪化させるという点からも誤った政策である。

ここで生活保護制度を簡単に説明しよう。まず日本で生活保護を受給しようとすれば、本人が申請する必要がある。さらに法的には家族が扶養義務を負うものではないにもかかわらず、実質的には三親等までの親族に扶養の意思がないことを確認することが申請の前提となっている。このように日本の生活保護申請のハードルは高く、生活保護水準以下の所得しかないもののうち二〇％未満しか生活保護を受給していない（これは厚生労働省による推計である）。一方、ドイツやイギリスでは八割以上が生活保護を受給している。親族の扶養は期待されず、個人番号により所得把握が簡単に行えるので、日本のように個人が大変な思いをして申請をしなくてもよいからである。

日本では個人番号制度に対する拒否感が強いが、個人番号がないために貧困者や援助の必要な個人を特定化できないデメリットが大きいことを考えてみて欲しい。もし個人番号の運用を税と社会保障に関する業務にとどめられるならば、デメリットよりもメリットが大きいと、著者は考えている。豊かな日本で餓死事件が報じられるたびに、日本が貧困者の把握システムを持たないことの無念を考えざるを得ない。なお、日本に貧困があることを信じない人も少なくないが、本当に困窮している人はお金がかかるのを嫌って外出しないので、眼に入らないのである。

現在の公的年金制度は、老齢基礎年金しか受給できない低年金者・無年金者を生活保護か餓死に追い込んでしまうであろう。それゆえ個人番号による低所得者の把握とともに、基礎年金水準の引き上げ・最低保証年金の導入が不可欠である。そのための原資は所得増税分である。

介護サービス産業の衰退と家族介護の復活

自民党議員の反対、男性高齢者を中心とする声高な反対の世論を抑えて、公的介護保険が導入されたのは二〇〇〇年のことである。公的介護保険を持たないアメリカを除けば、先進国の中では日本の公的介護保険の導入は遅かった。介護保険導入に対する反対の理由は、「親の介護は子の務めである。介護保険は家族の絆を壊す」というものであった。介護保険の導入への反対意見には、家族の変容を考慮せず、家族、特に長男の嫁に親の介護を押し付けてきたことへの反省が少しもない。

この項では公的介護サービスの縮小が、家族介護を復活させることによって介護離職を増加させること、将来の〝成長産業〟と目されていた介護サービス産業を危機に陥れていることを指摘する。公的介護サービスの縮小が図られている理由は、介護給付額の半分が税金（うち二分の一が国、四分の一が都道府県、四分の一が市町村）で、国庫負担が重いためである。国庫負担割合は介護給付額の四分の一と大きく、給付額が増加すれば自動的に国庫負担額も増えるので、巨額の財政赤字を抱える日本政府は介護サービスを縮小したくて仕方がないという状況にある。

なお介護給付の半分は保険料負担で、人口比によって変化するが、現在の保険料負担のうち約四割が六五歳以上の高齢者（第一号加入者）、約六割が四〇歳以上六四歳までのグループ（第二号加入者）の負担である。民間企業の雇用者や公務員の介護保険料は給料から源泉徴収されており、零細企業従業員や個人業主など国民健康保険加入者（国民年金加入者と重なる）は国民健康保険料と共に納付することになる。高齢者の保険料は月四万円以上の公的年金があれば、年金から直接徴収される。

介護保険利用者数の増加、一人あたりの利用額の増加と共に保険料は徐々に高くなり、二〇一五〜二〇一七年の六五歳以上高齢者の介護保険料の平均は月五五一四円と、五〇〇〇円を超えた。また介護保険は市町村単位（小規模な市町村では広域連合）で運営されているため、市町村ごとの介護保険料の格差は拡大している。六五歳以上人口比が高いほど、介護施設・在宅介護サービスが充実しているほど、介護保険料は高くなり、最低二八〇〇円から最高八六八六円まで地域によるばらつきは大きい。ちなみに介護保険料の高い市町村の多いのは福島県で、保険料の安い市町村が多いのは北海道である。

介護サービスの縮小は、サービス受給者の範囲の縮小を通じて実行されている。まず二〇一二年には、訪問介護サービスのうち家事援助サービス利用者の範囲が縮小され、家族が同居している場合には家事援助サービスが利用できなくなった。安倍政権は介護サービスの縮小、自己負担の増加に熱心である。二〇一五年度からは、施設介護サービス対象者が要介護3以上の要介護者に限定され、要支援1と要支援2は介護保険から切り離され、地方自治体が独自にサービスを提供することになった。つまり財政が苦しい自治体に住む要支援者は、十分な介護サービスを受けられず、要介護になるリスクを高めている。これが理性的な対応であろうか。

さらに自己負担の増加も実行された。二〇一五年八月から、現役世代並みの収入を得ている六五歳以上世帯（単身者で公的年金のみの場合二八〇万円以上、夫婦で三四五万円以上）の世帯員が介護サービスを利用する場合、自己負担割合が一割から二割に引き上げられた。六五歳以上の五人に一人の負担割合が高くなる。これは実に妙な話である。高所得の高齢者は所得に応じて十分に高額の介護保険料を支払っているうえに、サービス利用の際にも一割ではなく二割の自己負担を課されるのは、二重負担になるのではないか。

個人番号の導入を機に、所得に応じた公正な保険料を課し、利用時の負担は全員一割というシンプルな制度を構築するのがよいと、著者は考えている。個人番号がなければ、正確な所得把握ができないので、現状では介護保険料の負担の公正も達成されていない。これが日本社会の現状である。所得把握については第7章2節を参照していただきたい。

次にマクロ経済と関連して、将来の成長産業とされていた〝介護サービス産業〟の現状について述べる。まず日本の産業構造はバブル崩壊以後、大きく変化したことを理解しなくてはならない。産業別就業者数でみると、第二次産業のピークは一九九二年の二二〇〇万人であり、二〇年後の二〇一二年には七〇〇万人減少して、一五〇〇万人となった。この間に製造業企業の海外移転が進んだ結果である。逆に第三次産業の就業者は一貫して増加し二〇一二年には四四〇〇万人と、第二次産業の三倍、就業者全体の七割超を占める。つまり現在の日本は〝加工貿易〟の工業国ではなく、サービス業を中心とした内需に依存した国になっているのである。

業種別にみると、一九九二年から二〇一二年の二〇年間に、大きく就業者を減少させているのは製造業（一七〇万人減）だけではなく、建設業（一六〇万人減）、卸・小売業（一〇〇万人減）も大きく就業者を減少させている。逆にこの二〇年間に就業者が増加している業種は、情報通信業、医療・福祉サービスだけである。しかし情報通信業の増加は四〇万人と少なく、医療・福祉サービスのみが二三〇万人という大幅な就業者増を達成している。二〇一二年時点の医療・福祉サービスの就業者数は七〇〇万人強である。そして医療・福祉サービスの就業者増の大半は、公的介護保険の導入を機に増加してきた介護サービス産業の就業者である。今や介護サービス産業は一〇兆円産業となり、就業者は三〇〇万人を超える。なお二〇〇九年から二〇一二年までの三年間の就業者でみると、就業者数が増加しているのは医療・福祉サービスのみである。

日本政府は公的介護保険導入以降、介護サービス産業を戦略的成長産業の一つとして育成を図ってきたが、安倍政権は介護サービス対象者の制限、介護給付の削減、自己負担増など、介護サービス産業の縮小をもたらす政策を矢継ぎ早に実施している。介護サービス産業は医療サービス産業と同様に、公的支援がなくては成り立たない産業である。介護サービス事業所の経営者は、政府によって決定される介護サービス価格をみながら経営を行い、その価格が低ければ当然のこととして賃金の切り下げに向かう。さらに経営が厳しくなれば、事業所を閉鎖する。今後も公的支援の縮小が続けば、介護サービス産業も縮小していくであろう。

また介護サービス報酬の水準が抑えられているために、介護サービス産業就業者のうち正規従業員の平均賃金さえ二二万円と、全産業平均の三二万円より一〇万円も低い。これ以上の介護給付額の縮小は、介護労働者の賃金をさらに低下させ、介護サービス労働者の不足を招くであろう。今でも介護労働者の給与は経験年数に応じて上昇しないために、いくら意欲があっても主たる所得者を期待される男性労働者が長く働ける職場ではない。また訪問介護サービス事業所で就業するホームヘルパーの時間給は一二〇〇円程度である。このような介護労働者の低賃金の理由は、介護サービス報酬が低いことが原因である。医療サービス報酬が高く維持されているからこそ、医者や看護師の給与水準が高く維持されていることを思い起こして欲しい（下野〔2004〕、下野〔2009〕などを参照）。

介護サービス価格が低く抑えられているのは、介護サービスの提供には専門的知識が必要であることが一般に理解されていないことが大きな要因である。現在の高齢者だけでなく男女を問わず多くの日本人が、介護サービスを専門的知識が必要なサービスと認識していない。公的介護保険が導入されてから、まだわずか一五年、介護サービスの専門性を理解するにはもう少し時間がかかるのかもしれない。さらに介護サービス産業全体の賃金水準の低さは、日本では不思議に思われない女性の賃金の低さを反映している面もある。日本は正社員でも女性と男性の賃金格差は大きく、女性の就業継続を困難にする長時間労働の禁止や、男女で同じ研修が実施されることもなく、男女格差が放置されている。女性一般の賃金水準の低さが、女性が大半を占める介護サービス産業の賃金を押し下げている。

繰り返しになるが、バブル崩壊以降、製造業、卸・小売などの就業者が減少する一方で、介護サービス産業は唯一就業者を増やしてきた。しかし政府の介護給付削減政策は、介護サービス産業を縮小させるであろう。実際、訪問介護サービスの縮小により経営基盤の弱い訪問介護事業所の倒産が増え、介護サービス単価の低下により介護施設の経営は悪化している。さらに追い討ちをかけているのは、改善されない賃金水準や労働環境に将来への希望を見出せず、介護サービス産業への就業希望者が減少していることである。介護専門学校への入学者は、介護労働者の低賃金や夜勤体制や人手不足による重労働などの就業実態が明らかになるにつれて、大幅に減少している。所得増税により介護サービス価格を引き上げないかぎり、介護サービス産業は縮小し、介護需要の増加に見合う介護労働者の確保はより困難になるであろう。

政府は経済連携協定（ＥＰＡ）による外国人介護福祉士の確保、さらに、二〇一七年度からの技能実習制度を利用した外国人介護士の確保を期待しているようであるが、その政策は低賃金労働者を増加させ、労働環境をより悪化させるだけであり、日本人の介護分野の資格者を介護現場から遠ざけることになる。技能実習生にささえられる農業や零細な製造業事業所は低賃金労働者に依存し、日本人労働者を雇用する体力を失っている。同じことが介護サービス産業でも確実に起きる。一度は将来の成長産業とみなした介護サービス産業を、外国人の低賃金労働者に支えられる産業にしてしまってよいのであろうか。

また著者は、公的介護保険の導入に際して、日本政府は政策的に大きな過ちを犯したと考えている。「小さな政府」の日本は、政府支出をできるだけ増やすことなく、医療サービスの一部を介護サービスとすることを計画した。それゆえ施設介護サービスを老人病院、福祉法人などの公益法人に任せ、新しく導入する訪問介護サービスを中心とする居宅介護サービスを民間企業に任せた。民間企業に居宅介護サービス供給を丸投げしたことが、介護労働者の不安定雇用と低賃金につながっている。ＯＥＣＤの介護サービスに関する研究（1996）によれば、居宅介護サービスは採算がとりにくいサービスであることが明らかにされており、訪問介護サービスなどの居宅介護サービスは公的に行う方がよい。つまり社会福祉協議会か自治体がホームヘルパーを雇用することで、雇用の安定とより高い賃金水準が可能となり、介護人材の確保が可能となる。施設介護サービスこそ民間企業に任せ、効率的に運営すればよい。介護サービスの担い手についても、ぜひ一度は考えてみて欲しい（下野・大日・大津〔2003〕を参照）。

介護サービス産業の将来を考える場合、介護サービス産業は医療サービス産業と同様に、公的支援がなくては成り立たない産業であることを忘れてはならない。今後も介護保険への国庫負担の削減を図れば、もっとも雇用吸収力のある産業である介護サービス産業の発展を阻害し、将来の経済成長を鈍化させることになる。財政赤字削減のために介護給付の削減を含む社会保障費削減という誤った方法をとって経済成長を阻害してはならない。財政赤字削減は、社会保障費の削減ではなく、所得増税によって行うべきである。

混合医療の導入による公的医療制度の崩壊

最後に医療保険を取り上げる。医療保険とは、保険料を出し合って、病気のリスクに備える制度である。民間医療保険は国民の一部を加入者とするものであるが、公的医療保険は原則として全国民を対象とした医療保険である。公的医療保険は政府が医療市場に介入することを意味するので、医療サービスの価格設定を公的に行うことも含む。日本はヨーロッパ諸国と同様に、幸いにも公的医療保険を持っており、医療サービス価格は公的に決定されているので、アメリカのように無茶な医療費を要求されることもなく、病気になって破産することはない。

しかし日本の医療保険は全国民を対象とする単一の制度ではなく、年金制度と同様に、職業によって分かれている。「国民年金第二号加入者」である民間企業の雇用者や公務員と「国民年金第三号加入者」である彼らの配偶者や子供は、〝組合健保〟（大企業従業員）、〝協会けんぽ〟（中小企業従業員：国庫負担一六・四％）、〝共済組合〟（公務員）でカバーされており、医療支払いに関する心配はない。しかし「国民年金第一号加入者」にあたる零細企業従業員、個人業主、非正規労働者などに加えて、七五歳未満の無職の人をカバーする〝国民健康保険〟(国庫負担四一%、都道府県九%)の財政は非常に厳しい(図表1-7を参照)。引退者の増加に加え、バブル崩壊以降の賃金低下、非正規労働者の増加に伴って、国民健康保険料を支払えない人も急増している。さらに七五歳以上の高齢者には〝後期高齢者医療制度〟(国庫負担一/三、都道府県一/一二、市町村一/一二)がある。このように日本の医療制度は、職業、年齢層によって加入できる制度が異なり、低所得者、高齢者の比率の高い国民健康保険や七五歳以上の高齢者のみを集めた後期高齢者医療制度の財政は非常に厳しいものとなっている。

日本のような分立した制度ではなく、全国民を対象にした医療保険制度は国民医療サービス(National Health Service:NHS)と言われ、イギリスが発祥の地である。保険理論は、リスクを最小にするためには、加入者をできるだけ多くすることが有効であると教える。それゆえ全国民を対象とするNHSは、医療サービス供給をより効率的に行うことができるはずである(図表1-8を参照)。韓国は日本と同様に職種ごとに分立した医療制度を持っていたが、多くの混乱と対立を乗り越えて、単一の医療制度へ移行した。イタリアもNHSへの移行を果たした国である。日本の医療制度が、医療負担が増加する高齢者を国民健康保険や後期高齢者医療制度に移すのは、企業の医療保険負担の増加を避けるためである。つまり、民間企業雇用者や公務員の医療保険料は、本人と企業の半々である。もし引退者が就業していたときの医療保険に継続して加入しているならば、医療保険料は上昇し、企業の医療保険負担分も増えるので、企業経営者には大きな負担になる。個人的には、六五歳以上高齢者が人口の四分の一にもなる日本では、全国民を対象にしたNHSへの移行が望ましいと考えている(下野・大津〔2010〕の第1章を参照)。

ところで多くの日本人が日本の医療サービスへの支出が多すぎると思い込んでいるが、実際には日本の医療支出はGDPの一〇％で、ドイツ、フランスと同じ程度で、OECD諸国の平均値より低いことは第1章4節ですでに述べた。GDP比でみてもっとも医療支出が高いのは、公的医療保険を持たない自由診療の国、アメリカである。アメリカの医療支出はGDPの一六％と、日本のほぼ一・五倍である（二〇一二年）。

マスコミは政府・財務省の〝高齢者医療の増加が問題である〟という主張を、疑問を持つことなくそのまま流しており、テレビや新聞では「高齢者の医療費をいかに抑えるか」が繰り返し取り上げられるテーマとなっている。しかし年齢が高くなれば罹病率も高くなるので、高齢者の絶対数の増加に伴って医療費が増加するのは当たり前のことである。日本の統計の精度は高く、将来人口の推計はかなり確実であり、将来の医療支出額はほぼ正確に算出できるはずである。そして将来の医療サービス需要の予測に基づいて、収入を確保することが政府・官僚の役割であるはずである。今更、医療費の削減を言い出すのはおかしい。

しかし、巨額の財政赤字を抱える日本政府・財務省は医療支出の削減を進めようとしている。まず七五歳以上を対象とする後期高齢者医療制度の自己負担を二〇一六年四月に引き上げた。七五歳以上の自己負担は一割であったが、現役並みの年金収入がある世帯（単身者二八〇万円以上、夫婦二四六万円以上）の自己負担を一割から三割に引き上げている。自己負担の引き上げは医療需要の抑制のために実施された。しかし七五歳以上であっても高所得者は所得に応じて最高年間五〇万円を超える負担をしている。なぜ医療サービスの利用時の自己負担も三割に引き上げなくてはならないのであろうか。

さらに安倍政権下において医療に関する大きな政策転換があった。二〇一六年四月に解禁された混合医療（患者申出療養制度）の導入である。この患者申出療養制度は、医師会などの反対を安倍首相が強引に押切って導入された。混合医療の解禁は、公的医療サービスの体系を崩壊させる可能性を持つだけに、多くの人に関心を持って欲しい。混合医療とは、一つの治療の中に〝保険内の医療サービス〟と〝保険外の医療サービス〟が含まれるときに、保険外の医療サービスは自己負担になるが、保険内の医療サービスには医療保険を使えるようにした制度である。これまでは保険外の医療サービスを利用しようとすれば、保険内の治療やサービスも含めてすべてが自己負担となっていた。

混合医療は保険内の医療サービス部分を自己負担ではなく医療保険が使えるようにするので、患者の医療負担を軽くする望ましい改正にみえる。しかし混合医療の導入は公的医療保険を崩壊させるとして、医師会は強く反対していた。著者も混合医療には反対の立場である。その理由は以下のように説明される。まず混合医療が認められると、保険内のサービスは公的医療保険で賄えるので、保険外医療（未承認の新薬や先端医療）を希望する患者は必ず増える。その結果、患者の自己負担が増え、総医療費も増加する。そして保険外の新薬や先端医療は市場価格＝高価なので、高額の医療負担に備えるために民間医療保険の販売が増加する。さらに歯科医におけるインプラントと同じように、保険外の医療サービスを勧める医者が増加する。つまり公定価格の保険内医療サービスが縮小し、市場価格の保険外医療サービスが拡大する。現在の日本の医療支出は図表1－8に示したように、公的医療支出がＧＤＰの八・三％、自己負担一・八％であるが、医療価格が市場で決定されるアメリカでは公的医療負担（七・九％）よりも自己負担（八・五％）が大きくなっている。混合医療の導入は日本の医療をアメリカに近づけることであろう。

安倍首相は新薬の開発や先端医療による経済成長を目指しており、そのために保険外医療サービスの市場拡大をもくろんでいる。保険外医療サービスの価格は市場で決定されるので新薬や先端医療は高価であり、開発に成功すれば経済効果は大きいかもしれない。しかし高価な新薬や先端医療の利用を希望するのは高所得者である。国民健康保険料も支払えない低所得者が自由価格の新薬や先端医療を希望するはずもない。中所得者にとっては資金が続く間の希望である。著者には、混合医療の解禁が高所得者に対する補助金のようにみえる。

さらに混合医療の解禁は必ず公的医療サービスを担う医者の不足と公的医療サービスの縮小を引き起こすであろう。医療ではないので自由価格となっている美容整形に多くの医者が流れているように、新薬開発や先端医療に多くの医者が流れ、保険内の治療を行う医者が減少することが容易に想像できる。下野・大津（2010）で指摘しているように、日本はOECD平均と比較して、今でも圧倒的に医者の数が不足している。看護師不足は起きておらず、実際に起きているのは医者の絶対的な不足である。なぜEPA協定で必要もない外国人看護師を受け入れて、絶対的な医師不足にもかかわらず外国人医師を受け入れないのであろうか。長時間労働者の割合がもっとも高いのは、運送業の労働者についで医者であり、四割の医者が一週間六〇時間以上働いているのである（厚生労働省調査）。

高齢者だけでなく普通の人が必要とするのは、保険内の医療サービスを安全に提供してくれる医者である。混合医療の導入によって、先端医療や新薬開発に人手を取られれば、医療保険の範囲内で働く医者の労働条件はより厳しくなり、人手を確保できない病院は十分な医療サービスを提供できなくなる可能性がある。混合医療の導入の意味をよく考えてほしい。

4　公務員の増員と社会保障の充実による経済成長

2節、3節で述べたように、財政赤字縮小のための公務員削減、社会保障費削減は、国民の生命や財産を守ることを困難にし、将来の見通しを不安定にすることにより、経済成長を引き下げる。

公的なサービスを提供するのは公務員であり、公務員の削減は公的サービスの縮小、不安定化につながる。

マクロ経済の観点からみれば、民間であれ公務員であれ、雇用者の削減は家計消費の減少をもたらし、GDPを引き下げる要因となる。さらに公務員が提供するサービスの中には、国民生活と関係の深いサービスが多数含まれる。この章では、食の安全を守る食品衛生監視員、労働者の生命と財産を守る労働基準監督官、そして、未来の日本を背負う子供たちを教育する教員を取り上げた。そのほかにも裁判官、警察官、自衛隊員、外交官、税務署員だけでなく、社会活動を円滑にすすめる一般事務として多くの公務員が活動している。

しかし日本では公務員の仕事が評価されることが少なく、公務員削減が良いことのように受け取られている。日本のマスコミは公務員を非難することが多く、評価することが少ない。そのため、大半の日本国民は公務員の労働環境や仕事内容を十分に理解しないまま、不当に高い収入を得ているという先入観を持っている。残念なことである。

また歳出削減のターゲットが、歳出に占める割合が一番大きい社会保障費（社会保障給付のうち国庫負担部分）にむけられていることに、もっと注意を払うべきである。老齢基礎年金や生活保護費の切り下げは、最も重要な内需項目でありGDPの六割を超える家計消費を確実に縮小させる。そして介護サービスの縮小は、雇用吸収力が高くもっとも高い成長率を維持していた介護サービス産業を崩壊させてしまいかねない。介護サービスは、女性が活躍しうる分野でもあり、より多くの労働者を雇用することにより長期的に経済成長に貢献できる産業である。介護サービス産業はまだ歴史が浅く、政府支出（税金）に大きく依存する産業だけに、大事に育てる必要があり、歳出削減の対象にしてはいけないはずである。さらに安倍首相が強引にすすめた〝患者申出療養〟という名の混合医療の解禁は、公的医療保険を崩壊させる力を持つ。二〇一六年四月からの医療支出の変化を目をそらさないで追いかけたい。

以上のように、財政赤字縮小のために実施されている公務員削減、社会保障費削減は、マクロ経済学者の立場から判断すると、全く誤っている。財政赤字削減のための処方箋は増税である。逆進性の強い（低所得ほど所得に占める負担割合が高くなること）消費税ではなく、所得に応じて負担割合が高くなる公正な所得税によって増税を行うことを主張する。第6章、第7章では、所得増税の方向性を具体的に検討・提案する。

第Ⅲ部　所得増税という代替案

第6章　所得減税がもたらした格差と経済の停滞

この章では、バブル崩壊以降に実行された減税政策と日本の所得税制の変化を詳細に検討し、その減税政策が所得税の持つ再分配効果を一貫して低下させてきたことを確認する。そのうえでサービス業を中心とする第三次産業が四分の三近くを占める日本では、所得格差の是正が経済成長に結び付くことを明確にする。つまり所得増税と社会保障給付の維持・拡大は、雇用者所得の引き上げと共に、日本の経済成長を高める政策となる。

まず1節では、所得格差と経済成長の関係を検討する。公正と効率が〝トレードオフ〟か〝両立する〟かは、昔から大きなテーマであった。経済理論では公正と効率がトレードオフの関係にあるとされてきたが、投票行動を取り入れた政治経済学では公正と効率が両立する可能性が示された。それをふまえて、税・社会保障を通じた再分配の強化が日本の経済成長につながる可能性を論じる。2節では日本の税・社会保障を通じた再分配効果が小さいことを確認する。なお所得再分配の強化による経済成長を主張する論者は少なくないが、所得再分配効果を持つ制度は「累進税率を持つ所得税」と「低所得者への所得移転を伴う社会保障制度」であり、所得増税なしの再分配強化はありえない。

3節では、バブル崩壊以降継続して実施された大規模な減税政策を詳細に検討することにより、減税が高所得者の租税負担の軽減策に他ならないことを明らかにする。高所得者の所得税負担を軽くすれば、当然所得格差は拡大する。4節ではバブル崩壊以降の所得税制の長期的変化を丁寧にみていく。そして所得再分配効果を低下させる課税ベース（収入のうち課税対象となる部分）の縮小と累進税構造の緩和が、継続して実施されてきたことを確認する。この節で確認したことが第7章の所得増税の提言の背景となる。

1　所得格差の縮小は経済成長をもたらすか

この節では所得格差と経済成長との関係を検討する。そのうえでサービス産業が国内総生産（ＧＤＰ）の七割を占める日本において、継続して実施されている所得減税と社会保障給付削減政策が再分配効果を弱めており、日本経済の低迷を招いている可能性があることを指摘する。

ピケティ『21世紀の資本』（2014）が話題を呼び、アトキンソン『21世紀の不平等』（2015）も続けて出版され、日本でも所得格差に対する関心が高まっている。ピケティ、アトキンソンの本が注目されている背景には、先進国において所得格差の拡大と経済成長率の低下が同時に起こっているという事実がある。アトキンソン、ピケティを含めてヨーロッパの経済学者が所得格差へ強い関心を持っているのは、ヨーロッパが大きな政府を持ち、税・社会保障による所得再分配が大きいためである。所得格差と経済成長、貧困、教育との関係など所得再分配に関する研究分野の裾野は広く、ヨーロッパの経済学者は、税・社会保障による再分配の強化を求める傾向がある。日本でも再分配の強化を主張する本の出版が相次いでいる（橘木〔2015〕、須藤・野村〔2015〕、森信〔2015〕など）。

しかしながら伝統的な経済理論は〝所得格差が経済成長をもたらす〟と教える。実際、経済学の入門コースでは「公正と効率のトレードオフ」、つまり平等と効率性（＝経済成長）が両立しないことを叩き込まれる。経済学では〝より高い収入を求めて人は働く〟と仮定するので、所得格差の存在が労働のインセンティブを高めることになる。また高い収入を求める人々は高い教育を受けるので、社会全体の労働者の質が高くなり、それが経済成長を促進する効果を持つとする（Mirrlees〔1971〕、Lazear and Rosen〔1981〕などを参照）。さらに所得格差の拡大は高所得者の割合を増やし、高所得者はより多くの貯蓄を行うので社会全体の貯蓄を増加させる。貯蓄は投資に回るので、設備投資の増加、生産の増加を通して、経済成長は促進される。このメカニズムは Kaldor（1955）に始まり、貯蓄（＝投資）を重視する現代アメリカで主流となっているマクロ経済学の内生的成長理論に適合する。以上のように、所得格差が労働のインセンティブを高め、貯蓄を増加させ、その貯蓄が設備投資になるという思想が、伝統的な経済学の基礎にある。さらに日本においてマクロ経済学として教えられるケインズ理論では、内需の大きさが経済成長を決定するとするが、家計消費よりも企業による設備投資が経済成長の鍵を握ると仮定しており、所得格差に対する言及はほとんどない。

それゆえ〝所得格差の縮小が経済成長率を促進する〟、つまり「公正と効率の両立」を主張する経済学者は少数派である。不平等の低下、再分配の強化を唱えるアトキンソンでさえ、「公正と効率のトレードオフ」を前提として、再分配の強化が経済成長に与えるマイナス効果を小さくする方法を論じている。

一方〝所得格差の縮小が経済成長につながる〟という考えは開発経済学の分野から出てきた。発展途上国を分析対象とする研究者には、伝統的な経済学の理論的枠組みが発展途上国にはあてはまらないと主張する人々が少なくなかった。しかし彼らの主張は経済データからの演繹であり、理論的な枠組みが示されなかったため、経済学の訓練を受けてきた著者は「公正と効率の両立」という考えを長く受け入れられなかった。

そんな時、世界でもっとも影響力のある経済学専門雑誌である The American Economic Review に掲載された Persson, T. and Tabellini, G.（1994）, "Is Inequality Harmful for Growth?"（不平等は経済成長を阻害するか）は大きな衝撃であった。彼らは伝統的な経済理論の枠組みで理論モデル（overlapping generation model）を組み立て、公正と効率が両立する可能性を示した。さらに統計データを用いた推計により、民主主義国では彼らの理論があてはまることを示した。彼らのモデルの特徴は、経済学の中に政治（投票行動）を取り込んだことである。その後、政治経済学では median voter theorem（中位投票者定理）を用いて「公正と効率が両立しないケース」と「公正と効率が両立するケース」という複数均衡（均衡とは長期的に安定した状況）が存在する可能性が示された。つまり伝統的な経済学では〝公正と効率のトレードオフ〟が常識であったが、投票行動を取り入れることにより〝公正と効率の両立〟の可能性が理論的にも示されたのである。

二〇〇〇年代に入ってからの全世界的な所得の不平等度の高まりと経済の停滞を受けて、OECDも平等と経済成長の関係に関心を寄せている。Cingano（2014）の研究はOECD諸国のデータを用いて、〝不平等を低下させることが経済成長につながる〟と主張している。彼は不平等が経済成長を低下させる理由として以下の三点を挙げている。①投資の低下。所得格差の拡大は、国民の政府、経済システムに対する信頼を失わせ、治安を悪化させる。そのため国内外からの投資が減少し経済成長が鈍化する。②労働の質の低下。低所得世帯の子供はよい教育を受ける機会がないので、国レベルでの人的投資の不足により全体として労働者の質が低下する。③新技術の受容の困難。アメリカで貧困世帯の携帯電話・パソコン保有率の低さが問題になったように、新しい製品を購入する金銭的余裕のない低所得者は新しい技術から取り残される。所得格差の拡大が低所得者の増加であれば、新技術の受け入れが困難となり、経済成長率を低下させる。なお後で述べるように、日本の所得格差の拡大は低所得者の増加なので、②と③の要因が関係してくる。

	1981～1990年	1991～2000年	2001～2010年	2011～2015年	1991～2015年平均
日　本	4.65	1.14	0.75	0.62	0.88（1.96）
アメリカ	3.43	3.27	1.66	2.03	2.38（2.68）
スウェーデン	2.65	2.21	2.15	2.00	2.14（2.29）

図表6－1　経済成長率の推移（各年の成長率の平均値，％）

注：（　）内は1981年から2015年の平均。

出典：著者が作成。

一般の経済誌でも平等と経済成長の関係はたびたび取り上げられるが、伝統的経済学とは相性の悪い北欧福祉国家の評価は、北欧諸国とアメリカ、北欧諸国と日本の経済成長率の大小によって、おもしろいほど変わる。例えばイギリスの経済総合誌 The Economist（一九九四年一一月五～一一日号）の特集は“Slicing the cake：the rights and wrongs of inequality”（成長の果実の配分：不平等の功罪）であったが、一九九〇年代前半はイギリス、アメリカの経済が一九八〇年代の経済低迷からぬけだし、逆にスウェーデンなど北欧諸国の経済成長率がマイナスになった時代であった。それゆえ Persson and Tabellini の論文への言及はあるものの、The Economist の論調は北欧諸国に厳しい。北欧諸国は経済不調と財政赤字の拡大により、社会保障支出の切り下げや労働市場の規制緩和を迫られているとし、平等と経済成長に負の関係を見出している。日本でも同様で、日本の経済が絶好調だった一九八〇年代には福祉国家を批判的に論じた本が、ヘドバーグ（1981）、米村（1984）をはじめ数多く出版された。しかし二〇〇〇年以降のスウェーデン経済の好調により評価はがらりと変わった。例えば『週刊東洋経済』（二〇〇八年一月一二日号）では〝北欧はここまでやる！〟という特集が組まれ、『週刊ダイヤモンド』（二〇一五年三月一四日号）の特集〝北欧に学べ〟では北欧の社会保障制度が人々を豊かにし、経済成長と両立していることが高く評価されている。図表6－1をみれば、アメリカ、スウェーデン、日本の経済成長率の順位が変化していることが確認でき、記事になる時期により再分配への評価が変わることを理解できよう。さらに長期的な日本経済の弱体化、スウェーデンの安定感、アメリカ経済の強さも読み取れる。

図表6－1は一九八〇年代、一九九〇年代、二〇〇〇年代、二〇一一～二〇一五年の四期間の経済成長率をまとめたものである。スウェーデンとアメリカの一九九一年から二〇一五年までの二五年間の経済成長率は年代により多少の増減はあるが、成長率の単純平均は二・一%と二・四%でほぼ同じ水準になる。ゲーム論で複数均衡が表れるように、スウェーデンとアメリカは二つの安定均衡のようにみえる。競争的なアメリカは経済学の教科書に出てくる「公正と効率のトレードオフ」が当てはまる国であり、スウェーデンは「公正と効率の両立」を試みている国である。アメリカは不平等度の高い国であるが、経済成長率は高く、平均賃金は上昇を続けている。一方、重い税負担と社会保障制度などを通じた大規模な所得移転によって所得の平等化を図ってきたスウェーデンの成長率も決して低くはない。スウェーデンの大きな特徴は労働組合や生活協同組合などを通じて国民が直接声をあげる機会が多く、投票率も高く、公正、平等、安全に対する要求水準が高いことである。

スウェーデンやアメリカで共通するのは、不況時には必要な制度の変革（税制、社会保障制度、銀行制度改革など）を行っており、市場での競争も激しく、不況時には非効率な企業は淘汰され新しい効率的な企業が参入し、再び好況に向かうという景気循環が起きていることである（景気循環については第3章2節を参照）。アメリカでもスウェーデンでも経済情勢により多少のゆり戻しはあるが、最小限の介入しかしない政府（小さな政府）と大規模な所得保障を行う政府（大きな政府）という基本的な性格は変わっていない（第4章1節、2節を参照）。

なお図表6－1の経済成長率は実質GDPの成長率である。〝実質GDP成長率＝名目GDP成長率－物価上昇率〟という関係があり、日本の名目GDPは一九九八年以降ほぼ同水準で成長が止まっているにもかかかわらず、物価が低下しているために実質GDPで測った経済成長率は正の値をとっていることに注意して欲しい（図表1－1の名目GDPの推移を参照）。

ここで日本の経済成長率に注目しよう。一九九一年以降二〇一五年までの二五年間の日本の経済成長率の単純平均は〇・八八％で、アメリカやスウェーデンの半分にもならない。このような日本とアメリカ、スウェーデンとの経済成長率の差の原因は名目賃金にある。日本の名目賃金は一九九八年以降低落傾向にあるが、アメリカやスウェーデンの名目賃金は一貫して上昇している。図表3－9をもう一度みて欲しい。一九九五年を一〇〇としたとき、二〇一二年のアメリカの賃金は一八一、EU一四九に対し、日本は八七である。つまり二〇一二年の日本の賃金は一九九五年より一三％も低い。賃金の低迷は、GDPの六割を占める家計消費の低迷を招き、経済成長率の低迷につながっている。このような平均賃金の低下は、低賃金の非正規労働者が一貫して増加しているからである。現在では就業者の四割が非正規労働者である。

次に日本の非正規労働者の低賃金の意味とその原因を考えていこう。経済学的に言えば、賃金は労働生産性に等しい。つまり非正規労働者の賃金が低いのは、彼らの労働生産性が低いからであり、企業が非常識な行動をしているわけではない。かつて日本は教育水準が高く、労働の質が高い国であると自他共に認めていたが、少なくとも一九九八年を境に労働の質は低下（＝賃金の低下）しており、それとともに日本の経済成長率も低下している。日本経済を支える労働者の質の低下を、企業経営者、政治家を含めて我々日本人はもっと深刻に受け止めるべきである。もし今後も労働者の質の低下が続くならば、長期に渡り経済成長率を期待することはできない。そして日本の労働の質の低下の原因は、バブル崩壊以降の所得格差の拡大による低所得世帯の増加と、低所得世帯の教育水準の低下にある。労働の質は社会の教育水準の関数である。日本の大学など高等教育進学率は五〇％近いとはいえ、同年代の半分は高等教育を受けることなく、非正規労働者として、低賃金で熟練の必要のない単純作業についている。非正規労働者の七割が年収二〇〇万円未満（二〇一六年、連合調査）であり、生涯年収は正社員の半分以下である。

資源を持たず労働人口の減少している日本では、労働生産性を上げない限り、経済成長率は上昇しない。そして労働生産性の上昇をもたらすのは教育である。それゆえ非正規労働者に再教育の機会を与えることが、彼らの労働生産性を上げ、長期的な経済成長をもたらすことになる。しかし、日本の大学は先進国でもっとも社会人の割合が小さい。OECD各国の平均でみると、学生の二一％が二五歳以上の社会人学生であるが、日本ではわずか二％である（二〇〇九年、OECD）。

OECD諸国の大学は低所得世帯出身者、社会人に広く門戸を開いている。例えば、スウェーデンは大学授業料が無料なので、家計の所得や年齢にかかわらず必要に応じていつでも大学教育を受けられる。学生の三二％が社会人学生であり、大学は再教育の場として機能している。アメリカは大学授業料が非常に高い国であるが、出身大学に応じて給与額が倍以上変わるシステムによって進学のインセンティブを与え、教育ローン・大学独自の給付型奨学金により低所得者にも進学の機会を与えている。社会人学生の割合も二二％と高く、大学は再教育の場となっており、アメリカ人の労働生産性を向上させている。しかし日本は低所得世帯出身者に高等教育の機会を与えず、やり直しの機会も与えない。大学の授業料の高騰が低所得世帯の子供の教育機会を奪っており、教育機会を奪われた若者は非正規労働者になるしかなく、非正規労働者が再教育を受ける機会はなく、労働生産性の低い非正規労働者の増加が労働者全般の質の低下を招いている。まさにCingano（2014）が指摘したように、日本では不平等の拡大が労働の質の低下を引き起こしている。それゆえ将来の長期的な経済成長を考えれば、所得増税を実施し大学への国庫負担を増加させ、大学授業料を年一〇万円程度まで抑えることが望ましい。オーストラリア、ヨーロッパ先進国では実行されていることであり、決して夢物語ではない。

日本も一九七〇年代までの大学の授業料はヨーロッパ並みに安価であった。例えば一九七〇年代前半の大学の授業料は月一〇〇〇円（年一万二〇〇〇円）、一九七五年には三倍の月三〇〇〇円（年三万六〇〇〇円）になったが、アルバイトを掛け持ちすることで授業料、生活費すべてを賄うことができた。日本でもそんな時代があったのである。そのときの日本の財政は歳出の八〇％以上が税収で賄われており、財政収支は健全で財政赤字はほとんどない。義務教育は当然として高等教育にも十分な歳出が向けられていた。しかし一九八〇年代に入り、中曽根内閣の時代からは自助努力が強調され、減税と歳出削減が進められた。大学への補助金（国庫負担）の減額により、大学授業料は加速度的に上昇し、現在では国立大学の授業料でさえ年五四万円となり、家計の大きな負担となっている。

一九七〇年後半に授業料が上がり始めたころには学生による授業料引き上げに対する反対運動も活発であったが、マスコミや一般国民は大学授業料を低く抑えることのメリットを理解せず、自助努力をいう自民党政権を支持し、政府・自民党の高等教育への国庫負担削減を受け入れ続けた。その結果が年間五四万円という国立大学授業料である。現在の大学授業料の高騰は、日本国民が〝自助努力〟と〝小さな政府〟を信条とする自民党を選択し続けた結果であり、高等教育を受ける機会のない労働生産性の低い非正規労働者を四割も抱える社会を作ったのである。

日本では政治、選挙、政党の重要性を認識せず、「誰がやっても同じ」という馬鹿げたことを言う人も少なくないが、同じ政党でも党首によって重要政策が異なることを知っているはずである。まして政党が違えば、政策の優先度は全く異なる。一九九八年以降の労働生産性の低下による経済停滞を招いたのは、教育費を削減し、派遣労働を拡大してきた政府・自民党であり、自民党の主張を支持してきた日本国民の選択の結果である。しかし選挙結果により将来の日本は変わりうる。今後も〝小さな政府〟、〝自助努力〟路線の自民党を選ぶか、所得増税と社会保障の拡充による〝大きな政府〟に近い主調の政党を選ぶか、は日本国民の大きな選択となる。

ところで、Persson and Tabellini（1994）や Cingano（2014）とは違う視点から、著者も〝より平等な社会ほど経済成長率が高くなる〟傾向は、発展途上国以上に先進国間で成立しやすいと考える。マクロ経済の観点からみれば、先進国の中心となる産業は製業からサービス業に移っており、サービス業は国内需要である家計消費に依存する。誰でも知っているように、家計消費は所得に依存し、低所得者ほど所得の多くの割合を消費に回している（回さざるを得ない）。例えば、高所得者は収入の半分しか消費しないが、低所得者は収入のほとんどを支出する。それゆえ、同じ総所得額であれば、消費需要の大きい低所得者に多くの所得を与えた方が経済全体でみた家計消費は大きくなる。それゆえ、所得再分配の強化は経済成長を後押しすることになる。

資本主義社会では市場だけに任せると、金持ちはますます金持ちになり、貧しい労働者はますます貧しくなり、所得格差は拡大していく。歯止めのない所得格差の拡大は経済の停滞を招くだけではなく、治安を悪化させ、社会を不安定させ、民主主義国家の基盤を危うくするので、政治・経済的な制度として、所得再分配という政府の介入が正当化される。

2　税・社会保障を通じた再分配効果の小さい日本

この節では「小さな政府」の日本では、税・社会保障を通じた再分配効果が小さくなることを明らかにす

	当初所得のジニ係数	再分配後所得のジニ係数	再分配効果の大きさ	貧困率
スウェーデン	0.435	0.273	37.2%	9.6%
ドイツ	0.466	0.286	38.6%	8.8%
日　本	0.488	0.336	31.1%	16.0%
イギリス	0.517	0.338	34.6%	9.7%
アメリカ	0.516	0.389	24.6%	17.2%

図表6－2　税・社会保障による所得再分配効果の比較（2010年）

注1：ジニ係数は0と1の間の数字を取り，数字が大きくなるほど不平等。
注2：再分配効果の大きさは，（当初所得のジニ係数－再分配後所得のジニ係数）／当初所得のジニ係数，で計算される。
注3：貧困率は，再分配後所得が中央値の半分以下である世帯の割合である。
出典：著者が作成。OECDデータを用いている。

る。累進的な所得税のもとでは、課税後所得は課税前所得よりも不平等度が低下する。さらに社会保障制度は、多額の医療費や介護費用を個人が背負うことから解放し、失業者や低所得者への所得保障を行うことで、所得の不平等度を低下させる。それゆえ「小さな政府」の国の再分配効果は小さくなる。

　まず図表6－2によって、スウェーデン、ドイツ、日本、イギリス、アメリカの当初所得と、税・社会保障による再分配後所得の不平等度（ジニ係数でみる）の両方を示し、ジニ係数の改善度により再配分効果の大きさを比較する。なおジニ係数はゼロと一の間の数値をとり、ゼロが完全平等、一はただ一人が社会の所得の全部を独占していることを示す。それゆえ数字が大きくなるほど不平等度が高い。また貧困率とは、再分配後所得の中央値の半分より低い所得しか得ていない世帯の割合である（世帯人数による調整ずみ）。

　図表6－2の各国の税・社会保障を通じた再分配効果の大きさや貧困率に注目すると、やはり〝大きな政府〟を持つヨーロッパ諸国の所得不平等の改善の程度は際立っている。スウェーデンやドイツは当初所得の不平等も相対的に小さいが、税・社会保障を通じてさらにより平等な所得分布になっている。イギリスもサッチャー以降アメリカ型の規制緩和を続けているが、それでも再分配効果は大きく、再分配後の貧困率は一

割以下にとどまっている。一方、再分配効果（ジニ係数の改善度）が小さく、再分配後所得でみた貧困率の高いのが、〝小さな政府〟のアメリカ、日本である。

日本の再配分効果は三一％で、アメリカの二五％についで小さい。そして日本の貧困率は一六％と、アメリカの一七％とほぼ同じレベルである。〝日本は低福祉低負担のアメリカとは異なり、社会保障が相対的に充実した中福祉中負担の国である〟と多くの日本人は思い込んでいるが、財政赤字削減のために社会保障給付は削減され、いつの間にか貧困率はアメリカ並みとなり、六人に一人が貧困者という格差社会となっている。社会保障費の削減は低所得者への給付の縮小・廃止を意味し、貧困の放置につながる。このような社会を我々日本人は望んできたのであろうか。

一方〝大きな政府〟を持つヨーロッパ諸国は、税・社会保障を通じた再配分効果が大きい。スウェーデンの当初所得のジニ係数は日本よりは小さいものの〇・四三五と高いが、北欧福祉国家の重い所得税と手厚い社会保障給付により、再分配後のジニ係数は〇・二七三と大きく低下している。税・社会保障制度を通じた再分配によって不平等度は三七％低下している。ドイツの再分配効果もスウェーデン並みの三九％である。日本の三一％と比較すれば、スウェーデンやドイツの税・社会保障による再分配の規模は二割以上大きい。

イギリスはサッチャー政権による経済改革以来、ヨーロッパ型の福祉国家からアメリカ型の市場優先の経済へと変化し、その当初所得のジニ係数はアメリカよりも高い〇・五一七となっているが、税・社会保障を通じた再分配によって、再分配後のジニ係数は日本並みの〇・三三八まで低下している。イギリスは社会保障制度の縮小、所得税・法人税の引き下げが進んだとはいえ、税・社会保障を通じた再分配効果はいまだ三五％を維持している。イギリスの社会保障制度の厚みと歴史は、アメリカや日本には及びのつかないところがある。貧困率をみても、ヨーロッパ諸国はイギリスを含めて一〇％未満であり、税・社会保障を通じた再分配によって生活困窮者が救済されていることが明らかになる。ちなみに図表6－2で取り上げた五カ国のどの国においても、市場で決まる収入の中央値以下の低所得世帯は三〇％前後である。この三〇％が、ヨーロッパ諸国では再分配によって一〇％未満まで減少する一方で、税・社会保障による再分配効果の小さい日本とアメリカでは一六、一七％が低所得者のまま残される。

日本は一九八〇年代初めには他の先進国より平等な国であったが、現在ではOECD諸国の平均より不平等な国となり、アメリカに近づいている。しかもアメリカと違って、日本では不平等の拡大が経済成長の低下を引き起こしている。一方アメリカでは、所得格差の拡大は経済成長を低下させてはいない（図表6－1を参照）。なぜならば所得格差は広がっているものの、アメリカの労働生産性は伸びており、平均賃金は上昇し続けているからである（図表3－9を参照）。ただし大企業の経営者の年収は一般労働者の二〇〇倍以上（日本は八倍程度であるが、着実に拡大している）にもなり、当初所得の不平等度は日本よりはるかに大きく、ジニ係数で〇・五一六となっている。そして税・社会保障を通じた再分配によるジニ係数の改善割合は二五％にとどまり、再分配後所得のジニ係数も〇・三八九と〇・四に近づいている。ジニ係数が〇・四を超えると、治安が悪化するとされていることを想起すれば、先進国でありながら犯罪が蔓延するアメリカの特殊性が多少なりとも理解できよう。

日本では、第3章5節で述べたように、非正規労働者の増加により一九九〇年代半ばから平均賃金が低下し、賃金の低下により家計消費が縮小し、経済は低迷を続けている。一方、経営者の年収は増加の一途であり、一億円以上の年収を得ている経営者も二〇一五年三月決算で四一一人と、前年よりも五〇人増えている（東洋経済データによる）。低所得の非正規労働者の増加は、一九八六年における中曽根内閣のもとでの派遣労働の導入（一六業務）に始まる。一九九六年の橋本内閣による業務の拡大（二六業務）を経て、一九九九年には小渕内閣により特定の業務を除き派遣業種が原則解禁された。これを契機に人材派遣業者が増加し始めた。そして二〇〇〇年には森内閣が紹介予定派遣を解禁し、さらに二〇〇三年の小泉内閣時代には、例外扱いであった製造現場と医療業務への派遣が解禁された。同時に専門的業務二六種の派遣期間は三年から無制限になり、それ以外が一年から三年に延期された。

二〇〇〇年代には、正社員を派遣労働者に置き換える動きが活発化し、非正規労働者数は急激に増加した。かつては既婚女性のパートタイマーや学生のアルバイトが生活費の足しとして働くのが、非正規労働者の典型的姿であった。しかし現在では就業者の四割が非正規労働者であり、低賃金の男性の若者・中高年労働者も増加している。派遣労働者を含む非正規の低所得労働に依存する製造業・サービス業の企業も蔓延している。一九九〇年以降このように低所得の非正規労働者を大量発生させる政策を採った政府は、同時に低所得者対策と非正規労働者の労働生産性を高める政策を実施するべきであった。しかし日本政府は当初所得の不平等の縮小を図るような政策を採らなかったし、非正規労働者に再教育の場も与えなかった。逆にバブル崩壊以降、所得税は加速度的に縮小し社会保障給付は削減され、所得分配をより不平等にする政策が実行されている。

今後も所得減税と社会保障費の削減を進めれば、税・社会保障を通じた所得の再分配効果は縮小し続け、現在でもアメリカ並みの貧困率がより高くなる可能性がある。貧困者の増加は全般的な治安を悪化させ、豊かな高齢者をターゲットにしたオレオレ詐欺などの犯罪を増加させることにより、多額の貯蓄を抱える中・高所得の高齢者の生活を脅かすことになろう。さらに治安の悪化は日本社会への不信となり、外国企業の日本進出を妨げ、日本の経済成長を一層低下させるかもしれない。

3　所得減税は高所得者優遇政策

この節では所得税に焦点をあて、バブル崩壊以降毎年のように実施された減税によって所得税収の規模が大幅に縮小しただけではなく、所得税制度の改正により所得の不平等を是正する力も弱まったことを明らかにする。所得不平等度改善力の低下の要因は、収入のうち課税対象となる割合（課税ベース）の縮小と最高税率の低下に代表される累進度の緩和にある。

所得税が所得の不平等を改善できるのは、累進的な税率構造を持つからである。累進税制のもとでは、かりに年収二〇〇万円の給与所得者Aの税負担率が一〇%ならば、年収一〇〇〇万円の給与所得者Bの税負担率は必ず一〇%以上になる。このように高所得者ほど収入のより多くの割合を所得税として納めるのが、〝累進的〟の意味である。それゆえ所得税が累進構造を持っていれば、課税後所得（＝当初所得－所得税）の不平等度は、課税前所得（＝当初所得）より必ず小さくなる。具体的に言えば、Bの課税前所得がAの五倍であったとしても、Bの課税後所得はAの五倍以下になる。

もしも所得税が比例税であったならば、年収二〇〇万円のAでも、その五倍の年収一〇〇〇万円のBでも同じ一〇%の税率が適用される。課税後所得を計算すると、Aは一八〇万円、Bは九〇〇万円となり、Bの課税後所得はAの五倍で、課税前と変わらない。つまり、消費税のような比例税には所得の不平等度を改善する力はない。ここで注意しておきたいのは、日本の所得税制はもともと比例税に近く、当初所得の不平等度を改善する力が弱いことである（下野・布施〔1998〕を参照）。日本の所得税制には数多くの所得控除が存在し、中でも収入に応じて金額が大きくなる〝給与所得控除〟と〝社会保険控除〟の割合が高いことが、累進税である所得税を比例税に近いものとしている。

さらに日本の所得税の大きな特徴は、収入のうち課税対象となる部分（＝課税ベース）が小さいことである。そのため所得税額が低くなる。例えば二〇一四年度の税制のもとにおける標準世帯（専業主婦、大学生と中学生の二人の子供からなる世帯）で年収七〇〇万円のサラリーマン世帯の課税対象所得（＝課税ベース）は収入の三七％であり、所得税負担はわずか一六万六〇〇〇円、収入に対する所得税の割合はたった二・四％である（詳細は4節）。年収七〇〇万円は正規雇用者の平均賃金より高いが、中堅所得者であろう。その所得税が一七万円に満たないのである。このような低い所得税額で所得格差の是正が十分にできるはずがない。

このように日本の収入に対する所得税の割合は非常に小さい。現在の所得税制よりもよほど課税ベースが広く、累進度も高かった一九九〇年の所得税制のもとでも、標準世帯の所得税額は三〇万円程度であり、収入に対する所得税の割合は五％未満である。所得税の割合が小さければ、課税前所得と課税後所得の不平等度にはほとんど差がなくなる。しかもバブル崩壊以降の所得税の減税により、所得税の規模そのものが縮小し、同時に所得税の累進度も緩和されており、所得税が持つ当初所得の不平等を改善する力を年々弱めてきたのが、日本の所得税の歴史である。

ここでバブル崩壊以降の減税政策がどの程度の規模で、どのような形で実行されてきたのかを確認しよう。図表6－3は、一九九〇年代以降の主要な減税政策として内閣府のホームページに掲載されているものである。これをみると、一九九〇年代に二兆円から四兆円規模の減税策が四回も実施されていることがわかる。ちなみに、消費税の一％の引き上げがもたらす税収が二～二・五兆円程度であることを考慮すれば、一九九〇年代に実施された主な所得税減税だけで約一五兆円、消費税七％に相当する。この間の所得減税がいかに大規模なものであったかがわかるであろう。

①所得税

年	主な内容	備　考
1994	• 特別減税〔▲3.8兆円〕 （所得税額の20%（上限200万円）の控除）	総合経済対策（1994年2月）を受けた，1994年度の税制改正
1995	• 制度減税〔▲2.4兆円〕 例：税率構造の累進緩和 （改正前）課税所得300万円以下は10% →（改正後）課税所得330万円以下は10% 課税最低限の引き上げ （改正前）課税所得327.7万円 →（改正後）課税所得353.9万円 〈夫婦子2人の給与所得者〉 • 特別減税〔▲1.4兆円〕 （所得税額の15%（上限5万円）の控除）	1994年11月の税制改革
1996	• 特別減税〔▲1.4兆円〕 （所得税額の15%（上限5万円）の控除）	1994年11月の税制改革
1998	• 特別減税（当初分）〔▲1.4兆円〕 （所得税額の範囲内で次の金額の合計額を控除 ―本人18,000円 ―控除対象配偶者及び扶養家族1人当たり9,000円） • 特別減税（追加分）〔▲1.4兆円〕 （所得税額の範囲内で次の金額の合計額を控除 ―本人20,000円 ―控除対象配偶者及び扶養家族1人当たり10,000円）	（当初分） 1998年度の税制改正 （追加分） 総合経済対策（1998年4月）
1999	• 定率減税〔▲2.7兆円〕 （所得税額の20%（上限25万円）の控除） • 最高税率の引き下げ〔▲0.3兆円〕 （改正前）課税所得3,000万円超は50% →（改正後）課税所得1,800万円超は37%	緊急経済対策（1998年11月）を受けた，1999年度の税制改正
2006	• 税率構造の改正〔▲3.1兆円〕 （改正前）課税所得330万円以下は10% →（改正後）課税所得195万円以下は5%	三位一体改革の一環である，国から地方への税源移譲

②法人税

年度	主な内容	備　考
1999	• 税率引き下げ〔▲1.7兆円〕 例：（改正前）34.5%→（改正後）30%〈普通法人〉	緊急経済対策（1998年11月）を受けた，1999年度の税制改正
2003	• 研究開発・設備投資減税等〔▲1.4兆円〕 例：研究開発減税 設備投資減税 中小企業・ベンチャー企業減税	わが国産業の競争力強化のための研究開発・設備投資減税の集中・重点化

図表6-3　過去の主要な減税政策（国税，個人所得税，法人税）

注1：財務省「税制改正の要綱」などにより作成。
注2：減税額は当初見込み額かつ平年度ベース。
注3：特別減税は単年度。
出典：内閣府『平成24年度年次経済財政報告』の表3-2-10。

次に各年の所得減税の規模とその方法を詳しくみていく。所得減税の方法をみていくことで、継続する減税政策によって誰が恩恵を受けたのかをはっきりさせることができる。

一九九〇年代の最初の大規模な減税は一九九四年に行われた。この年の特別減税（一時的な減税）は三・八兆円規模であり、この時点の歳入規模八〇兆円の五％にあたる大規模なものであった。減税の方法は、所得税額の二〇％（上限二〇〇万円）の税額控除という形をとった。一九九四年の所得税制のもとで、年収七〇〇万円の子供二人の専業主婦世帯のケースにおける所得税負担はせいぜい三〇万円であり、減税分はその二〇％の六万円となる。二〇〇万円には程遠い。この上限二〇〇万円の税額控除を最大限に活かしたのは、一〇〇〇万円以上の所得税を課税される予定だった人であり、年収にすれば少なくとも三〇〇〇万円を越える高所得者である。一方、所得税を支払っていない低所得世帯には、この減税は何のメリットもない。つまり一九九四年に実施された三・八兆円の特別減税で最大限の恩恵を受けたのは年収三〇〇〇万円以上の高所得者であり、年収が高いほどより多く減税されるので、この特別減税は明らかに所得税の持つ再分配効果を低下させたことになる。

一九九五年には、所得税制の改正による減税と特別減税の両方が実施され、その減税規模は両方で三・八兆円である。所得税制の改正による減税は、一時的な減税ではなく、恒久的な歳入の減少をもたらし、長期の財政収支の悪化の要因となることに注意して欲しい。所得税制の改正は、課税最低限の引き上げ（課税最低限以下の収入であれば所得税負担はなし）と税率構造の累進度の緩和の二つの形で行われた。第一の課税最低限の引き上げにより、夫婦子供二人の専業主婦・サラリーマン世帯（標準世帯）の課税最低限は三二七・七万円から三五三・九万円に引き上げられた。第二の累進度の緩和は、最低税率一〇％の課税対象所得を三〇〇万円以下から三三〇万円以下に拡大する形で行われた。これら二つの所得税制の改正は、納税者数を減少させ課税ベースを縮小させることで、税収を二・四兆円も減少させた。この減税規模は消費税率一%の引き下げに相当する。

さらに一九九五年には特別減税として、所得税額の一五%（上限五万円）の控除も実施された。この特別減税だけでも一・四兆円になる。一九九四年の二〇%の税額控除（上限二〇〇万円、減税規模は三・八兆円）に比べると、規模は小さいが、減税規模は十分に大きい。この減税の恩恵を最大限に受けたのは年収七〇〇万円以上の中・高所得者である。所得税を負担していない課税最低限以下の低所得世帯（夫婦子供二人の専業主婦世帯のケースで年収三五三・九万円未満）には何のメリットもない。一九九五年の特別減税は中・高所得者に広く小さな税収減というメリットを与えた。この特別減税も所得税の持つ再分配効果を減じているのは言うまでもない。

一九九六年には一九九五年と同様の所得税額の一五%（上限五万円）の控除という特別減税が継続された。減税規模は一・四兆円である。

一九九八年にはアジア通貨危機による景気後退に対する経済対策として、二つの特別減税が実施された。まず所得税額の範囲で本人一万八〇〇〇円、扶養控除対象配偶者と扶養親族一人あたり九〇〇〇円の税額控除が実施された。さらに追加的減税策として、本人二万円、扶養控除対象配偶者と扶養家族一人あたり一万円を実施した。所得減税規模はそれぞれ一・四兆円、合計で二・八兆円である。専業主婦世帯で子供二人の標準世帯の場合の減税の上限額は合計で七万六〇〇〇円となるが、単身者世帯では二万八〇〇〇円である。一九九八年の減税は、世帯形態によってメリットが異なる。子供を持つ専業主婦世帯の減税の恩恵に比べると、子供のない世帯、共稼ぎ世帯、独身世帯の場合には、同じ年収であっても減税額は小さくなる。もちろん課税最低限以下（夫婦と子供二人で三五三・七万円）の世帯には、この特別減税は何のメリットもない。

一九九九年には、減税策としては、特別減税と所得税制の改正による減税が実施された。まず一九九八年の一一月の緊急経済対策を受けて所得税制の改正が行われた。所得税制度の改正として、最高税率の引き下げが実施された。最高税率の五〇%（課税所得三〇〇〇万円以上：課税所得＝収入－所得控除）が三七%（課税所得一八〇〇万円以上）に引き下げられた。一九八〇年代半ばには最高税率七〇%であったが、高所得者の負担を引き下げることを目的として最高税率の引き下げが図られてきたのである。ただし、この最高税率引き下げによる減税規模はわずか〇・三兆円である。４節で詳しく論じるが、もともと課税ベースが小さい日本では、税率変更の効果はさほど大きくないことに注意して欲しい。同時に行われた特別減税は所得税の二〇%（上限二五万円）の定率減税で、減税規模は二・七兆円と非常に大きい。一九九九年の制度減税と特別減税による減税規模の合計は三兆円であった。そして、最高税率の引き下げは明らかに高所得者の負担を軽くするし、定率減税も高所得者の税負担を軽くしている。

二〇〇六年の税制改正は、最低税率の一〇%から五%への引き下げである。課税対象所得三三〇万円以下が最低税率一〇%であったものが、課税対象所得一九五万円以下に対し最低税率五%が導入された。この五%の最低税率の導入は、所得税収を三・一兆円減少させた。なお最低税率五%という低い税率を導入している国はなく、最低税率一〇%が普通である。

以上のように、所得税だけでもバブル崩壊以降二兆円から四兆円規模の減税が五回も実施されている。さらに累進度の緩和という租税制度の改正による恒常的な（一時的ではない）減税によって、二〇〇〇年以降は一九九〇年時点の租税収入よりも毎年六兆円近くの税収減（一九九五年に二・四兆円＋一九九九年の〇・三兆円＋二〇〇六年の三・一兆円）となっている。所得税制の改正は長期に影響するものだけに、慎重に行う必要があるが、日本では景気刺激策として比較的簡単に実施されている。また特別減税は、課税最低限以下の収入しかない低所得者世帯（図表6－4を参照）には何のメリットもないことに注意して欲しい。この節で詳しく述べたように、特別減税で利益を得たのは少なくとも所得税を納付している世帯であり、大規模な特別減税の恩恵をフルに活かしたのは高所得者であったことを強調しておきたい。さらに恒久的な租税制度の改正は、所得控除の新設や控除額の増額などによる課税ベースの縮小や最高税率の引き下げ、五％という最低税率の導入による累進度の緩和という形で行われ、当初所得の不平等度の改善という累進的な所得税の持つ力を大きく低下させた。バブルが崩壊した一九九〇年以降に日本の所得格差が拡大しているのは、非正規労働などの低賃金労働の一般化とともに、中・高所得者への課税を中心に所得税負担を一貫して軽減してきた租税制度改正の影響も大きい。

そしてこのような減税政策で所得税負担が軽くなったことを日本人も十分理解している。佐藤・古市（2014）の表1－2は二〇〇八年の租税の負担感の国際比較であるが、著者が驚いたのは、日本の高所得者の六割が「税が軽い」と回答していたことである（「税が重い」は一八％）。低・中所得者と比較すれば、高所得者は租税負担額を正確に把握するとともに豊かな生活を営んでいるため「税が軽い」と回答する割合がどの国においても高いが、六割を超える国は少ない（調査対象の一五カ国中三カ国）。日本の高所得者は所得税負担が軽いことをはっきり認識している。バブル崩壊以降の高所得者の租税負担軽減政策の効果であろう。さらに、所得減税の成果であろうか、日本の低所得者（七％）や中所得者（五％）についても、先進国中「税が軽い」と回答する割合がもっとも高くなっている。彼らは所得申告している個人業主や零細企業従業員かもしれないが、他の先進国は一～二％なので、日本では、比較的多くの低・中所得者が所得税負担の軽さを実感していることになる。

最後に日本では所得減税がもっぱら景気対策として用いられてきたことの問題点を指摘しておきたい。日本では毎年のように税制改正することが当たり前となっており、所得税制に安定性や租税負担の公正性を求める動きはほとんどない。住宅ローン控除、譲渡所得の特例、買い替え特例などの住宅関係を含め所得控除の新設・控除額の変更、一時的な減税（特別減税）だけでなく、恒久的な所得制度の改正さえ減税政策の一環として大きな議論もなくかなりの頻度で実施されており、日本の所得税制は長期的な安定性を欠いていると言わざるを得ない。それゆえ日本の所得税制は、アメリカを含めた先進国の所得税制のように、「景気の自動安定化装置」として機能しない（第3章2節を参照）。

しかし所得税の本来の役割は「景気の自動安定化装置」である。日本では景気対策として減税することをケインズ理論に基づく経済対策の一環と考え違いをしている人も多いようであるが、ケインズ自身は累進的な所得税を社会保障制度と並んで「景気の自動安定化装置」と位置付けており、景気変動による所得変化を小さくすることで景気変動の悪影響を和らげる役割を果たすことを期待した。所得減税を景気対策として用いるのは、ケインズの考えにはないことを明記しておきたい。

4　所得税の再分配効果が低下した理由

小さな課税ベースがさらに縮小

最初に日本の所得税の〝課税ベース〟が非常に小さいことを明確にする。課税ベースが小さいことが、所得税負担の軽さにつながり、日本の所得税の再分配効果を小さくしている。それゆえ所得税の再分配効果を大きくするためには、所得税の課税ベースを拡大する必要がある。

まず〝課税ベース〟の説明から始めよう。所得税関係で用いられる〝所得〟とは収入金額のことではない。

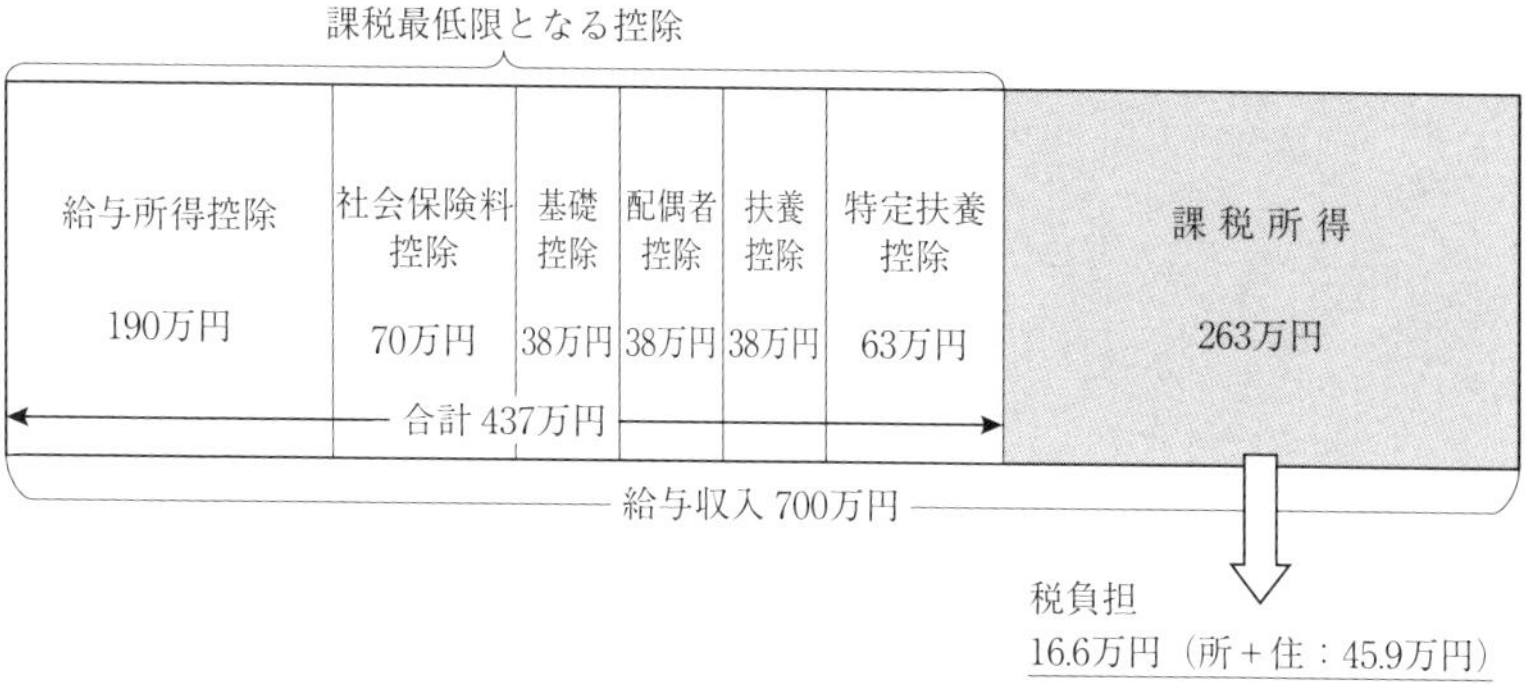

図表 6－4　所得税の課税ベース（給与収入700万円の場合）

注 1：夫婦子 2 人（子のうち 1 人が一般扶養控除，1 人が特定扶養控除の対象）の給与所得者の場合である。

注 2：2013年 1 月から2037年12月までの時限措置として，所得税額に対して2.1％の復興特別所得税が課される。

出典：財務省ホームページ。

収入から各種の所得控除・特例措置による控除額を差し引いたものである。つまり、〝所得〟＝課税ベースとは、収入のうち課税対象となる部分であり、所得税の場合、課税ベースは次のように定義される。

　課税ベース（課税対象となる所得）＝収入－各種所得控除・特例措置

　ここで二〇一五年現在の日本の所得税制のもとでの課税ベースと所得税額を紹介しよう。図表6－4は財務省のホームページで公表されているものである。日本政府が「標準世帯」としているのは〝夫が給与所得者で中学生と大学生の二人の子供のいる専業主婦世帯〟である。この標準世帯で夫の年収が七〇〇万円の場合、所得税は一体いくらであろうか。財政学者としての興味で、著者はこれまで経済学者を含めて多くの男性の友人（勤労者か元勤労者で、多くが専業主婦世帯）に尋ねたところ、年収の一〇％の七〇万円くらいは支払っていると答えた人がもっとも多かったが、年収の二割くらいと回答した人も少なくなかった。しかし、実際の所得税額は収入のたった二・四％の一六万六〇〇〇円である。一九九〇年以降所得税がもっとも高かったバブル崩壊時の一九九〇年の所得税制のもとでも約三〇万円で、収入の五％未満である。

このように所得税額が少ないのは、税率が低いこともさることながら、課税ベースが小さいことの効果がより大きい。図表6－4によって、七〇〇万円の年収を得る雇用者で、妻が専業主婦、子供が中学生と大学生の二人という〝標準世帯〟の課税ベース（＝課税対象になる所得）を確認しよう。年収から給与所得控除、社会保険料控除など各種の所得控除を差し引くと、課税ベースはわずか二六三万円、年収の三七・六％と四割にも達しない。

日本の所得税制の課税ベースは国際比較しても小さい。年収七〇〇万円の標準世帯の場合、日本四割、アメリカ七割、イギリス九割である（内閣府政策統括官〔2002〕を参照）。そして日本の課税ベースが小さい理由ははっきりしている。所得税、法人税とも所得控除や特例の数が他の先進国に比べて多く、その結果、収入のうちで課税されない部分が大きくなるからである。アメリカもイギリスも、基礎控除以外の所得控除や特例はほとんどない。課税対象となる所得の割合が小さければ、多少税率を上げたとしても所得税額は大して増加しない。それゆえ所得税の持つ再分配効果を向上させるためには、数多い所得控除・特例を廃止・縮小することによって、現在の四割の課税ベースをアメリカ並みの収入の七割にすることを長期的目標とすべきだろう。しかし実現性を考え、この本では課税ベースを六割まで引き上げる試算を行っている（第7章5節）。

数多い所得控除のうち図表6－4に現れる所得控除はもっともよく使用されるものであるので、以下で簡単に説明とコメントを加える。なお控除項目や控除額は毎年のように変更される。図表6－4は二〇一五年度の税制のもとでの所得控除である。

「給与所得控除」　年収に応じて変動する。最低額が六五万円、最高額は二四五万円。年収七〇〇万円に対しては一九〇万円になる（年収の二七%）。個人業者の必要経費に相当するとされる。しかし実際のところ、サラリーマンが必要経費としてこの額に達する領収書を集めることはほとんど不可能である。つまり必要経費としては過大である可能性が高く、引き下げを考慮すべきであろう。

「社会保険料控除」　医療保険料と年金保険料、介護保険料、雇用保険料など、個人が負担する社会保険負担額を全額控除する。社会保険負担は年収にほぼ比例するので、社会保険料控除額は高所得者ほど多くなる。控除額の上限が必要かもしれない。さらに、社会保障負担額七〇万円は所得税に比べてはるかに高く、日本の社会保障制度が税ではなくて、社会保険料で支えられていることを確認できる。

「基礎控除」　三八万円の定額。就業者・非就業者を問わず、所得申告をするもの全員に適用される。

「配偶者控除」　三八万の定額。年収一〇三万円未満の配偶者を持つ場合に利用できる所得控除である。独身者や一〇三万円以上の年収を稼ぐ配偶者を持つ場合には利用できない（一〇三万円以上で一三〇万円未満の場合は「配偶者特別控除」を利用できる）。なおパートタイムの主婦が年収一〇三万円を超えないように就業時間の調整をすることは各種データで確認されている。それゆえ、女性の就業を阻害するとして、配偶者控除の廃止を求める労働経済学者は多い。著者もその一人である。

「扶養控除」　三八万円の定額。一八歳未満の扶養されている子供一人に対する控除。

「特定扶養控除」　六三万円の定額。一九歳以上二三歳未満の扶養されている子供一人に対する控除。この特定扶養控除は、子供が大学生で親が学費を負担することを前提とし、学費分の負担軽減を目的としている。しかし大学進学率の低い低所得者世帯では、高校卒業と同時に子供は就職し経済的に自立するケースが多く、特定扶養控除は意味を持たない。つまり大学の進学率がほぼ五〇%であることを考えれば、この特定扶養控除は子供を大学に進学させているより豊かな半分の家計が利用する所得控除であり、明らかにより豊かな世帯への優遇となっている。

日本の所得税制には二〇一五年現在で二〇以上もの所得控除・特例が存在し、課税ベースを小さく抑えている。しかも毎年のように所得控除・特例の新設や廃止、控除額の改正がなされ、課税ベースを変化させ、税収額を不安定なものとしている。第7章では、このうち主要な所得控除や特例を取り上げ、その縮小・廃止の根拠を論じる。ここで重要なことは、各種の控除をフル活用できるのは高所得者なので、租税の公正な負担の観点からも各種の所得控除の廃止が求められることである。例えば、「特定扶養控除」や住宅購入関連の特例などをフル活用できるのは、子供を大学に進学させることができ住宅購入可能な世帯であり、借家世帯・高卒で働く子供を持つ低所得世帯ではないことを考えれば、所得控除の廃止・縮小が、所得税負担の公正に結び付くことが理解されよう（Saez, Slemrod and Giertz〔2012〕を参照）。

なお著者の同僚の中でも実際の経済データをあまりみていない理論中心の経済学者や財政学者は、所得増税を議論するときに最高税率の引き上げを主張することが多い。しかし3節でみたように、最高税率の引き上げは所得税収の増加にあまり貢献しない（3節では最高税率の引き下げの効果に言及している）。そのことは、日本の所得税データをみることによっても確かめられるし、Saez, Slemrod and Giertz（2012）のサーベイ論文でも言及されている。

つまり日本の所得税の再分配効果を高めるためには、最高税率の引き上げではなく、各種所得控除の縮小・廃止による課税ベースの拡大がより重要である。

次に図表6‐5の所得税の課税最低限の推移を追うことにより、二〇〇三年までは一貫して課税最低限の

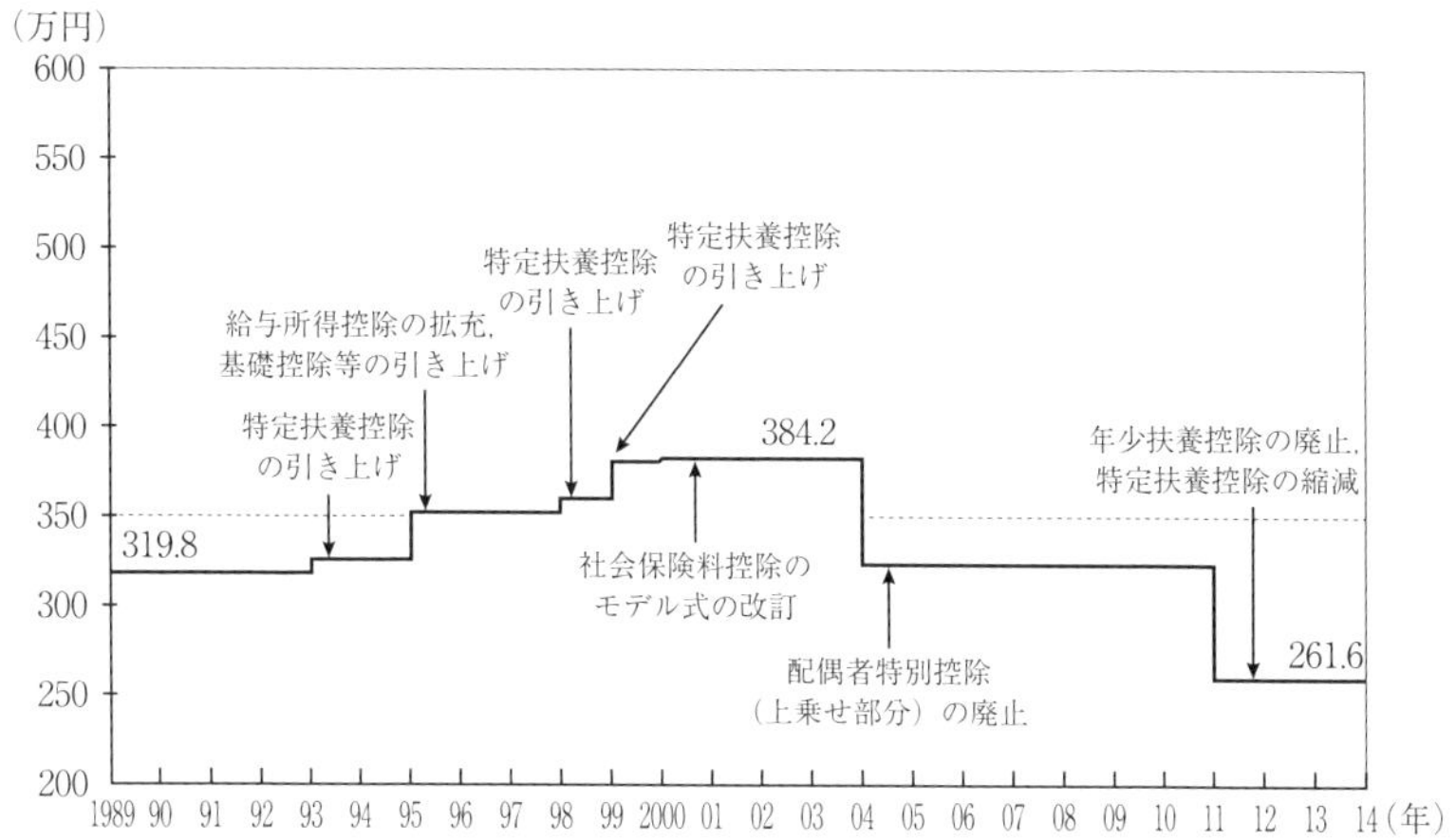

図表６－５　所得税の課税最低限の推移（夫婦子２人の標準世帯）

注：夫婦子２人（子のうち１人が中学生，１人が大学生）の給与所得者の場合である。
出典：財務省ホームページ。

拡大（＝課税ベースの縮小）が進んだことを確認しておこう。〝課税最低限〞とは世帯構成に応じた各種所得控除額の合計金額をさす。年収が課税最低限未満であれば、課税対象所得がゼロになるので、所得税は課せられない。世帯の構成により適用される所得控除の種類が異なるので、課税最低限は世帯構成によって異なる。図表６－５に描かれているのは、標準世帯（夫婦子供二人の専業主婦世帯）の課税最低限であり、一九九〇年には年収三一九・八万円未満、二〇〇〇年には年収三八四・二万円未満ならば、所得税を支払う必要がなかったことを示す。二〇一一年以降は二六一・一万円である。非正規労働者の増加もあり、雇用者世帯の非納税者（＝課税最低限未満の収入しかない世帯）の割合は約二割である。つまり五人に一人の雇用者は税金を支払っていない。

この図表６－５をみるだけで、課税最低限が大きく動いていることがわかる。一九九〇年代に特定扶養控除額の引き上げが三度も実施されたのは大学授業料の引き上げへの対応であり、さらに給与所得控除額の拡充、基礎控除額の引き上げなども実施されている。年収三五〇万円の世帯を想定すると、一九九〇年には課税対象世帯になるが、二〇〇〇年には非課税世帯となる。非課税世帯になると、税負担がゼロになるのは当然のこととして、医療・介護などの社会保険料負担は最低限に抑えられ、非課税世帯向けの福祉給付金や各種助成金の受給が可能となるなど、非課税世帯のメリットは多くの人が想像する以上に大きい。それゆえ税制の変更は課税世帯と非課税世帯のボーダーにいる多くの低所得世帯の生活に大きな影響を与える。低所得者の生活の安定という面から考えれば、課税最低限の大きな変更は望ましくない政策と言えよう。

しかし現実には、所得控除の導入や廃止・控除額の増減により課税最低限は大きく動いている。一九九〇年の標準世帯の課税最低限は三一九・八万円であったが、二〇〇〇年には三八四・二万円まで拡大し、その状態が二〇〇三年まで継続した。その後、小泉内閣のもとにおける財政再建策の一環として課税最低限の縮小が図られ、二〇〇四年に三二五万円に低下し、さらに二〇一一年に二六一・六万円にまで低下して現在に至っている。課税最低限と税収との関係を言えば、減税政策により課税最低限が高くなれば、税負担がゼロの非課税世帯が増加するだけではなく、同時に課税世帯の課税ベースも縮小することに注意して欲しい。

また一九九四年以降財政赤字が急激に積みあがる一方で、二〇〇三年まで一貫して課税最低限が増額されており、明らかに二〇〇三年までは課税ベースの縮小が進んでいる。バブル崩壊以降二〇〇三年までの間、課税最低限の上昇による課税ベースの縮小だけではなく、さらに二～四兆円規模の特別減税が何度も実施されていることを考え合わせれば、一九九〇年代から二〇〇〇年代前半にはとんでもない規模で所得減税が実行されてきたことにいまさらながら驚かざるを得ない。このように大規模な減税政策に対して、所得減税が景気対策として有効でないことを認識しながら、マクロ経済学者・財政学者として減税にはっきりと反対を表明しなかったことが悔やまれる。

さらに図表6－5からは、小泉政権の財政再建を受け、二〇〇四年以降、財政赤字の削減のための所得税増収を目的として、課税最低限を低下させ課税ベースを拡大しようとする財務省の意図も読み取れる。実際、二〇〇〇年代前半には、日本の課税最低限が他の先進国に比べて高すぎるという議論が活発になされていたことを記憶している。

日本の所得税制に二〇以上もある所得控除・特例は、〝課税ベース〟を小さくするだけでなく、特定のグループへの優遇として機能しており、租税負担の公正を大きくゆがませている。また高所得者ほど多くの所得控除や特例を活用する機会が多いことを考慮すれば、所得控除・特例の縮小が求められる。つまり税収の拡大、公正な租税負担、そして、所得税の持つ重要な役割である再分配の向上のためには、数多い所得控除の廃止・縮小による課税ベースの拡大が必要となる。

それゆえ、第7章で提案する所得増税案の中心は、税収増加の提案として人気のある〝最高税率の引き上げ〟ではなく、〝所得控除や特例の廃止による課税ベースの拡大〟である。所得控除や特例の廃止・縮小は、課税ベースの拡大による税収増をもたらすだけでなく、高齢者、寡婦・寡夫、障害者などの特定のグループへの無条件の優遇を廃止し、収入に応じた租税負担という税の公正性を回復することにもつながる。公正に負担された税収を原資として、援助の必要のある個人や世帯に対する所得移転を行うのが社会保障制度の役割である。

累進税構造の緩和

バブル崩壊以降の減税政策では、一時的な減税だけではなく、所得税制そのものの変更も実施されたことを3節で詳細に述べた。バブル崩壊以降の所得税制の変更は、所得控除の新設・控除額の増加（＝課税ベースの縮小）だけではなく、所得税構造の変化、具体的には最高税率の低下と累進度の緩和という形で実施された。累進税制とは「金銭的余裕のある高所得者ほど収入のより多くの割合を租税として負担する」ことを求める制度であり、累進度の緩和は高所得者の税負担軽減を意味する。

累進度の緩和は、最高税率の引き下げとともに、累進税率の段階を少なくすることによって実行された。累進税率の段階を少なくすることは、所得税を比例税に近づけることを意味し、所得税の再分配効果を低下させる。比例税は累進税と異なり、所得の不平等度を改善する機能を持たないことに注意して欲しい。

この流れは、一九八〇年代のアメリカ、イギリスを中心とする新自由主義と言われる経済の潮流を反映している。新自由主義とは、小さな政府＝社会保障制度の縮小、規制緩和や法人税・所得税の縮小を通じて企業の自由な活動を促進するものであり、企業の活力を最大限に活かした経済成長を目指す考えである。それゆえ所得税や法人税の減税、累進税段階の縮小は必然であった。一九八〇年代に政権の座にあったアメリカのレーガン大統領（共和党）、イギリスのサッチャー首相（保守党）、日本の中曽根首相（自民党）という保守政権は、新自由主義のもと所得税の〝フラット化〟を図った。所得税のフラット化とは、所得税の累進段階を減少し、比例税に近づけることを意味する経済用語である。レーガン大統領は税率を二段階にまで縮小し、所得税をほとんど比例税に近いものとした。さすがに二段階の所得税率では高所得者に有利すぎるという反対意見も強く、民主党のクリントン政権のもとで所得税率は六段階にもどされた。

ここで注意しておきたいことは、日本でも中曽根内閣以降、レーガン、サッチャーの新自由主義政策の後を追い、所得税のフラット化、最高税率の引き下げ、法人税の引き下げを図ってきたことである。一九八〇年代半ばには所得税率一五段階であったものを、一九八七〜一九八八年には税率一二段階に引き下げ、一九八九年には一気に五段階にした。同時に最高税率も、順に七〇％、六〇％、五〇％へと引き下げられた。つまり、バブルが崩壊した一九九〇年時点の日本の所得税制は、すでに税率は五段階、最高税率五〇％という

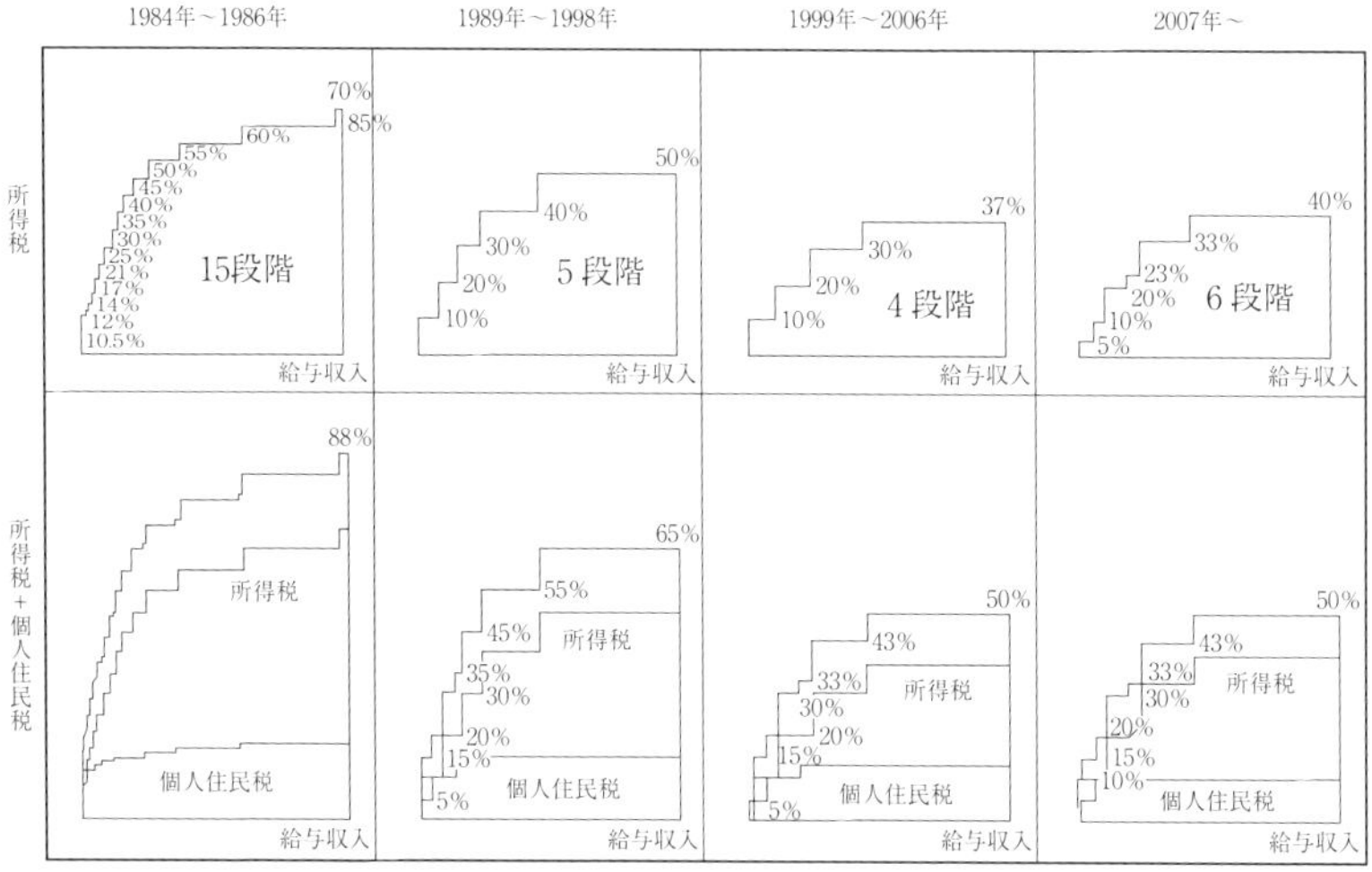

図表6－6　所得税の税率の推移（イメージ図）

注：1987年分の所得税の税率は，10.5，12，16，20，25，30，35，40，45，50，55，60％の12段階（住民税（1988年）の最高税率は16％，住民税と合わせた最高税率は76％）。
出典：財務省ホームページ。

ゆるい税率構造（＝不平等是正効果が小さい税制）となっていた。このゆるい税制が、バブル崩壊以降の減税政策によって、さらに緩和されてきたのである。

図表6－6にまとめられたように、バブル崩壊前の一九八九年に所得税の累進度は一二段階から五段階に一気にフラット化されたが、その後も累進度の緩和が進められ、所得税制のフラット化が図られた。一九九九年には五段階から四段階になり、所得税はより比例税に近くなった。同時に最高税率も、五〇％から三七％にまで引き下げられた。最高税率がこのように低くなったのは、戦後はじめてのことである。この四段階、最高税率三七％の所得税制が、一九九九年から二〇〇六年までの八年間続いたのである。

二〇〇一年から始まる小泉政権は課税最低限を引き下げることによって課税ベースを広げ、累進税率の緩和による減収を抑えようとした（図表6－5を参照）。さらに小泉の後をついだ第一次安倍内閣は二〇〇七年度には税率を四段階から六段階に増やし、最高税率も三七%から四〇%へと引き上げた。この時点で減税一点張りの政策が転換したようにみえるが、同時に最低税率を一〇%から五%へと引き下げており、この最低税率の引き下げにより税収額は大きく減少した。そのうえこの最低税率の引き下げは、低・中所得者の租税負担を軽くしただけではなく、高所得者の租税負担をそれ以上に軽くした。

最低税率を低くすることの影響を簡単に説明しよう。図表6-4の夫婦子供二人の専業主婦世帯で年収七〇〇万円のケースでは、課税対象所得が二六三万円である。二〇一五年度の所得税制のもとでは、二〇〇万円までは税率五%、残りの六三万円の税率が一〇%で課税されるので、所得税は二〇〇×〇・〇五+(二六三−二〇〇)×〇・一=一六・三万円となる。もしこれまでと同様に、最低税率が一〇%であれば、所得税は課税対象所得二六三万円の一〇%の二六・三万円となり、所得税負担には一〇万円もの差が出る。なお、以上の試算に二・一%の復興特別所得税を課すと、それぞれ一六・六万円と二六・八万円となり、所得税負担の格差は一〇・二万円となる。このように最低税率の引き下げは大規模な減税となる。実際二〇〇六年の最低税率の引き下げによる所得税収の減少額は三・一兆円にもなった(図表6-3を参照)。

このように累進税では、最高税率だけではなく、最低税率の設定も重要であることを強調しておきたい。ついでに言えば所得税の最低税率が五%という先進国はどこにもない。ただちに、最低税率を一〇%にもどすことを求めたい。それだけで三兆円の増収となる。年収七〇〇万円の所得税が一六万六〇〇〇円から二六万八〇〇〇円になったとしても、それで財政赤字を縮小でき、社会保障費を削減しなくてもよいとなれば、誰も文句は言わないであろう。

第7章　公正な税・社会保障負担と課税ベースの拡大

この章では、公正な所得税の負担、公正な社会保障負担について論じる。公正な税負担のためにもっとも大切なのは、正確な所得把握である。日本には個人番号がないために、正確な所得把握がなされないままに課税され、正確な所得把握なしに社会保障給付が実施されている。先進国ではあり得ないことである。個人番号の導入に反対することは、正確な所得把握なしの不公正な税負担・社会保障給付を放置することにつながる、そのことをよく考えて欲しい。

後半の3節から5節では、日本の所得税制の改正の方向性を明確にする。各種所得控除の廃止・縮小、非課税所得の廃止による課税ベースの拡大を具体的に提案し、さらに簡単な試算により、課税ベースの拡大による所得増税の効果を具体的な試算で示す。なお日本の所得税の課税ベースが小さいことは、財政学者の共通理解となっており、最近でも田近・八塩（2010）、森信・中本（2012）、中本（2014）、森信（2015）をはじめ多くの研究が存在する。

この章の構成は以下の通りである。1節では、給与所得者にとっては手間の要らない便利な源泉徴収制度の弊害を論じる。源泉徴収制度は一九四〇年に確実な戦費調達のために創られた制度であるが、現在も生き残っている。この源泉徴収制度が、人々に納税額や社会保障負担額を意識させないために、租税負担の〝公正性〟に対し無関心にさせている。2節では個人番号の必要性を明らかにする。個人番号がない限り、正確な所得把握は不可能である。正確な所得把握がないと、負担の公正を実現できないだけでなく、貧困者の把握もできない。

3節では、所得税の課税ベースを縮小させている所得控除や特例を具体的に議論する。第6章で述べたように、日本の年収七〇〇万円の標準世帯の課税ベースは、収入の四割程度である。基礎控除以外の控除のないイギリスの課税ベースは九割、アメリカは七割である。アメリカ並みの七割にするためには、ほとんどの所得控除や特例を廃止する必要がある。4節では遺族年金などの非課税所得や贈与税の非課税枠の廃止を主張する。5節では簡単な試算をもとに、所得控除と課税ベース、最低税率の問題を議論する。

1　公正感覚の回復

この節では租税負担の公正性について論じる。

税制に求められる性質として、財政学の教科書では〝公正〟、〝簡素〟、〝中立〟という三点が挙げられる。この三つのうちもっとも重要なのは、公正な税負担であろう。国家を運営するためには租税が必要で、租税の公正性が担保されなければ、納税の義務を果たすことがバカらしくなり、脱税が横行することになる。残念ながら、日本人は負担の公正性に関心を持っていないかのようにみえる。なぜ、日本人は他の先進国の国民に比べて税負担の公正を気にせず、脱税に鷹揚なのであろうか。

しかし日本人だけが、租税負担の公正性に無関心なはずはない。何かが、租税負担の公正性から日本人の意識を遠ざけている。それが〝源泉徴収制度〟である。源泉徴収制度とは、税務当局が所得税を直接に徴収するのではなく、企業が徴税行為を代行し、税務当局に納税する制度である。日本の雇用者のほとんどは源泉徴収制度の対象となっており、自分の税負担、社会保障負担の実態を知らないし、知ろうともしない。会社が所得税の計算をしてくれるのに、忙しい中わざわざ時間をとって自分の税・社会保障負担などを確認する人が少ないのは、当然と言えば当然かもしれない。しかしオーストラリアでは、すべての人が所得申告をする。所得申告の時期には、税制の説明と申請書の入った TAX BOX が書店、スーパーなどに山と積まれ、人々がそれを買っていく。オーストラリアだけではなく先進諸国では所得を申告するのが原則で、日本のように源泉徴収制度が一般化している国はない。

源泉徴収制度は一九四〇年に確実な戦費調達を目的に導入された制度であるが、戦後も生き残っている。なぜならば、会社には源泉徴収制度を通して社員の家族構成や資産などの個人情報を得ることができるというメリットがあり、社員には所得申告をする面倒を省くことができるというメリットがあり、さらに、政府には税務署員数（公務員数）を増やす必要がないというメリットがあるからである。三者にそれぞれメリットをもたらすので、源泉徴収制度が生き残っているのである。

したがって、個別企業が国に代わって租税を徴収する源泉徴収制度を引き受けてきたのも、企業の善意によるものではない。企業は源泉徴収制度によって雇用者の家族構成や住宅などの個人情報を得ることで、雇用者の管理を会社に有利な形で進めることができるのである。政府が個人情報を集めることを批判する人々は、企業が個人情報を収集することには問題を感じないのであろうか。一度よく考えてみてほしい。

源泉徴収制度と申告納税制度の違いは大きい。欧米では申告納税制度が基本なので、支払い税額を各自が認識しており、納税者意識は高く、脱税者に対する批判の厳しさは日本の比ではない。日本のように脱税した政治家が返り咲き、脱税まがいのことをした政治家がそのまま議席を守ることなどあり得ない。一方、源泉徴収制度を採る日本では、大半のサラリーマンは税金や社会保険料をいくら納めているのかを知らず、給料と言われて念頭に浮かぶのは「手取り」と言われる「収入から社会保険料、所得税と住民税、各種所得控除を差し引いた額」である。年間の所得税額、住民税額、社会保険料負担を概算でも答えられる人はまずいないと断言できる。大学教員を含むサラリーマンとして働く友人に、長年にわたり著者が直接質問してきた経験に基づく。日本の税金は重いというけれど、実際の税負担や社会保険料を知りもしないで言っているのである。第6章の図表6-4で示したように、年収七〇〇万円の標準世帯の所得税負担がわずか一六万六〇〇〇円であることを思い起こして欲しい。これが「重い負担」なのであろうか。国税、地方税に社会保障負担を加えた国民負担でみても、日本はOECD三三カ国中二七番目であり、もっとも国民負担の軽い国の一つである（図表5-13を参照）。

つまり源泉徴収制度によって、日本人の大半は租税負担や社会保険負担に関心を払わないのに、日本は重税の国であると思い込んでいる。公正な負担のあり方、政府の活動に見合う租税負担レベルについて、ほとんどの日本人は考えたこともないのではないか。このように、源泉徴収制度は、税・社会保険負担に対する無関心、租税・社会保険料によって支えられる政府活動・社会保障制度に関する無関心を生んだのである。

経済成長率が高く、経済成長の成果がすべての所得階層に及ぶことで低所得者の生活改善がすすむ時代は終わった。今後は一〜二％の経済成長率を前提に、国民全体が満足して生きていける道を見つけなくてはならない。そのときには租税や社会保険料の公正な負担が重要となり、財政や社会保障制度の運営を国民全体で監視していく必要がある。それゆえ租税や社会保障負担に無自覚になる源泉徴収制度は廃止すべきであると、著者は考える。サラリーマンも個人事業主と同様に所得申告をするようになれば、個人事業主に対する不公正感もよほど小さくなるであろう。

　所得申告は難しくて自分ではできないと考える人も少なくないと思うが、インターネットの発展とともに、現在では所得申告も非常に簡単になっている。著者は勤務先の給料の他に非常勤講師として年二〇万円以上の収入があったので、毎年所得を申告してきた。昔は申告用紙を税務署に取りに行き、細かな計算も自分で行い、手書きで所得申請書を完成させていた。その時代にはたしかに税制の基礎を知らないと税額の計算は無理であったと思う。しかし現在では、申請書類はインターネット上にあり、ネット上の書類に各種の収入、社会保険料、寄付金などの基礎的な数値を打ち込めば、制度に基づいて自動的に所得税額を計算してくれる。そして出来上がった申告書を印刷して税務署に送るだけである。所得申告は非常に簡単になっているので、ぜひ一度試みて欲しい。

　特に会社に属さずに働くパート、アルバイト、フリーター、派遣労働者、日雇い労働者などの非正規労働者は、所得申告をすることによって税金がもどってくる可能性がある。短期で不定期の仕事の支払いでも、税や社会保険料が天引きされている場合がある。その場合、所得申告書を提出するだけであらかじめ収入から差し引かれている所得税がもどる。会社が守ってくれない非正規労働者こそ、毎月の給与明細で、自分の支払っている税金、社会保障負担などを把握しておくことが重要である。

　コンピュータの発達もあり所得申告が簡単化されていることを考慮すれば、個人業者と同様に、サラリーマンも申告納税制度に移行することは可能である。しかし問題は税務署員の増員である。源泉徴収制度を廃止し申告納税制度に移行するには、提出書類のチェックや脱税の摘発のために税務署員が多数必要となる。公正な税負担の必要経費として税務署員の増員を認めるように、日本国民の意識が変わることを祈るばかりである。

その日が来るまで、せめて一度は自分の給与明細票をしっかりみて、所得税、住民税、社会保険料をいくら支払っているのか確かめて欲しい。税負担の軽さに驚くことであろう。

2　個人番号の必要性

正確な所得把握と公正な租税負担

個人番号の必要性を説く前にまず、先進国で個人番号が導入されていないのは、日本だけであることを知ってほしい。あの自由の国、政府の介入を嫌うアメリカでさえも、社会保障番号という形で個人番号が導入されている。そして個人番号により正確な所得や資産を把握し公正な租税負担を実現している。個人番号がない日本では、正確な所得把握なしに、租税制度や社会保障制度が運営されているのである。そのため、租税負担は不公正なままであり、社会保障給付に関しても必要な人に給付されず、必要でない人に給付されているケースも少なくないのが、日本の残念な現状である。

個人番号による正確な所得把握がなければ、公正な租税・社会保障負担の実現は不可能である。しかし日本では個人番号の必要性がほとんど理解されず、プライバシーの侵害や個人情報の流失という理由をあげて、個人番号制度の導入には強い反対がある。過去にも、グリーンカード、社会保障番号、住民基本台帳カードなど、何度も個人番号の導入が試みられたが、常に失敗してきた。そして税収不足、財政赤字の拡大、社会保障制度の維持可能性に赤信号がついた現在、ようやく「マイナンバー」という名前で個人番号の本格的な導入がなされることになった。二〇一五年一一月に配布が開始され、その本格的な運用開始時期は消費税が一〇％になる二〇一七年四月が予定されていた。しかし二〇一六年六月一日に消費税率の引き上げの二〇一九年一〇月への二年半の再延期が決定し、マイナンバーの運用の実施時期も不透明となっている。

そのうえ、マイナンバーの活用範囲も決まっていない。最初は税と社会保障に使用を制限していたはずのものが、医療情報の民間利用の話が出たのを皮切りに、図書カードや買い物カードとしての使用、ＮＨＫ受信料の徴収に活用しようという話まで出ている。韓国、アメリカ、カナダなどの個人番号先進国の経験として、個人番号の利用範囲を大きくすると、不正利用の規模も大きくなることが知られている。利用範囲を厳しく制限しない限り、セキュリティにお金をかけない日本の政府・企業が大量のデータ漏れを起こすであろうことは火を見るより明らかである。日本の企業がセキュリティに投資しないのは、大企業が利益を吸い上げ中小企業に資金的余力のないことも大きいが、大企業である銀行でさえ、海外と比べるとセキュリティ・レベルには大きな格差がある。

個人番号の運用時にセキュリティへの投資を増やすことは当然として、問題が起きることを前提に、できるだけ被害を小さくするような対策を採るのが現実的な対応であろう。つまりデータの流失の可能性を常に念頭におき、個人番号の利用範囲をできるだけ狭くしておくことが望まれる。税と社会保障だけに利用を限定し、民間企業の利用を禁じておけば、個人情報の流失による被害はよほど小さくできる。どんなに優秀な人材を揃えて、どれだけ安全のための投資をしても、「絶対安全」「絶対に流失しない」とは言えないのが科学技術である。

さらに個人番号に関する不安は、番号の流失だけではない。少なからぬ人々が、政府が税や社会保障関係以外の個人情報を集めて利用することを恐れている。安倍内閣の下で成立した「特定秘密保護法」によって、その不安は膨らんでいる。政府の活動がみえにくくなり、国家秘密と言われれば、限られた公務員や民間人以外情報に接することはできず、当然マスコミで取り上げられることもない。アメリカのように、公的文書は必ず保管し、一定の年数が過ぎればどんな情報でも公開するという制度があれば検証もできるが、日本の特定秘密保護法には情報公開の定めがない。マイナンバー制度との関係で、多くの日本人が不安を持つのは当然である。

それでも、著者は経済学者として、税と社会保障に限った個人番号制度の導入をもとめる。個人番号がない限り、正確な所得や資産の把握は不可能であり、公正な税負担はあり得ない。国家を運営するための原資は税金であり、公正な税負担こそが、民主主義の根幹だと信じるからである。個人番号なしに、租税負担の公正性は保てないし、租税に支えられる社会保障制度の維持も困難となる。

著者は、政府が一元的に情報を集めるリスクよりも、社会保障制度の崩壊の方が恐ろしい。国民の投票によって政権交代は可能であり、個人番号の収集範囲を限定することも可能であるが、社会保障制度が崩壊したら立て直すのはほとんど不可能である。今後高齢者が増加し、年金・医療・介護制度を維持していくには多額の税金が必要となる。そのとき正確な所得把握に基づく公正な所得税制度が実現していないならば、納税の義務を無視する人々が現れることであろう。社会保障制度の崩壊である。著者はアメリカ型の最低の社会保障しか提供しない「小さな政府」は治安を悪化させ、大多数の日本人を幸せにしないと考えている。

これまでの日本では、租税・社会保障負担に関する〝公正性（fairness）〟への関心は薄かった。例えば、サラリーマンの所得がほぼ把握されているのに、個人事業主の所得把握が不十分であることを誰もが知りながら、それを放置してきたのが、日本社会である。著者は大学で奨学金を受けたが、その所得基準が給与所得者と個人事業主とで異なることに強い違和感を持ったことを、今でもはっきり覚えている。個人事業主の所得把握ができないのは個人番号がないためである。社会保障制度の維持や財政赤字の削減のために所得増税を求めようとすれば、サラリーマンはこのような所得把握の差を認めないであろう。

さらに負担の公正のためには個人番号による資産把握も重要である。下野（1991）は所得と資産の関係を詳細に分析しており、高所得者ほど貯蓄額も多いこと、株式保有世帯は全世帯の一〇％程度であるが、高所得・高資産保有者ほど株式保有額・保有率とも高いことを明らかにしている。個人番号がないために資産が把握されず、資産から生じる所得が正確に把握されないために、高所得者への課税が軽くなっていることは大きな問題である。日本の所得税制はすべての所得を合計して課税する〝包括所得課税〟を建前としていながら、税務当局が把握することが困難な利子所得、配当所得、譲渡所得には二〇％の分離課税が適用されている。この分離課税制度により高所得者の租税負担は大幅に軽減されている。

もし所得税が総合課税ならば、課税対象所得が多いほど平均税率は高くなるはずである。しかし利子・配当・譲渡所得が二〇％の分離課税対象になるので、平均税率が二〇％を超える高所得者層では、分離課税分が多いほど平均税率が低くなる。岡（2014）は二〇〇六年から二〇一一年の国税庁「申告所得税標本調査」を用いて平均税率（岡は実効税率という）を計算し、所得（＝収入－各種所得控除）が一億円を越えると平均税率が下がり始めることを明らかにしている。例えば二〇一一年の所得一億円に適用される税率は二九％であるが、所得一〇億円を越えると税率は二一％に下がる。日本の所得税制が累進的でないことが理解できよう。高所得者ほど、利子所得、配当所得、譲渡所得の割合が高く、分離課税の恩恵を受けるからである。このように本来所得不平等を是正する役割を持つ所得税に、高所得者の租税負担を軽減する分離課税制度が紛れこんでしまっているのは、個人資産を把握するための個人番号がなかったためである。

日本でも個人番号が導入されたので、配当所得、利子所得、株式や土地の譲渡所得（売買で得た利益）を分離する必要はなくなり、政府・政権党の意向しだいで、総合課税に向かうことが可能となった。分離課税制度の撤廃はいつになるであろうか。

日本が小さな政府＝社会保障制度は最小限でよいというならば、個人番号による所得・資産把握に反対すればよいが、現在の社会保障制度の維持を望むならば、個人番号の導入を支持してほしい。社会保障制度の維持には多額の税金が必要であり、公正な所得税制度が実現しなければ、社会保障制度の維持もできなくなるかもしれない。

貧困者の把握と国民年金保険料の未納問題

次に、個人番号が社会保障制度の運営にとっても非常に重要であることを二つの例によって明確にする。生活保護対象となる貧困者の把握と国民年金保険料の未納問題を取り上げる。なお二〇〇一年に廃止された内閣府直属の社会保障制度審議会（厚生労働省の社会保障審議会とは異なる）の議事録を読むと、すでに一九八〇年代から個人番号導入による所得把握の必要性を議論している。実際、社会保障の研究者で個人番号導入に反対する研究者は少ないであろう。なぜならば個人番号によって正確な所得把握をしない限り、公正な社会保障負担が達成できないだけでなく、社会保障給付対象者の把握ができないからである。

ここで生活保護制度を考えてみよう。個人番号がない日本では、政府が正確な所得を把握することができないので、生活保護受給のためには本人の申請が必要となる。しかし低所得者ほど制度に対する知識はなく、生活保護受給を恥として退ける傾向がある。さらに欧米先進国にはない規定であるが、日本の生活保護制度は、義務ではないものの、家族内の助け合い（三親等までの親族による援助）を期待している。それゆえ日本では生活保護水準以下の収入しかない人々の二割程度しか生活保護を受給していない。この数字は厚生労働省が推計した数字である。厚生労働省はこのような調査をしても、実際に申請がない限り、生活困窮者を探し出すすべを持たない。その一方で、一度生活保護の受給が決定されると、賃金水準と比較して必要以上に手厚い給付金が支給され、医療費が無料になるなど多くの特典がつく。著者の目には、日本の生活保護制度は受給者を厳しく制限しながら、受給決定者には過剰とも思える給付を行う妙な制度にみえる。

そのような妙な制度になっている理由は、日本では個人番号がなく正確な所得把握ができないので、貧困者を特定できず、必要最低限の生活のためにいくら支給すべきかもわからないからである。それが生活保護者に対する一律の過剰とも思える高い給付と生活保護認定の厳しい制限につながっている。

個人番号を持つドイツやイギリスなどヨーロッパ先進国では生活保護水準以下の低所得者の八割以上が生活保護を受給している。しかしその給付額は所得に上乗せして一定の生活水準を満たすだけの金額（例えば住宅補助のみ）であり、日本のように受給者全員に家族構成に応じて決められた一定額が給付されるわけではない。さらに著者の知っている範囲で言えば、カナダやオーストラリアなどでは、個人の申告を待つことなく、最低限の生活を維持できる所得以下の低所得者の口座に自動的に給付額が振り込まれる。それが可能なのは、個人番号による所得把握ができるからである。申請を待つことなく、政府が個人生活を守るように動く。この違いは非常に大きい。

次は国民年金保険料の未納問題である。国民年金保険料は収入にかかわらず定額の保険料であり、二〇一五年度の国民年金保険料は月額一万五五九〇円（二〇一六年度一万六二六〇円、二〇一七年度一万六九〇〇円）となっている。月収一五万円程度のフリーター、アルバイト、パートタイム労働者などにとっては月収の一割にもなる到底支払えない高い保険料であるが、例えば月収一〇〇万円以上を稼ぐ企業経営者や個人病院の院長にとっては安い保険料である。このように国民年金の保険料が定額なのは、個人番号がなく個人事業主の正確な所得把握が困難なためである。もし個人事業主の所得把握が可能であったなら、雇用者と同様に収入の一定割合を保険料にできる。もし保険料率を五％とすれば、月収一〇〇万円を稼ぐ個人事業主の保険料は月五万円で、月収一五万円のフリーターの国民年金保険料は七五〇〇円ですむ。国民年金保険料が収入にかかわらず月一万五〇〇〇円を超えた現在、零細事業所従業員、非正規労働者、個人事業主、家族従業員、無業者、学生などからなる「国民年金第一号被保険者（サラリーマン・公務員、その配偶者を除く二〇歳から六〇歳未満の日本人）」の納付率が六割程度、免除者を含めると四割にとどまるのは当然であろう。拠出制の国民年金制度が創設されたのは一九六一年であるが、もし所得を正確に把握する個人番号が導入されていれば、国民年金保険料は、厚生年金や共済年金の保険料と同じように〝収入に応じた保険料〟となっていただろうと、元社会保険制度審議会委員の大先輩が言われたことが忘れられない。

このように個人番号がなく正確な所得把握ができないことが、国民年金保険料を定額としており、月一万五〇〇〇円を超える保険料を納付できない未納者数を増加させている。「国民年金第一号被保険者」一七〇〇万人のうち納付者はわずか四割であり、現在の国民年金制度は実質的に破綻している。このままでは、遠くない将来には低額年金か無年金による生活の困窮から生活保護申請者が急増することになる。

個人番号導入に関し、日本ではいまだに収入に応じた税や社会保障負担の〝公正性〟よりも、所得把握を嫌う個人事業主や高所得者の反対の声が重要視されるのは非常に残念であり、納得できない。くり返すが、主要な先進国で個人番号が導入されていないのは、日本だけである。欧米諸国の国民は、収入を正確に把握しない限り公正な税・社会保障制度は成立しないことを認めており、政府が情報を一元的に管理することの危険性を勘案しながらも、個人番号を導入している。政府の介入を嫌うアメリカでさえ、公正性は大切な概念となっており、社会保障番号という形で個人番号を導入していることを思い起こして欲しい。

3　所得控除と特例の縮小・廃止による課税ベースの拡大

主な所得控除と特例

この節では、所得増税策として課税ベースの拡大を論じる。すでに指摘したことだが、標準世帯（夫婦子供二人世帯）で年収七〇〇万円の場合、日本の課税ベースは四割を切るが、アメリカの課税ベースは七割、イギリスは九割であり、日本の課税ベースは非常に小さい。課税対象となる所得（＝課税ベース）を縮小させているのは、日本の所得税制に含まれる数多い所得控除や特例である。逆に課税ベースが収入の九割になるイギリスの税制には基礎控除以外、高齢者と障害者に対するわずかな控除しか存在しない。アメリカの所得控除の数も限られている（内閣府政策統括官〔2002〕、中本〔2014〕などを参照）。日本の所得税の数多い所得控除や特例は税制を複雑にし、税制に求められる〝簡素〟という要素を失わせている。

図表7－1には二〇一五年度の国税である所得税と地方税である住民税にかかわる所得控除を簡単にまとめている。この図表をみれば、多くの所得控除が存在すること、所得税と住民税では所得控除の種類が異なるだけでなく控除額も異なることがわかる。給与所得控除、公的年金等控除という所得に関する控除だけではなく、多くの人的控除、社会保険・医療保険・損害保険などに対する控除、住宅ローンや買い替えに対する控除などが存在する。二〇一五年度の所得税の人的控除には、基礎控除、配偶者控除、配偶者特別控除、扶養控除、障害者控除、寡婦控除、寡夫控除、勤労学生控除があり、その控除額は年間二七万円から七五万円と大きな額である。基礎控除以外の数多くの人的控除は、特定のグループに対する税制上の優遇であり、税制に求められる〝中立〟、〝公正〟に反する。

	所得税	住民税
所得に係わる控除		
給与所得控除（最低65万円，上限245万円）		
公的年金等控除		
65歳未満（最低70万円，上限なし）		
65歳以上（最低120万円，上限なし）		
人的控除		
基礎控除	380,000	330,000
配偶者控除		
一般の配偶者	380,000	330,000
70歳以上の配偶者	480,000	380,000
配偶者特別控除（上限）	380,000	330,000
扶養控除		
一般の扶養親族（16歳以上で，19歳以上23歳未満を除く）	380,000	330,000
特定扶養親族（19歳以上23歳未満の扶養親族）	630,000	450,000
老人扶養親族（70歳以上，同居）	580,000	450,000
（70歳以上，同居以外）	480,000	380,000
同居特別障害者である扶養親族		
一般の扶養親族	なし	560,000
特定扶養親族	なし	680,000
同居老親等	なし	680,000
同居老親等以外の老人扶養親族	なし	610,000
障害者控除		
一般の障害者	270,000	260,000
同居特別障害者	750,000	300,000
同居特別障害者以外のもの	400,000	300,000
寡婦控除		
一般の寡婦	270,000	260,000
特定の寡婦	350,000	300,000
寡夫控除	270,000	260,000
勤労学生控除	270,000	260,000
人的控除以外		
社会保険控除	全額控除	
小規模企業共済等掛金控除	全額控除	
生命保険控除（上限）		
医療費控除		
地震保険料控除		
寄附金控除		
青色申告特別控除		
その他		
配当控除		
上場株式等に係る譲渡損失の損益通算及び繰越控除		

図表 7－1　2015年度の所得控除

出典：著者が作成。

具体的に人的控除をグループ分けすると、専業主婦世帯に対する優遇、高齢者に対する優遇、障害者に対する優遇がめだつ。さらに特定扶養控除は一九歳以上二三歳未満の扶養親族に対する控除であり、明らかに大学生を養っている世帯を念頭に置いた優遇措置である。これらの所得控除による税の優遇は、一見弱者に対する配慮にみえるが、現実には高所得者への税制上の優遇となっており、課税ベースの縮小を通じて税負担の不公正を招いている。つまりたとえ利用可能な所得控除が多くても、課税ベースの金額を超えて所得控除を利用することはできないので、低所得者には利用可能な所得控除金額の枠を全部使い切ることができない。所得控除の数が多くその控除額が高額になるほど、高所得者は収入の多くの部分を控除することができ、合法的に課税対象となる所得（＝課税ベース）を縮小することができる。これは高所得者への優遇そのものである。この点は、岡（2014）、Saez, Slemrod and Giertz（2012）でも指摘されている。

さらに人的控除を詳しくみていこう。図表7－1をみて明らかなように、基礎控除以外の人的控除は、特定のグループに税制上の優遇を与える。税制上の優遇を受けているグループは、収入の少ない配偶者（一〇三万円未満は配偶者控除、一四一万円未満は配偶者特別控除）、大学生を扶養する世帯（特定扶養控除）、高齢者（多くの所得控除で控除額が多くなる）、障害者（障害者控除）、寡婦・寡夫（寡婦控除、寡夫控除）などである。

しかしよく考えてみて欲しい。妻の年収が一〇三万円未満で被扶養配偶者となっている世帯と夫婦共働きせざるを得ない世帯のうち、なぜ前者が税制上優遇されなくてはならないのであろうか。また高齢者・障害者・寡婦・寡夫のすべてが弱者であろうか。一七〇〇兆円と推定される金融資産の六割以上が六〇歳以上の高齢世帯の保有であり、月三〇万円以上の公的年金を受給する年金受給世帯も少なくないことは、高額なクルーズを含む高齢者の旅行ブームとして現れている。障害者、寡婦・寡夫もそのすべてが経済的に困窮しているわけではない。弱者あるいは援助が必要と考えられる特定のグループに対する税制上の優遇は耳に快いが、実際には税負担の不公正を引き起こしている。

収入に応じた負担を求めるのが、公正な税制である。もし本当に収入が低ければ、職業、年齢、世帯属性にかかわらず、結果的に所得税はゼロとなる。それゆえ、最初から特定のグループに対し、収入の多寡にかかわらず、優遇措置を設ける必要はない。逆に、無条件の特定のグループに対する税制上の優遇は、課税ベースを縮小させるだけではなく、公正な租税負担という所得税に求められるもっとも大切な条件をゆがめてしまう。著者は、基礎控除以外の人的控除の全面的な廃止による所得税制の簡素化、及び、課税ベースの拡大を主張する。

低所得の高齢者、障害者、寡婦・寡夫などを救済する目的で所得控除を設けたとしても、もし彼らの収入が少なければ所得控除枠を活用することはできないという現実を直視すべきである。図表7－1に書かれている多くの所得控除の廃止・縮小による課税ベースの拡大は、たんに所得税収増をもたらすだけでなく、所得税の持つ不平等是正効果を向上させ、社会保障給付の増額を通じて低所得者への所得移転の拡大を可能とする。財政再建と景気刺激策として、所得控除の廃止・縮小による課税ベースの拡大を積極的に進めるべきである。

なお課税ベースが小さいのは、所得税だけではなく、法人税も同様である。中本（2014）はマクロの所得税の課税ベースを日本二九％、アメリカ五〇％と推定しているが、財務省の二〇一一年調査によれば、日本の法人税の課税ベースも三二％でしかない。金額で言えば、企業所得一二〇兆円に対し、課税対象となる企業所得はわずか三八兆円にとどまる。イギリスの法人税の課税ベースは六三％、韓国六一％、アメリカ、ドイツは四九％、フランスは四七％である（二〇一〇年、財務省）。自由競争を重んじ、企業優遇の国とみなされているアメリカでさえ企業所得の五割程度は課税されているのに、日本はわずか三二％、いかに多くの所得控除や特例が存在しているのか、想像できよう。

現在、法人税率の二〇%台への引き下げが議論されているが、個人的には、もし日本の法人税制に数多くある特定業界の法人税軽減措置である「租税特別措置」や、欠損金の繰越控除などの各種の控除の廃止・縮小が実施され、課税ベースがアメリカ並みの五割になるならば、法人税率の多少の引き下げは全く問題ないと考える。

つまり財政学者として著者は、日本の所得税制、法人税制における増税の鍵は、税率の引き上げではなく、課税ベース（所得のうち課税対象になる部分）の拡大であると考えている。以下では、具体的に所得控除や特例を取り上げ、その問題点を論じたうえで、その縮小・廃止を提案していく。なお全部は取り上げられないので、ここでは重要と思われる所得控除や特例のみを取り上げている。

「給与所得控除」の縮小――個人事業主と給与所得者の公正

給与所得控除は、個人事業主の必要経費に相当するとされる。二〇一五年度の所得税制度では、給与所得控除の最低額は六五万円、最高額二四五万円であり、収入が増えるにつれて増加する。給与所得者にとって、もっとも金額の大きな所得控除である。

図表7-2をみれば明らかなように、給与所得控除額は、毎年のように変更されている。もし必要経費にあたるものとすれば、毎年のように細かい変更をする必要があるのだろうか。しかも二〇一二年以前は給与所得控除に上限は設けられていなかったが、二〇一三年以降にようやく上限が設けられた。二〇一五年には一五〇〇万円以上の時には上限二四五万円とされたが、二〇一六年には収入が一二〇〇万円を超えると上限二三〇万円、二〇一七年には収入が一〇〇〇万円以上を超えると上限二二〇万円となる予定である。このよ

2012年

1,800,000円以下	650,000万円
1,800,000円〜3,600,000円以下	収入金額×30%＋180,000円
3,600,000円〜6,600,000円以下	収入金額×20%＋540,000円
6,600,000円〜10,000,000円以下	収入金額×10%＋1,200,000円
10,000,000円超	収入金額×５%＋1,700,000円

2013年〜2015年

1,800,000円以下	650,000万円
1,800,000円〜3,600,000円以下	収入金額×30%＋180,000円
3,600,000円〜6,600,000円以下	収入金額×20%＋540,000円
6,600,000円〜10,000,000円以下	収入金額×10%＋1,200,000円
10,000,000円〜15,000,000円以下	収入金額×５%＋1,700,000円
15,000,000円超	2,450,000円（上限）

2016年

1,800,000円以下	650,000万円
1,800,000円〜3,600,000円以下	収入金額×30%＋180,000円
3,600,000円〜6,600,000円以下	収入金額×20%＋540,000円
6,600,000円〜10,000,000円以下	収入金額×10%＋1,200,000円
10,000,000円〜12,000,000円以下	収入金額×５%＋1,700,000円
12,000,000円超	2,300,000円（上限）

2017年

1,800,000円以下	650,000万円
1,800,000円〜3,600,000円以下	収入金額×30%＋180,000円
3,600,000円〜6,600,000円以下	収入金額×20%＋540,000円
6,600,000円〜10,000,000円以下	収入金額×10%＋1,200,000円
10,000,000円超	2,200,000円（上限）

図表７－２　給与所得控除の計算法

出典：著者が作成。

うな給与所得控除の上限の導入、上限の引き下げの動きは、財務省・政府も給与所得控除額が大きすぎるという認識を持っていることを意味している。

例えば年収七〇〇万円の場合の給与所得控除額は一九〇万円、年収の二七％にもなる。たった一つの所得控除で収入の三〇％近くを課税対象所得から除いてしまう給与所得控除は明らかに過大と言わざるを得ない。アメリカの課税ベースが七割であることを考え合わせると、収入の三割近い給与所得控除額は、給与所得者の必要経費としては高すぎる。給与所得控除額が大きすぎることは田近・八塩（2010）、中本（2014）などでも指摘されている。

高収入の給与所得者を中心に、個人事業主の必要経費と同様の方法で必要経費を計算したいという要望があり、給与所得者にも領収書によって必要経費を計算する特定支出控除ができたが、この制度を利用する給与所得者はほとんどいない。つまり所得申告が義務化されている年収二〇〇〇万円以上の高収入を稼ぐ給与所得者にとっても、手間をかけて領収書を集めて必要経費とするという個人事業主と同様の方法よりも、給与所得控除のほうが便利であり、控除額も十分に満足できる水準にあることを意味する。

給与所得控除の引き下げを考えるべきであろう。例えば、二〇一五年現在の給与所得控除は下限が六五万円、上限が二四五万円となっているが、これを下限三〇万円程度、上限一五〇万円程度に縮小し、平均的な雇用者の給与所得控除が収入の二割を超えないようにするのが妥当な水準ではないだろうか。

高齢者に対する優遇の縮小と廃止——現役世代と引退世代の公正

日本の税制は高齢者を〝弱者〟として扱い、多くの税制上の優遇を与えている。しかし公的年金の充実とともに、老齢基礎年金だけでなく老齢厚生年金もあわせて受給できるサラリーマンの大多数と公務員（「国

給与あるいは年金額（万円）	120	150	200	240	300	360
給与所得控除	65	65	78	90	114	126
公的年金等控除（65歳未満）	70	75	87.5	97.5	112.5	127.5
（65歳以上）	120	120	120	120	120	127.5

図表7－3　給与所得控除と公的年金等控除の比較

出典：著者が作成。2015年度の税制で計算。

民年金第三号加入者」）の〝専業主婦世帯（年収一〇三万円未満の被扶養配偶者世帯）〟の公的年金受給額の平均は月二二万円で、彼らは多額の資産も保有しており、高齢者全員が経済的弱者ではない。現役世代にも月収が一五万円程度の非正規労働者という形で経済的弱者は存在するので、引退世代と現役世代を区別する必要はないはずである。

最初に「公的年金等控除」の問題点を指摘する。給与所得者の給与所得控除に対応するように、雑所得に分類される公的年金にも公的年金等控除が存在する。控除額は、六五歳未満の場合には最低七〇万円で上限なし、六五歳以上の場合には最低額一二〇万円で上限なし、となっている。この公的年金等控除は何のために設けられているのであろうか。給与所得控除は、個人事業主の必要経費に相当するものと説明されるが、公的年金を受給するのにも必要経費がかかるのであろうか。著者にはこの控除がたんなる高齢者の優遇にしかみえない。この公的年金等控除の意味が説明できないならば、課税ベースを縮小させるこの控除は大幅に縮小あるいは廃止すべきであると、著者は考える。特に六五歳未満で公的年金を受給できるのは給付水準の高い厚生年金や共済年金加入者であり、そのグループを税制上優遇する理由はない（老齢基礎年金の受給開始年齢は六五歳）。

しかも公的年金控除額は給与所得控除以上に高い水準となっている。ここで二〇一五年の税制のもとにおける若い世代と引退世代の控除額を具体的に計算して、比較したものが図表7－3である。

年収一五〇万円の「給与所得控除」は六五万円であるのに対し、一五〇万円の公的年金受給者の「公的年金等控除」額は六五歳未満で七五万円、六五歳以上で一二〇万円となり、年金受給者の控除額の方が高い。年収三〇〇万円の就業者の「給与所得控除」一一四万円に対し、六五歳以上の高齢者の「公的年金等控除」は一二〇万円と、公的年金等控除の方が給与所得控除より大きい。このように給与所得と公的年金を比較すると、四〇〇万円未満では、「給与所得控除」よりも「公的年金等控除」の額の方が高い。このように、公的年金収入を税制上優遇する理由が何かあるのだろうか。

個人的には現役世代と引退世代の租税負担の公正を図るためには「公的年金等控除」を廃止することが望ましいと考える。しかし急な制度改正には抵抗が大きいと思われるので、まずは「給与所得控除」と「公的年金等控除」を同額にすることを提案する。ただし六五歳未満の年金受給者に対する公的年金等控除は直ちに廃止すべきである。その理由は老齢基礎年金の受給年齢が六五歳であることを勘案すべきこと、六五歳未満で公的年金を受給できる者は特別なケースであり、彼らに対する税制優遇は必要ない。さらに現行の「公的年金等控除額」は上限なしとなっているが、「給与所得控除」と同様に上限を設けるべきである。

また人的控除には高齢者優遇と言える控除が数多く含まれている。図表7－1で、例えば配偶者控除額をみると、基本は三八万円であるが、配偶者が七〇歳以上になると配偶者控除額は四八万円になる。扶養控除でも、七〇歳以上の老人扶養親族は五八万円（同居）、四八万円（同居以外）となり、一般扶養親族の三八万円よりも高くなっている。このように控除額に差をつける合理的な理由が、何かあるのだろうか。高齢者を弱者とみる昔ながらの偏見ではないのか、もう一度考えてみる必要がある。

寡婦・寡夫に対する優遇は必要か

高齢者グループと重なる部分もあるが、税制上大きな優遇を与えられているグループとして、寡婦・寡夫世帯がある。寡婦とは夫を亡くした妻を指し、寡夫は妻を亡くした夫を指す。寡婦や寡夫は圧倒的に高齢者世帯で発生しており、寡婦・寡夫に対する優遇は高齢者への優遇と重なっている。寡婦や寡夫に対する税制上の優遇の問題点は、生涯独身者との租税負担の公正を大きくゆがめていることである。生涯独身者は、配偶者控除・扶養控除などと関係なくすごすので、同じ年収でも既婚者に比べると、現役のときも租税負担が重い。寡婦・寡夫に対する税制上の優遇は既婚者と独身者の税負担の不公正を現役のときだけでなく、引退してからも継続させることになる。

寡婦や寡夫に対する優遇は、国税である所得税には「寡婦控除」（二七万円）、「特別寡婦控除」（三五万円）、「寡夫控除」（二七万円）があり、住民税も同様の控除を持つ。ただし控除額が異なり、順に二六万円、三〇万円、二六万円となっている。これら三つの控除は年齢にかかわりなく利用できるが、配偶者との死別・離別の後、再婚していないことが条件となる。

「寡婦控除」は、夫と死別した場合には扶養親族の有無にかかわらず年収六八八万円以下なら利用できるが、離別の場合には扶養する子供あるいは扶養親族がいる場合のみ適用される。また「特定寡婦控除」は、夫との死別・離別にかかわらず、扶養する子供あるいは親族がいること、年収六八八万円未満という二つの条件を満たす場合に適用される。「寡夫控除」は、特定寡婦控除と同じ条件であるが、控除額は寡婦控除と同じ二七万円である。離別よりも死別、寡夫よりも寡婦が税制上より優遇されている。これが今の日本人の平均的な感覚なのであろうか。著者には納得できない。

さらに寡婦・寡夫に対する税制上の優遇はこれだけではない。地方税には、寡婦控除・寡夫控除に加えて、寡婦・寡夫世帯の場合〝課税所得が一二五万円未満の場合には課税しない〟という特例が存在する。もしこの特例がなければ、住民税率は一〇％なので、課税対象所得が一二〇万円なら住民税は一二万円となるはずである。しかし課税対象所得が一二〇万円の場合には課税されないので、この特例によって住民税収は大きく落ち込むことになる。

また、この特例によって、夫と死別した寡婦の大半が住民税非課税世帯になる。具体的に言うと、六五歳以上の単身の寡婦であれば、公的年金等控除一二〇万円と基礎控除三五万円と寡婦控除二七万円の合計一八二万円に加えて、特例の一二五万円未満を加えた額が控除されるので、公的年金だけでなく他の収入を合算して年間三〇七万円未満であれば、住民税非課税世帯となる。生涯独身者の場合には、公的年金などの収入が一八二万円未満の時だけ住民税非課税世帯となる。住民税が介護保険や医療保険の保険料を決定する基礎となるだけに、寡婦・寡夫世帯に対して〝課税所得が一二五万円未満の場合には課税しない〟という住民税だけに存在する特例は、既婚者と独身者の租税負担・社会保障負担の公正を大きくゆがませる。

第二次世界大戦後、若い男性が少ない時期に生涯を独身者として過ごし働いてきた女性は、高齢になっても、結婚できた寡婦と差をつけられなくてはならないのであろうか。このような特例がいつまでも残っていることを不合理と考えるのは、著者のみであろうか。そしてこの住民税の特例は地方自治体の住民税収を大幅に引き下げている。地方自治体の財政難が言われる時代に、なぜこのような特例がいまだに残されているのか、不思議でならない。住民税におけるこの特例は、直ちに廃止すべきであろう。

ここで述べた、寡婦・寡夫に対する優遇がもたらす租税負担と社会保障負担の不公正と負担額の縮小効果についての詳しい議論は、下野・竹内（2011）で行っており、具体的な推計も行っているので、興味ある方にはぜひ読んで欲しい（「日本経済研究」ホームページ上からダウンロードできる）。

なお寡婦世帯への税制上の優遇は、第二次世界大戦で夫が戦死した世帯を税制からも援護するという趣旨で始まった。昔は女性が就業することが困難であり、夫をなくした寡婦の苦労は現在とは比較にならない厳しさであり、寡婦の優遇は意味があったのかもしれない。しかし時代は変わり、現在では女性の就業は容易になっており、結婚と独身、結婚後の就業の継続と専業主婦になることは、女性の自由な選択の結果である。その自由な選択として結婚して専業主婦を選択したグループを特別に優遇する合理的な理由はない。

しかも寡婦に対する優遇を存続させるだけではなく、男女間の平等という名目で一九八一年には寡夫に対する寡夫控除が創設された。これにより寡婦と寡夫の扱いは近づいた（給与額、給付条件が異なるので平等ではない）が、既婚者と独身者のあいだの公正な所得税負担は一層ゆがめられ、課税の対象になる収入の部分＝課税ベースは縮小した。男女平等というなら、寡婦に対する優遇を廃止することもできたはずである。高齢者数が増加し、将来の税や社会保障財源の縮小が予想される時代に、わざわざ課税ベースを縮小する税制改正（寡夫控除の新設）を行ったことは、大きな間違いであったと言わざるを得ない。

〝専業主婦〟に対する優遇は必要か

日本の税制上、既婚者と独身者の扱いは決して公正なものではない。そして既婚者のうちでも専業主婦（年収一〇三万円未満で扶養されている妻を含む）に対する優遇措置の手厚さは際立っている。個人の選択である結婚と独身、既婚女性が仕事を継続するか否かに関して専業主婦に対する税制上（社会保障制度上も）の優遇が存在することは、個人の自由な選択を妨げる。租税制度は個人の選択に介入せず〝中立的〟であることが求められるので、専業主婦に対する税制上、社会保障制度上の優遇は廃止すべきものであろう。

ただし専業主婦が税法上優遇されてきたのは、女性の就業継続が容易でないことの裏返しでもある。最近は日本女性もさすがに結婚で仕事をやめることは少なくなったが、子供ができた時点で多くの女性が仕事をやめる。その結果、日本の女性の就業率は育児期の三〇代に下がるというM字型になる。女性の就業率がM字型になっている先進国は少なく、男女がもっとも平等である国の一つであるスウェーデンの女性の労働力

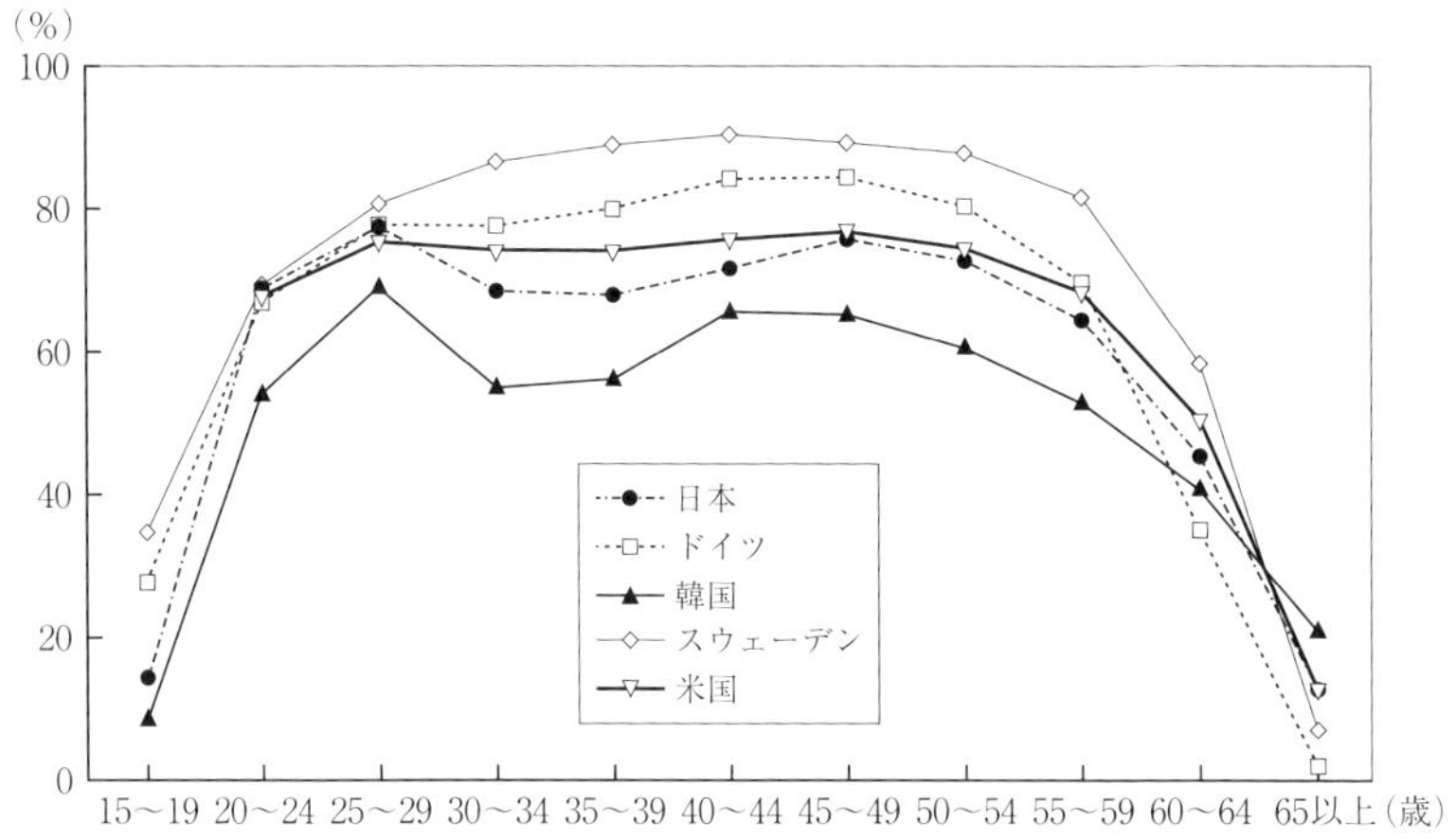

図表7-4　女性の年齢階級別労働力率（国際比較）

注1：「労働力率」は，15歳以上人口に占める労働力人口（就業者＋完全失業者）の割合。
注2：米国の「15〜19歳」は，16〜19歳。米国とスウェーデンのデータは重なる。
注3：日本は総務省「労働力調査（基本集計）」(2012年)，その他の国はILO "LABORSTA"，"ILO-STAT" より作成。
注4：日本は2012年，その他の国は2010年の数値（ただし，ドイツの65歳以上は2008年）。
出典：内閣府男女共同参画局。

率は男性とほぼ同じである。競争の激しいアメリカでは、女性の就業率が日本のように結婚や育児のために下がることはない。日本と同じように女性の就業率がM字型になるのは、労働環境が似ている韓国だけである。

日本の労働市場の一番の特徴は労働時間が長いことであり、長時間労働が女性の就業継続を難しくする。夫の支えもなく、妻が家事も仕事もすることはあまりに過酷である。著者は経済的自立の重要性を深く認識するだけに女性が働き続けることを願っているが、長時間労働が蔓延する日本の労働市場において、女性が就業を継続しないことを責めることはできない。それでも専業主婦に対する税制上、社会保障上の優遇がなければ、女性が簡単に仕事をやめてしまうことはないとも思う。

そしてもし女性が働き続けるならば、他の先進国と同様に、女性の労働時間だけでなく男性の労働時間の短縮も要求する労働運動も起きるかもしれない。夫の長時間労働ゆえに妻だけが家庭責任を求められ、〝家庭か仕事か〟という選択をしなくてはならない日本の現状は、他の先進国とはかけ離れている。二五～六四歳の大学卒業以上の高学歴の女性の就業率が六七％にとどまる（他の先進国は八〇～九〇％）ことは、公的・私的をあわせた教育投資が社会で有効活用されていないことを意味する（二〇一一年、ＯＥＣＤデータ）。壮大な無駄である。

さらに日本の労働市場は、長時間労働だけではなく、非正規労働者の低賃金という特徴を持つ。日本の女性就業者の三分の二がパートタイマーを中心とする低賃金の非正規労働者であり、同じ仕事でも正社員の半分以下の時間給で働いている（ボーナスを含む）。日本以外の先進国ならば、訴えられて必ず企業が負けるケースである。日本では正社員と非正規労働者の待遇の違いが当然のこととして受け入れられているが、日本は先進国の中では特殊な国であることを理解しておいた方がよい。日本の企業が欧米先進国に進出したとき、男女差別だけでなく、短時間労働者への差別でよく訴えられて負けているのは、日本の常識を国外に持ち出すからである。

公正な競争を重んじる欧米先進国では正社員と非正社員という身分の違いは生まれない。雇用者は常勤雇用者と一時的雇用者に分類され、常勤雇用者にはフルタイムとパートタイムが含まれる。同じ仕事をするフルタイム労働者とパートタイム労働者には時間賃金率の違いはなく、昇進や研修機会なども合理的な理由なしに差をつけることはできない。「同一労働同一賃金」が法制化されているからである。残念ながら日本では「同一労働同一賃金」は法制化されず、第5章2節で述べたように、小・中学校における教諭（正規）と常勤講師（非正規）のように、同じ職場で全く同じ仕事をしていても、賃金、雇用継続の保証など待遇面の違いがある労働者が存在する。欧米諸国とは労働慣行が異なるから「同一労働同一賃金」の実施は難しいという声もあるが、明らかに同じ仕事をしている小中学校の教諭と常勤講師、病院の看護師と准看護師、ハローワークなどで一般公務員として働く正規職員と非常勤職員の均等待遇から始めたらよい。もし格差をつけるのなら、地方自治体・病院・政府は合理的な理由を明示すべきである。

日本の非正規労働者の賃金の低さは、このような低賃金（低い時間給）を文句も言わずに受け入れる多くの女性（多くが既婚者）の存在に起因する。夫が「国民年金第三号被保険者」（民間企業の雇用者か公務員）である場合、その妻は低賃金を問題とせず、むしろ喜んで低賃金を受け入れる。なぜならば被扶養配偶者になるには年収一〇三万円未満でなくてはならないからである。そして被扶養配偶者の妻を持つ夫には、税制・社会保障上の優遇があり、企業からの配偶者手当も期待できる。年収一〇三万円未満、月八万六〇〇〇円程度の収入ならば、時間給の低さはそれほど問題とならない。

年収が一〇三万円未満の被扶養配偶者の妻を持つ夫は、税制上「配偶者控除」（三八万円）を利用することができるし、企業からは月二万円程度の配偶者手当も支給される。これだけでも年間六〇万円のプラスである。さらに大きいのは社会保障負担に関する優遇である。もし妻の年収が一三〇万円未満ならば、社会保険上妻は夫の被扶養配偶者として扱われ、妻は国民年金保険料も医療保険料も負担する必要がない。メリットの大きいのは国民年金である。国民年金保険料は現在月一万五〇〇〇円を超えているが、被扶養配偶者と認められれば〝国民年金第三号加入者〟となり、年間二〇万円の国民年金保険料が免除される。しかも国民年金保険料を納付することなく将来老齢基礎年金を受給できる。このような過剰とも言える社会保障負担の優遇措置は、既婚女性の就業選択に大きな影響を与える。

もし年収一三〇万円を超えると、妻は経済的に自立しているとみなされ、夫は「配偶者控除」は使えず、企業の配偶者手当もなくなり、さらに社会保険料（国民年金保険料＋国民健康保険料）を妻自身で負担する必要がでてくる。それゆえ、パートタイムとして就業する女性が年間収入をできれば一〇三万円未満、絶対に一三〇万円を超えないように時間調整するのは、経済学的にみても合理的な行動である。この一〇三万円の壁、一三〇万円の壁は女性の就業時間データにもはっきりあらわれている。被扶養者でいたい妻は、年間収入一〇三万円を過剰に意識し、時間給自体にはあまり注意を払わない傾向がある。

以上のような専業主婦に対する税制上、社会保険上の優遇の問題点は、女性の自由な就業時間の選択を阻むだけではなく、多くの既婚女性が低賃金で就業するインセンティブとなり、パートやアルバイトなどの非正規労働者全体の時間給を低く抑えることにある。非正規労働者の時間給が低く抑えられるのは、企業の強欲ではなく、低い賃金でも就業する既婚女性が多数存在するからである。安い賃金でも働きたい人がいる限り、企業が自発的に時間給を引き上げることがないのは、経済の常識である。非正規労働者全般の賃金の引き上げのためにも、税制上、社会保険上の専業主婦の優遇の廃止を強く訴えたい。〝女性活躍社会〟というならば、女性の就業が困難だった時代の残滓をいつまでも放置すべきではない。

さらに専業主婦の社会保険上の優遇措置の廃止は、夫の職業による既婚女性間の不公正を正し、公正な社会保障負担を実現させることを強調しておきたい。現在の公的年金制度のもとでは、九〇〇〇万人を超える「国民年金第三号被保険者」(配偶者が第二号被保険者で、本人の年収一三〇万円未満)は、国民年金保険料を自ら負担することなく、将来老齢基礎年金を受給することができる。一方、夫が国民年金第一号被保険者(非正規労働者、自営業者・零細企業従業員・自由業など)であれば、専業主婦であっても月一万五〇〇〇円以上にもなる保険料を少なくとも二五年間以上納付し続けないと老齢基礎年金を受給できない。このような夫の職業による不公正がなぜまかり通っているのであろうか。なお、「国民年金第三号被保険者」が支払うべき国民年金保険料は、第二号被保険者全員で分担している。つまり、独身者、共働き夫婦を含めた加入者全員が専業主婦の国民年金保険料を分担して納入し、主婦の老齢基礎年金受給を可能としている。なぜ夫が妻の国民年金保険料を払うようにしなかったのであろうか。負担の公正に反する不思議な制度である。

職業による給付格差は遺族年金にもある。夫が非正規労働者か自営業者か零細企業従業員など一般サラリーマンか公務員以外であれば、一八歳未満の子がない限り、妻は遺族基礎年金を受給できないし、独身の女性は遺族年金とは縁がない。しかし夫がサラリーマンであれば、夫の死亡時に三〇歳以上の妻は一生涯夫の年金の四分の三を遺族厚生年金として受給できるのである。このような手厚い遺族厚生年金の制度は、第二次世界大戦時に戦死した兵士の妻の生活を支えるために創設された。しかし現在では国民共通の基礎年金制度があり、夫を失った寡婦に遺族厚生年金を支給し続ける必要はないはずであるが、厚生年金からは現在も総額五兆円にも達する遺族厚生年金が給付され続けている。女性も働けば、遺族年金ではなく、自分の公的年金を持てる時代になっているのに、いつまでこの制度を残すつもりであろうか（遺族年金に関しては4節も参照）。

著者は経済学者として〝専業主婦の優遇は必要ない〟という立場である。その理由は、前述のように、専業主婦の優遇が女性の就業継続の壁となっているだけでなく、非正規労働者の低賃金につながり、厚生年金の財政を悪化させているからである。手厚すぎる遺族厚生年金は厚生年金保険料の引き上げを通じて、働く世代や企業の負担を重くしている。何よりも雇用者の妻と非正規労働者・自営業者・零細企業従業員の妻が公正に扱われていないことが非常に気になる。夫の職業で妻が差別されるのはおかしい。

もちろん専業主婦になるという選択は家族内の選択結果であり、その選択を否定するものではないことをはっきり申し上げておきたい。税や社会保険上の優遇措置が全くない状態であっても、専業主婦を選択する人がいることは理解できるし、その選択は尊重する。しかし税や社会保障負担を軽くすることによって、女性に専業主婦を選択させる日本の社会制度（税制と社会保障制度）は間違っている。

「特定扶養控除」は必要か

次に「特定扶養控除」を取り上げる。特定扶養控除は、一九歳以上二三歳未満の扶養親族に関する控除である。控除額は所得税六三万円、住民税四五万円であり、合計額は一〇八万円にもなる。この控除はいったい何のためのものであろうか。

答えは明白である。この控除は明らかに大学生を扶養している世帯への援助である。しかし、この年代の子供が大学生ではなく、すでに働いて自立しているならば、扶養親族ではないのでこの控除を使うことはできない。大学への進学率は約五〇%であるが、高所得世帯ほど大学への進学率が高いことは周知の事実である。つまりこの金額の多い所得控除を利用するのは、低所得世帯ではなく、より豊かな半分に属する世帯である。高所得世帯の課税ベースを大きく引き下げるこのような控除が本当に必要なのであろうか。二〇〇二年の財務省の試算によれば、特定扶養控除の廃止によって九〇〇億円の税収増になる。

さらにもう一つ考えるべき点がある。日本では大学や職業専門学校などの高等教育機関の運営費用を学費などの形で家計が負担することが当然と考えられているが、アメリカを除く先進国では必ずしも当たり前ではない。スウェーデンでは二〇一六年時点で大学授業料は無料である。財政悪化によって無料ではなくなったが、ドイツ、フランスの学費は安い。ヨーロッパでは高等教育の利益は個人だけのものではなく、社会全体の教育レベルの引き上げにつながり経済成長に役立つという共通認識があるので、政府は大学の学費を無料あるいは低額に抑えることができる。図表7－5をみると、ヨーロッパ先進国の高等教育への公的支出はGDPの一%を超えており、スウェーデンではGDPの一・五%、フィンランドでは一・八%もの多額の税金を高等教育機関につぎ込んでいる。しかし日本の高等教育に対する公的負担はGDPの〇・五%（＝二・五兆円）にすぎず、家計負担は公的負担の二倍のGDPの一%、約五兆円にも達する。

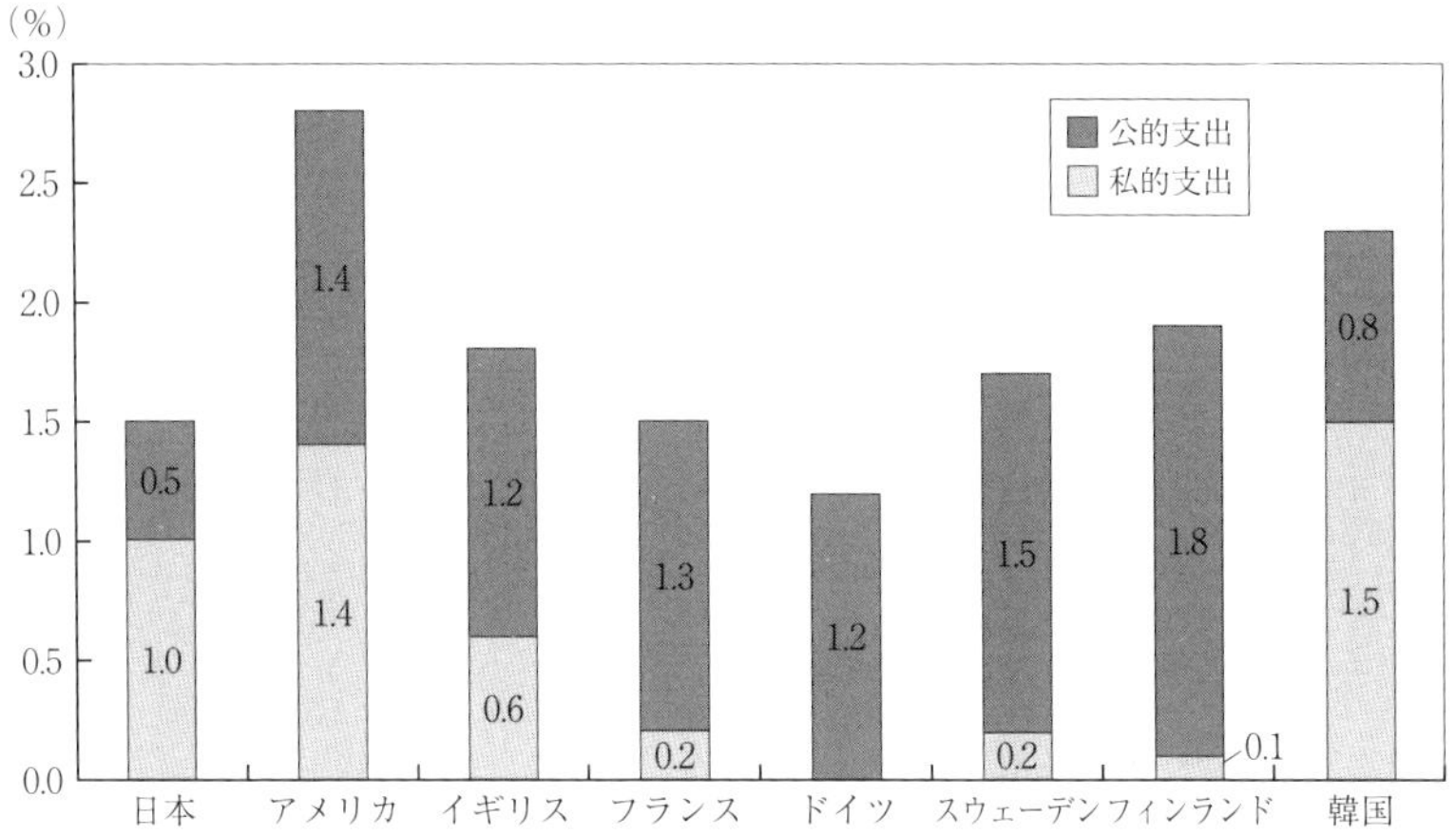

図表7-5 GDP比でみた高等教育機関に対する私的支出と公的支出（2012年）

出典：*Education at a Glance 2015*（OECD）を用いて，著者が作成。

日本の大学授業料の高さは国庫負担の小さいことの反映である。教育費の高さが日本の少子化の一番の要因であることは、各種の世論調査で明らかになっている。それゆえ少子化対策としてもっとも有効な政策は、〝大学への国庫負担を増加させ授業料を引き下げること〟であろう。そのために、まずは特定扶養控除を廃止し、その税収増分九〇〇億円を大学への補助に向けるという方策が考えられる。

なお高等教育機関への支出は、OECD諸国の平均で、政府支出一・二％、家計負担〇・四％となっており、政府支出割合のほうが高い。しかし日本の高等教育支出は、政府支出〇・五％、家計負担一・〇％と、家計負担の方が重い。政府支出よりも家計負担の多い国は、OECD諸国の中で日本以外ではチリと韓国しかない。アメリカでさえ、政府支出と家計負担は半々である。日本は、少なくとも高等教育支出に関しては〝普通の国〟ではない。

日本とは全く逆に、ヨーロッパ諸国においては、高等教育の家計負担がほとんどない。家計負担がGDPの〇〜〇・二％の間に収まっている国々をあげると、オーストリア、ベルギー、チェコ、エストニア、フィンランド、フランス、ドイツ、アイスランド、アイルランド、イタリア、ルクセンブルク、ノルウェー、ポーランド、スロバキア、スペイン、スウェーデン、スイス、トルコとヨーロッパ諸国がずらりと並ぶ。東欧諸国も含めてヨーロッパ諸国では、高等教育に関し日本のように家計に重い負担を求めていない。その理由は、ヨーロッパでは高等教育の成果は個人だけのものではなく、社会に還元されていると認識されているからである。

日本も一九七〇年代までは、ヨーロッパ並みに授業料の安い国であった（一九七〇年代前半は年一万二〇〇〇円、一九七五年に三万六〇〇〇円になる）。一九八〇年以降、自助努力を強調し、歳出削減を進める政権を選択してきた結果、現在では国立大学でさえ年五四万円の授業料である。多くの日本人は教育の成果は個人に帰属するので、高等教育費を家計が負担するのが当たり前と考えて、〝自助努力〟を強調し、教育費切り下げ政策を粛々と実行する政権を支持してきたのであろう。しかし授業料の高騰により、低所得世帯の子供の進学が困難になり、教育格差が所得格差の拡大をもたらすという負の連鎖が起きている（下野〔1991〕を参照）。もしヨーロッパ諸国のように大学授業料が無料か安価であれば、低所得世帯の子供であっても能力に応じて大学に進学できたかもしれないが、ＯＥＣＤ諸国の平均よりはるかに不平等な国になってしまった日本において家計に重い教育負担を求めれば、低所得世帯に生まれた子供はどんなに才能があろうと大学進学は難しい。その結果、日本全体の労働の質は低下し、長期的な経済低迷が続くことになる。

ここで「特定扶養控除」に話をもどすと、この控除額は所得税六三万円、住民税四五万円で合計一〇八万円にもなり、子供を大学に進学させることのできるより豊かな家計にとって、大いに助けになる。つまりこの所得控除は、大学生を進学させる余裕のある高所得世帯の課税ベースを大きく縮小させ、所得税収を減少させる。一方、大学に進学させる余裕のない低所得世帯では、一九歳以上二三歳未満の子供は働いている可能性が高く、扶養家族にはならないので、この所得控除を活かすこともできない。この控除は高所得者の課税ベースを縮小することによって、高所得者の租税負担を低くする不公正な控除である。

　このような租税負担の不公正を招く所得控除という形で大学生を扶養する世帯を支えるよりは、この特定扶養控除を廃止した場合の税収増九〇〇億円を含めて大学への国庫負担を増やすことにより、大学の学費を無料か安価にすることで低所得世帯出身者にも大学進学の機会を与える方がより望ましい。出身世帯と関係なく能力や関心に応じて進学することができる開かれた機会の提供こそが、将来の日本の人材育成に必要なことであると、著者は考える。

　くり返しになるが、OECDデータとして公表されている高等教育機関に対する政府支出でみれば、日本はGDPの〇・五％で、OECD平均の一・二％の半分にもならない。資源のない日本では人材育成が重要ではなかったのか。それなのに技術立国を支えるはずの未来への投資は、GDPのたった〇・五％、OECD平均の半分にもならないのである。日本の将来が不安になる数字である。

　大学の研究・教育環境の改善も急務である。国公立大学の独立法人化の流れのなか、著者も教員・職員数の削減、賃金水準の低下を経験したが、現在も大学教員の友人からは、「職員減によって雑用が増えた」、「教員削減でコマ数が増えた」などの声をよく聞く。教員がやる気をなくしたら、日本の高等教育・研究の質は低下し、学生の質も低下することになる。教育は未来への投資である。大学授業料を下げるためならば、増税嫌いの日本国民もさすがに所得増税に反対しないのではないだろうか。

4　非課税所得の廃止による課税ベースの拡大

非課税所得の意味

ここでは、特定の所得を非課税化することの誤りを明らかにする。非課税所得とは、無条件に課税対象からはずされる特定の所得のことであり、非課税所得の範囲を広くとれば確実に課税ベースは縮小する。そして非課税所得は決して小さな金額ではない。例えば、非課税の遺族年金給付額は年間五兆円以上、障害年金給付額は二兆円に近い（二〇一四年）。

現在の日本の所得税制は、ノーベル賞の賞金（経済学賞を除く）、通勤手当など多数の非課税所得を含む。ちなみにアメリカではノーベル賞の賞金も通勤手当も課税対象であるように、国や時代によって非課税所得の範囲は変化する。ここでは定期的な社会保障給付である遺族年金、障害年金、失業給付金に注目する。

障害者、失業者、寡婦（夫を亡くした妻のこと）が受給する社会保障給付が非課税所得になっているのは、社会的弱者とみなされるゆえであるが、上記のグループに属するすべての人が低所得者であろうか。遺族厚生年金を例にとれば、遺族厚生年金受給者の三七％（一六五万人）が年間一〇〇万円から一五〇万円の遺族年金を受給しており、年間一五〇万円以上を受給している人も九〇万人存在する（厚生労働省『遺族厚生年金受給者実態調査』二〇〇一年を用いた下野・竹内〔2011〕による推計）。平均受給額は年一〇二万円で、老齢基礎年金が四〇年間保険料を納めて満額でも七八万円であることを考えれば、遺族厚生年金の給付水準は高い。

しかも老齢基礎年金は課税対象所得であるが、遺族厚生年金は金額の多寡にかかわらず課税されない。六五歳以上で遺族厚生年金と老齢基礎年金を受給している場合、税務署が把握するのは老齢基礎年金だけなので、たとえ二〇〇万円以上の遺族年金を受給していても、低所得の非課税世帯とみなされる。その結果、遺族厚生年金受給者の医療、介護の負担は最低限となる。

さらに年収一五〇万円のパートタイムやフリーターと比較してみよう。非正規労働者であっても年間一五〇万円の収入があれば、単身者の課税最低限一二一万円を上回るので、扶養親族にはならず本人が国民年金保険料、国民健康保険料、所得税と住民税を納めなくてはならない。しかし三〇歳以上の寡婦で遺族厚生年金の一五〇万円だけが収入の一人暮らしの場合、遺族年金は非課税所得扱いなので税法上収入ゼロとみなされ、所得税と住民税は当然ゼロになるだけではなく、国民健康保険料も上限の七割減額になり、介護保険料も最低限の負担ですむ。このように実際に同額の収入を得ていても、給与所得を得ている非正規労働者と比べると、遺族年金などの非課税所得を得ているものは、税・社会保険制度で圧倒的に優遇される。

特定の所得を最初から非課税所得として課税対象から除くのは公正な税負担、公正な社会保障負担をゆがめることになる。もし本当に収入が少ないのならば、各種の控除によって結果的に租税負担はゼロとなるので、最初から特定の所得を非課税所得として、特定のグループを優遇する必要はない。お金には色はない。所得の区別をすることなく、すべての収入の合計額に課税するのが、公平というものであろう。

さらに非課税所得は租税当局に報告されない所得である。しかし非課税所得は遺族厚生年金だけでも五兆円という大きな資金の移転である。租税当局はすべての資金の流れを把握し、公正な課税をするのが仕事のはずである。課税ベースの拡大による公正な税負担のためにも、非課税所得の縮小・廃止を強く求めたい。

遺族年金が非課税所得であることによる税・社会保障負担の不公正

この項では遺族厚生年金を例として、非課税所得であることが税負担の不公正だけではなく、健康保険、介護保険などの社会保険料負担の不公正の原因となっていることを指摘する。ここで紹介する試算結果は、下野・竹内（2011）で公表したものである。試算の前提や試算結果などの詳細について興味のある方は、同論文を参照していただきたい。

その前に遺族年金制度について簡単に説明する。遺族年金も老齢年金と同様に、夫の就業により支給額も支給条件も異なる。「国民年金第一号被保険者」（非正規労働者、自営業者、零細事業所従業員など）の配偶者が受給できるのは、遺族基礎年金だけであるが、「国民年金第二号被保険者」（五人以上事業所従業員、公務員）の配偶者は、遺族基礎年金に加え、遺族厚生年金の受給が可能である。

さらに図表7－6にまとめられているように、遺族基礎年金の対象者は、一八歳未満の子を扶養する配偶者、あるいは一八歳未満の子に限られるが、遺族厚生年金（二〇一五年一〇月に統合された旧遺族共済年金を含む）の支給要件に、子の有無は含まれない。支給要件は、生計を共にしていること、年収八五九万円未満、の二つだけである。三〇歳以上の寡婦であれば、子の有無にかかわらず、夫の老齢厚生年金額あるいは将来受給できるはずの老齢厚生年金の四分の三が、生涯にわたり遺族厚生年金として給付される。ただし寡夫の場合には妻の死亡時に五五歳以上でなくてはならず、受給も六〇歳からである。このように遺族厚生年金は妻と夫で支給要件が異なるため、遺族厚生年金受給者のほぼ全員が女性である。中高年加算もあり、二〇一四年における遺族厚生年金の平均は月八・五万円程度、平均年間一〇二万円である。この遺族厚生年金額は、四〇年間国民年金保険料を納付した場合の満額の老齢基礎年金額七八万円を大幅に上回る。遺族基礎年金は、満額の老齢基礎年金額と同じである。このように遺族基礎年金も遺族厚生年金も、老齢基礎年金の平均受給額（月五万円、年六〇万円）より支給額は多いのに、非課税所得として課税対象から外されている。これだけでも非課税所得という概念が租税負担の公正さをゆがめていることが理解されよう。

遺族基礎年金	支給要件	①被保険者が死亡したとき。ただし保険料納付済み期間が加入期間の３分の２以上あること。 ②老齢基礎年金の受給資格期間を満たした者が死亡したとき。
	対象者	18歳未満の子供を持つ配偶者，あるいは，18歳未満の子供
	年金額	年間780,100円（2016年４月）
遺族厚生年金	支給要件	①被保険者が死亡したとき，または被保険者期間中の傷病がもとで初診の日から５年以内に死亡したとき。ただし国民年金保険料納付済み期間が加入期間の３分の２以上あること。 ②老齢厚生年金の資格期間を満たした者が死亡したとき。 ③１級，２級の障害厚生（共済）年金を受けられる者が死亡したとき。
	対象者	死亡した者によって生計を維持されていた者 妻 18歳未満の子，孫 55歳以上の夫，父母，祖父母 （支給開始は60歳から。ただし夫は遺族基礎年金を受給中の場合に限り，遺族厚生年金もあわせて受給できる） （注）18歳未満の子のある配偶者は，遺族基礎年金もあわせて受給できる。
	年金額	配偶者が受給するはずの厚生年金部分の４分の３。ただし，死亡者の加入期間が25年に満たない場合には25年加入として計算した厚生年金額の４分の３。40歳以上65歳未満の妻に対し，中高年加算金額（＝585,100円）を支給。年金額は平均年間102万円（2014年）。

図表７－６　遺族年金制度

注：2015年10月に厚生年金と共済年金が統合された。民主党政権下での決定による。
出典：著者が作成。2016年４月現在。

下野・竹内（2011）では、非課税の遺族厚生年金を課税化した場合に、税収と社会保険料収入がどれくらい増加するのか、という試算を行っている。その際、厚生労働省による遺族厚生年金受給者の分布データ（二〇〇一年）を用いて遺族年金支給額と受給者の年齢分布を推定した。二〇〇七年の遺族厚生年金受給者数は四四一万人で、三七％が年間一〇〇万円から一五〇万円の遺族年金を受給している。この時点では厚生年金と共済年金の統合は行われておらず、旧厚生年金の遺族厚生年金給付総額は四兆五〇〇〇万円で、旧厚生年金の年金給付額全体の二割を占めていた。なお医療保険については以下のように仮定した。この試算を行った二〇〇八年には後期高齢者医療制度の廃止が議論されていたため、六五歳以上の者すべてが国民健康保険に加入すると仮定した。その他の推計上の仮定、推計の方法などの詳細については、下野・竹内（2011）を参照していただきたい。

図表7－7①は二〇〇八年度の税・社会保険制度を前提として遺族厚生年金を課税化した場合に租税収入や社会保険料収入がどの程度増加するのかを試算した結果である。試算結果をみると、所得税の増収分は三七億円、住民税二〇億円であり、四・五兆円の遺族厚生年金を課税所得としたときの税収増加の効果はさほど大きくない。しかし社会保険料に与える効果は税以上である。国民健康保険料増額分は三七三億円、介護保険料の増額分は二九八億円と大きな金額となる。この理由は以下の通りである。まず国民健康保険料は住民税をもとに決定され、所得金額による減免措置（非課税の場合、七割の減額措置が適用される）があるが、課税化により遺族厚生年金受給者の三〇％以上が減免措置の対象とならなくなる。また介護保険料は年金収入と所得によって減額されるので、遺族厚生年金が非課税の場合、介護保険料は本来の半額ですむ。しかし遺族厚生年金が課税所得になれば、遺族年金受給者の六割の介護保険料が増加する。

さらに、「寡婦・寡夫控除」の廃止、〝住民税の寡婦・寡夫に関する特例〟（所得（＝収入－各種所得控除）が

①2008年度の制度下で，遺族厚生年金を課税化

	60歳未満	60歳以上65歳未満	65歳以上	合　計
所得税・増分	2億6,000万円	17億2,000万円	17億円	36億8,000万円
住民税・増分	2億3,000万円	12億6,000万円	5億2,000万円	20億1,000万円
国民健康保険料負担・増分	95億6,000万円	92億9,000万円	184億9,000万円	373億4,000万円
介護保険料負担・増分	23億1,000万円	21億8,000万円	253億2,000万円	298億1,000万円

②課税化に加えて，「寡婦・寡夫控除」，「寡婦・寡夫に関する住民税の特例」の廃止

	60歳未満	60歳以上65歳未満	65歳以上	合　計
所得税・増分	9億円	30億3,000万円	37億7,000万円	77億円
住民税・増分	27億3,000万円	105億3,000万円	139億6,000万円	272億2,000万円
国民健康保険料負担・増分	121億8,000万円	155億3,000万円	414億4,000万円	691億6,000万円
介護保険料負担・増分	28億1,000万円	33億9,000万円	440億円	502億円

図表７－７　遺族厚生年金課税化の試算

注１：試算を行った2008年には，後期高齢者医療制度の廃止が議論されていたため，65歳以上の者すべてが国民健康保険に加入すると仮定した。

注２：2007年の遺族厚生年金受給者数を厚生労働省データ（2001年）を用いて，60歳未満が54万人，60歳以上65歳未満が41万人，65歳以上が347万人に分割。

出典：下野・竹内（2011）の表５と表６。

一二五万円未満の場合は課税しない）の廃止、という寡婦・寡夫に対する優遇をなくした場合の試算も行った。その結果は図表７－７②にまとめられている。所得税の増加分は、遺族厚生年金の課税化に「寡婦控除」（二七万円）の廃止が加わるだけであるが、所得税収の増加分は、課税化だけの場合の三七億円から七七億円とほぼ二倍となる。二七万円のさほど大きくないたった一つの所得控除廃止でも、所得税収に与える効果は決して小さくないことを示している。

住民税の場合には、「寡婦・寡夫控除」だけでなく〝住民税における寡婦・寡夫に関する特例〟（寡婦・寡夫世帯に対し所得額一二五万円未満には課税しない）の廃止も加える。なお所得とは収入から各種の控除を差し引いたものであり、収入が一二五万円未満ではないことに注意して欲しい。住民税収の増加分は、課税化だけの場合の二〇億円から、なんと二

七二億円と大きく増加する。このように住民税の特例が存在することにより、住民税収が不当に低く抑えられている。地方自治体の財政が苦しいというならば、寡婦・寡夫という特定のグループを優遇する所得控除や特例の廃止を真剣に考えるべきであろう。

次に社会保険料への影響をみよう。遺族厚生年金を課税所得化し、「寡婦・寡夫控除」と寡婦・寡夫に関する住民税の特例を廃止した場合には、国民健康保険は六九〇億円、介護保険は五〇〇億円の増収となる。今後も高齢者は増加し、男性より女性の平均寿命が長いことを考慮すれば、遺族年金給付額も増加するであろう。老齢基礎年金よりも金額の多い遺族厚生年金を非課税扱いするのは、租税負担の公正に反するだけではなく、医療や介護の財源を縮小させることにもなり、財政学者として到底見過ごせない。

以上のように、遺族厚生年金を課税所得化し寡婦・寡夫に対する優遇を廃止することで、所得税・住民税は確実に増え（特に住民税）、社会保険収入は税以上の増収を期待できる。しかしこの増収はいわゆる「高齢者いじめ、特に寡婦いじめ」によって達成されたものではないことを強調しておきたい。遺族年金受給者は老齢年金受給者に比べて過剰に優遇されている。遺族年金のみの受給者は、遺族年金の給付額にかかわらず、収入ゼロとみなされるので、税金は当然なしで医療・介護保険の保険料も最低限の負担となるが、課税所得である老齢年金受給者は必ず年金額に応じて税金を課税され、医療・介護保険を支払うことになっている。これは明らかに不公正であろう。

遺族厚生年金（統合される前の遺族共済年金と遺族厚生年金）、遺族基礎年金などの遺族年金だけでなく、障害者年金、失業保険給付も同じである。最初から非課税扱いしないで、すべての収入を合計し課税するのが、公正な租税・社会保障負担を実現させることになる。もし遺族年金・障害年金・失業保険給付金を含めた収入が少なければ所得税は〝結果的に〟ゼロになるし、もし収入が多ければ課税される。これが公正というものではなかろうか。

安倍政権による非課税枠の拡大――非課税の住宅・教育贈与、株式投資の非課税制度

本書では財政再建、社会保障費の維持のための所得増税を主張し、その所得増税は課税ベースの拡大によるのがよいと述べてきた。しかし残念ながら安倍政権の税制改正の方向は、著者からみれば間違った方向に進んでいる。安倍政権は〝積極的財政政策〟として減税政策を継続するだけでなく、さらに非課税枠を拡大することにより課税ベースの縮小を加速化させている。課税ベースを縮小させれば、たとえ景気が回復したとしても所得税の増収が困難になることを理解しているのであろうか。

さて安倍内閣のもとで実施された非課税枠の拡大は、住宅購入に関する贈与の非課税枠の増額と教育・結婚に関する非課税の贈与枠の新設、少額投資非課税制度（NISA）の創設などである。まず二〇一六年度の贈与税は年間一一〇万円までが無税となっている。これに加えて、住宅資金の援助七〇〇万円、結婚・子育て資金一〇〇〇万円、教育資金一五〇〇万円、最大三二〇〇万円分の贈与の非課税枠が用意されている。結婚・子育て、教育資金のための贈与には、細かな条件も付けられているが、最大三二〇〇万円の贈与が非課税となるのは高資産者にとっては朗報である。さらに、株式投資に資金を向けるために二〇一四年に年一〇〇万円までの株式投資の収益が非課税となる制度NISAが創設され、二〇一六年には一二〇万円に拡大され、一九歳までの子供のためのジュニアNISA（年間八〇万円）も新設された。NISAは五年間使えるので、総額六〇〇万円が非課税枠となる。NISAの範囲で購入された株式の配当、売却益には課税されない。通常、配当所得や株式売却益には分離課税二〇％（現在は復興税率を加えて二〇・三一五％）が課せられるので、NISAやジュニアNISAを用いれば配当所得や譲渡所得への課税を避けることができる。政府

にとっては大きな税収減となる。GDPの二・三倍もの政府債務を抱える日本において、このような非課税枠の拡大・新設による課税ベースの縮小を伴う減税政策が実施されることは信じられないことである。著者は、課税ベースを縮小させるこのような非課税枠の拡大・新設には、財政学者として反対する。

さらに非課税の贈与枠の創設・拡大は、所得格差を拡大させるおろかな政策でもある。これらの非課税枠を最大限に活用できるのは誰であろうか。考えるまでもなく、高齢の高資産保有者である。六五歳以上の高齢世帯の金融資産の平均額は二〇〇〇万円程度であるが、金融資産の分布は所得分布以上に偏っており、大多数の高齢世帯は二〇〇〇万円未満の金融資産しか持たず、金融資産ゼロの世帯が三分の一を占める（所得、金融資産、実物資産に関する分布に関しては下野〔1991〕を参照）。金融資産を持たない（持てない）世帯が子供や孫に贈与の非課税枠を用いて、資金援助することはあり得ない。平均的な高齢者世帯が保有する金融資産は二〇〇〇万円なので、非課税の贈与枠三二〇〇万円全部を利用することは不可能である。贈与の非課税枠を最大限に活用できる世帯は、決して平均的な世帯ではない。このような特別に豊かな高資産者への税制優遇政策がほとんど何の議論もなく実行されていることに驚かざるを得ない。他の先進国ならば、高所得者、高資産者に対する税制上の優遇は大問題であり、世論の批判をあびてまず実施できない。日本では、なぜ問題にならないのであろうか。

また著者は、住宅、子育て、教育資金などの贈与枠の拡大・新設は、高所得・高資産家の世代間移転を活発にするインセンティブとなることに危惧を抱く。世代間の移転が大きくなれば、子供世代の所得不平等度はより大きくなる可能性がある。特に大学授業料が高額で家計負担となっている日本では、教育資金援助を受けた子供は、援助の受けられない子供よりも、平均的によい教育を受けることができ、より高い賃金を得ることができる。これらの非課税の贈与枠の拡大・新設による高資産・高所得者の資産移転の活発化が、世代を通じた所得格差の拡大を招く可能性が高い。富める者はますます富み、貧しい者はますます貧しくなるという日本社会でよいのであろうか。

安倍政権によって実施された住宅・子育て・教育などの贈与や株式投資に関する非課税枠の拡大は、課税ベースの縮小による税収減をもたらすだけでなく、高所得者・高資産者を優遇することで所得不平等度を拡大し、さらに世代間移転を通じて所得格差を拡大させる。著者はこのような非課税枠の拡大に対し強く反対する。

5　課税ベースの拡大による所得増税の試算

この節では所得控除の廃止・縮小により課税ベースが変化したときの所得税額を具体的に試算する。最初に、なぜ税収増を所得税に求めるのかをはっきりさせておこう。著者は第1章から、一貫して減税政策が所得税中心に実施されてきたので、増税も所得税で実施すべきであると主張してきた。そのことを再度データで確かめておこう。

図表7－8は、〝雇用者報酬に対する所得税収の比率〟と〝企業所得に対する法人税の比率〟を描いた。分母が雇用者報酬と企業所得（GDPベース）なので、もし税制に変更がなければ、景気の動向にかかわらず、それらの比率はほぼ一定で推移するはずである。図表7－8をみると、多少低下しているものの法人税収は企業所得の六～七％の間で安定的に推移しており、税制の大きな変化がなかったことを示している。一方所得税収は、二〇〇三年から二〇〇六年までの小泉政権下での財政再建にそって所得増税（課税最低限の引き下げ）を実施した時期を除いて、減税政策の影響で雇用者報酬に対する所得税の比率を下げている。一

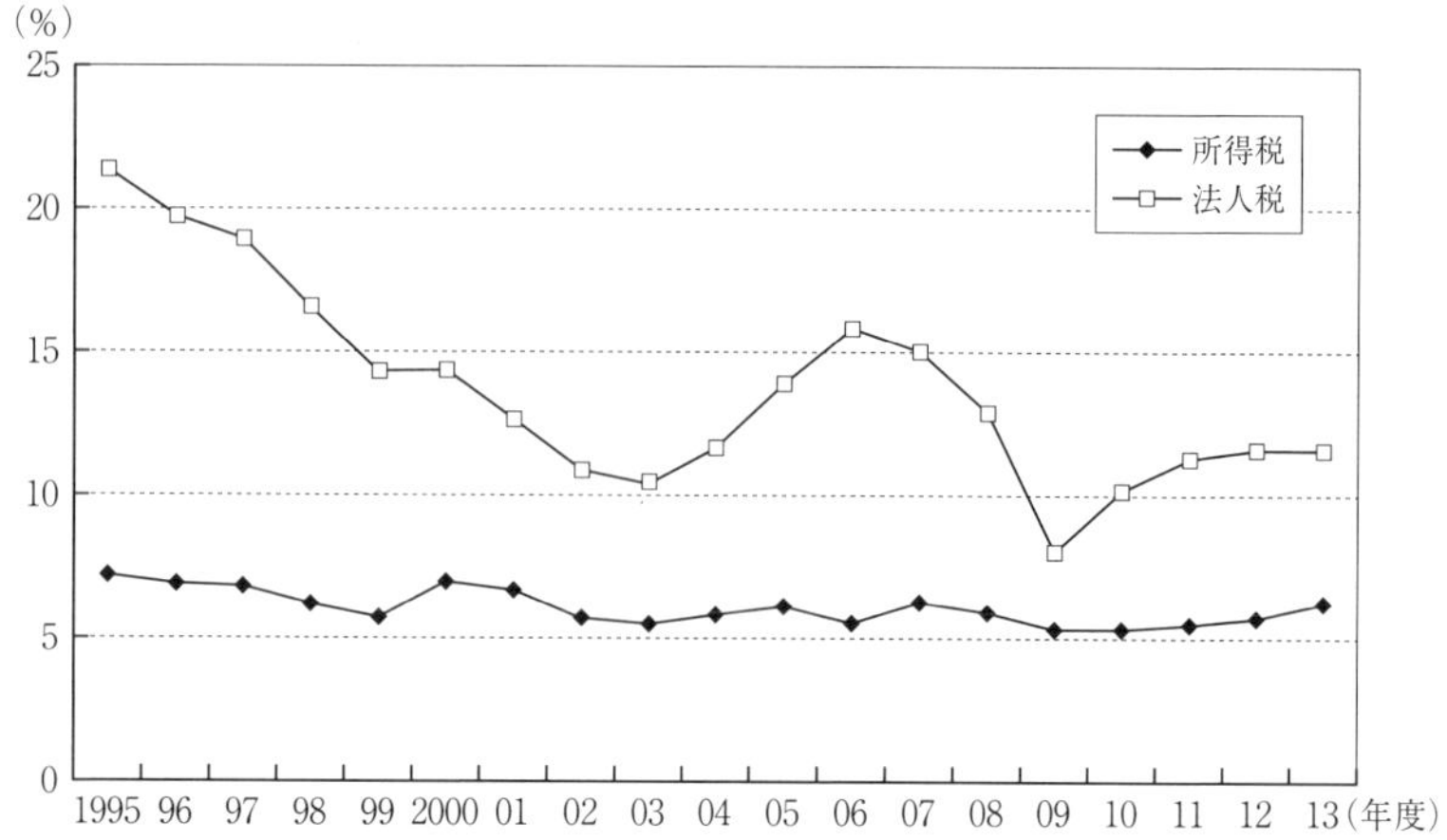

図表7-8　（所得税／雇用者報酬）比率，（法人税／企業所得）比率の推移

出典：著者が作成。

九九五年の二一%が二〇一三年には一一%へと大きく低下していることを確認できる。この図表をみれば、バブル崩壊以降の減税政策が所得税を中心に実施されたことを納得できるであろう。これが〝税収増は所得増税で〟という主張の背景にある事実である。

また所得増税が所得税の持つ再分配効果を引き上げることも、所得増税がもたらす望ましい点である。日本の経済成長の低迷は、低所得者の増加による所得不平等の拡大なので、税・社会保障を通じた再分配の強化は、適切な経済成長政策となる。

所得税収の増加のための方法は、課税ベースの拡大である。日本の所得税の課税ベースは年収七〇〇万円の標準世帯（専業主婦世帯で子供二人）で収入の四割、アメリカは七割、イギリスは九割である。課税ベースの拡大のためには、日本の所得税制に存在する二〇以上ある所得控除や特例などの廃止・縮小が必要となる。例えば、収入の六割まで課税ベースを拡大するためには、基礎控除以外の人的控除の廃止だけでは足らず、給与所得控除を縮小する必要がある。

なお図表7-8は、企業所得に対する法人税の比率が一貫して低いことも示している。所得税制の簡素化に続いて、法人税にも多数存在する控除や特例の廃止も考えていくべきであろう。

本章の3節、4節では所得控除や非課税所得、非課税枠を取り上げ、それぞれの問題点を述べた。これらは高所得者への優遇というだけでなく、所得税の課税ベースを大きく引き下げている。それゆえ所得税の課税ベースの拡大のためには所得控除の廃止・縮小だけでなく、非課税所得の縮小・廃止、非課税枠の廃止を実施する必要があり、それは同時に、日本の複雑きわまりない所得税制を〝公正〟で〝中立的〟で〝簡素〟な制度に変えることにもなる。単純で明解な納税者が理解できる所得税制度こそ、財政学者の求めるものである。

日本の所得税が持つ二〇以上もの所得控除や特例は、課税ベースを縮小させているだけではなく、特定グループの優遇することで公正な租税負担をゆがめていることを認識して欲しい。残してもよい控除は、給与所得控除（ただし現在より縮小する）に加えて、基礎控除（三八万円）、社会保険控除（ただし国民年金基金、小規模企業共済、四〇一Kなどの任意加入の準公的年金への保険料は除き、さらに上限を設ける）、扶養控除（一八歳未満の子供一人につき三八万円）だけと考える。女性の就業継続に中立的でない配偶者控除、配偶者特別控除、高齢者を優遇する公的年金等控除、特定扶養控除、寡婦・寡夫控除などは廃止すべきである。基礎控除以外の所得控除がほとんど存在しない簡素な所得税制度を持つイギリスでは年収七〇〇万円の標準世帯の課税ベースは九割なのに、日本はわずか収入の四割以下である。二〇以上もある所得控除や特例の廃止・縮小をすすめ、アメリカ並みの課税ベース七割を目標として、まず六割まで上げることができれば、所得税収は一気に増加する。それを示したのが、図表7‐9の著者による標準世帯を例にとった試算結果である。

図表7‐9の左半分は二〇一五年度の税制下での試算である。ⓐ欄では現行の所得税制のもとで所得税を

	ⓐ現行制度	ⓑ配偶者控除・特定扶養控除の廃止	ⓒ課税ベース６割給与所得控除の縮小	2006年の税制を適用：最低税率10%		
				ⓐのケース	ⓑのケース	ⓒのケース
収　入	700			700		
給与所得控除	190	190	134	190	190	134
社会保険控除	70	70	70	70	70	70
基礎控除	38	38	38	38	38	38
配偶者控除	38	廃止	廃止	38	廃止	廃止
扶養控除	38	38	38	38	38	38
特定扶養控除	63	廃止	廃止	63	廃止	廃止
所得控除の合計	437	336	280	437	336	280
課税対象所得	263	364	420	263	364	420
課税ベース	37.6%	52.0%	60.0%	37.6%	52.0%	60.0%
所得税	16.3万円	30.1万円	41.2万円	26.3万円	39.8万円	51.0万円
所得税／年収	2.3%	4.3%	5.9%	3.8%	5.7%	7.3%

2015年の税率

195万円まで	5%
195万円から330万円	10%
330万円から695万円	20%
695万円から900万円	23%
900万円から1,800万円	33%
1,800万円超	40%

1999年から2006年までの税率

330万円まで	10%
900万円まで	20%
1,800万円まで	30%
1,800万円超	37%

図表７－９　課税ベース拡大（所得控除の廃止等）の効果（年収700万円の標準世帯）

注１：標準世帯とは，夫が給与所得者，妻が専業主婦，中学生の子供と大学生の子供の２人からなる世帯。

注２：特定扶養控除とは，19歳から23歳未満の扶養親族に対する控除。

注３：単純化のため，復興特別所得税2.1％を課す前の数字にしている。

出典：著者による試算。

算出している。年収七〇〇万円の標準世帯（専業主婦、中学生と大学生の子供）の場合、各種所得控除により課税対象所得は二六三万円、年収の三八％である。その結果、復興特別所得税を課さない場合の所得税額は一六万三〇〇〇円で年収のわずか二・三％にすぎない。ⓑ欄では所得控除廃止のケースを扱っている。配偶者控除と特定扶養控除を廃止したとすれば、課税対象所得は三六四万円（年収の五二％）となり、所得税額は三〇万円にまで上昇する。さらにⓒ欄は、二つの所得控除の廃止に加えて、給与所得控除の縮小によって課税ベースを年収の六割まで上昇させた場合の試算結果である。年収の六割まで課税ベースを拡大すれば、所得税額は四一万円となり、現行の一六万三〇〇〇円の二・五倍の所得税収入となる。このように課税ベースの拡大は所得税収を大きく増加させる効果を持つ。二〇以上もある所得控除や特例の見直し（廃止・縮小）は、税収減に悩む中央政府、地方自治体にとって急務である。

さらに、図表7－9では、最低税率を引き上げた場合の効果も明らかにしている。二〇〇七年以降、所得税の最低税率は五％で維持されているが、所得税の最低税率が五％という国は他にない。最低税率一〇％が国際標準であり、日本も二〇〇七年の税制改正以前は最低税率は一〇％で固定されていた。そこで最低税率一〇％の二〇〇六年の税率をあてはめてみたものが、図表7－9の右半分である。簡単な試算であるが、最低税率の引き上げが、大きな増収効果を持つことが明らかにされる。例えば、現行の制度では所得税は一六万三〇〇〇円であるが、課税対象所得が同額であっても、最低税率一〇％の二〇〇六年の税率を適用すれば、所得税額は二六万円と、年間一〇万円の増収となる。もし所得控除や特例の廃止や縮小により課税ベースを六割に拡大させ、最低税率を一〇％に戻せば、その時の所得税は図表7－9の右半分のケースⓒに示されたように、現行の三・一倍の年間五一万円になる。それでも年収に占める割合は七・三％と一割にもならないのである。日本の所得税は本当に軽い。

仮に年収七〇〇万円で年間五〇万円の所得税を負担しても、それで社会保障制度の維持・拡充や大学授業料の大幅な引き下げで自分や子供の将来が見通せるようになり、さらに財政赤字の削減で財政破綻を避けられるのなら、未来への投資としては安いものではないだろうか。

なお、税収増のために最高税率の引き上げを主張する人も少なくないが、現実的なことを言えば、課税ベースの小さい日本での最高税率引き上げによる所得税収の増加は限定的である。課税対象所得が最高税率に達する納税者はごく少数である。課税対象所得（＝収入－各種の所得控除・特例）の平均は二五〇〇万円程度なのに、課税対象所得一八〇〇万円でようやく最高税率に達する。課税対象所得の一八〇〇万円は、年収三〇〇〇万円以上の高所得者である。最高税率に達するほどの高所得者は同時に高資産者でもあり、節税手段にも詳しく、海外への所得や資産の持ち出しによって課税対象所得を減少させることは容易であろう。著者は日本では最高税率の引き上げが有効な増税政策とはなり得ないと考える。

日本の高所得者にとって、最高税率の引き上げではなく分離課税制度の廃止の影響の方が大きく、所得税収の増加や租税の公正な負担の実現につながると、著者は考えている。高所得者は多額の利子・配当所得、株式や土地の譲渡所得を得ているが、これらの所得に対する課税は、所得税率とは関係なく、二〇％の定率の分離課税となっている。例えば、収入が一億円であっても、収入の大部分が利子・配当所得である資産家と給与所得者では、分離課税二〇％を利用できる資産家が有利である。利子・配当所得や土地・株式の譲渡所得の分離課税制度は、〝所得（＝収入－所得控除・特例）に応じた負担〟という公正な租税原則を大きく捻じ曲げている。将来の課題であるが、もし個人番号の活用により所得と資産の把握が正確にできるようになれば、給与所得、利子・配当所得、譲渡所得などを合算できるので、分離課税制度を廃止し、総所得に応じた課税を実現できる。分離課税の廃止は将来の課題であるが、いまは分離課税制度を存続させたままでは、所得に応じた公正な累進課税は不可能であることを心に留めておいていただきたい。

図表7－9にまとめられた簡単な試算の結果より、簡素で中立的で公正な課税負担を実現しながら増収を図るための方策として、所得控除・特例の廃止や縮小による課税ベースの拡大（現在の四割から六割を目指す）と最低税率五％を一〇％に戻すことを提案する。

参考文献

アトキンソン、A・B『不平等の経済学』（佐藤隆三・高川清明訳）、時潮社、一九八一年。

アトキンソン、A・B『21世紀の不平等』（山形浩生・森本正史訳）、東洋経済新報社、二〇一五年。

イースタリー、ウィリアム『エコノミスト南の貧困と闘う』（小浜裕久・織井啓介・冨田陽子訳）、東洋経済新報社、二〇〇三年。

石弘光『現代税制改革史――終戦からバブル崩壊まで』東洋経済新報社、二〇〇八年。

石弘光『消費税の政治経済学』日本経済新聞出版社、二〇〇九年。

石川経夫『所得と富』岩波書店、一九九一年。

石川経夫編『日本の所得と富の分配』東京大学出版会、一九九四年。

伊藤正直「戦後ハイパーインフレと中央銀行」『金融研究』三一巻一号、一八一～二二六頁、二〇一二年。

大竹文雄『日本の不平等――格差社会の幻想と未来』日本経済新聞社、二〇〇五年。

岡直樹「日本の所得税負担の実態――高額所得者を中心に」『フィナンシャル・レビュー』第118号、四七～七六頁、二〇一四年。

岡沢憲芙『スウェーデンの挑戦』岩波新書、一九九一年。

柿本重志・中西信介「日本経済の変遷と今後の成長率確保策としての支柱」『経済のプリズム』no.111、一三～三九頁、二〇一四年四月。

門倉貴史『ワーキングプア――いくら働いても報われない時代が来る』宝島社新書、二〇〇六年。

金子真理子「非正規教員の増加とその問題点――教育労働の特殊性と教員キャリアの視覚から」『日本労働研究雑誌』no.645、四二〜四五頁、二〇一四年。

川口章『ジェンダー経済格差』勁草書房、二〇〇八年。

河村小百合「そして預金は切り捨てられた――戦後日本の債務調整の悲惨な現実」*DIAMOND online*、二〇一三年八月一九日。

国枝繁樹「最適所得税理論と日本の所得税制」『租税研究』第六九〇号、六九〜八二頁、二〇〇七年。

財務省「日本の財政関係資料」財務省ホームページ、二〇一四年一〇月。

佐藤滋・古市将人『租税抵抗の財政学――信頼と合意に基づく社会へ』岩波書店、二〇一四年。

下野恵子・橘木俊詔「高齢者の就業行動――男女比較」『社会保障研究』vol.19、三九八〜四一三頁、一九八四年。

下野恵子『資産格差の経済分析』名古屋大学出版会、一九九一年。

下野恵子「資産としての住宅の需要と供給(1) 持家世帯と借家世帯」『住宅問題研究』vol.9、no.1、二〜一二頁、一九九三年。

下野恵子「資産としての住宅の需要と供給(2) 相続と住宅需要」『住宅問題研究』vol.9、no.2、二二〜三五頁、一九九三年。

下野恵子「資産としての住宅の需要と供給(3) 住宅需要形態の選択分析」『住宅問題研究』vol.9、no.3、二〜一二頁、一九九三年。

下野恵子「資産としての住宅の需要と供給(4) 大都市における宅地供給と住宅価格の決定」『住宅問題研究』vol.9、no.4、三五〜五〇頁、一九九四年。

下野恵子・松家真一「生涯収支からみた住宅ローンの金利水準」『住宅問題研究』vol.10、no.3、五四〜七八頁、一九九四年。

下野恵子「公的年金制度と個人年金の役割――オーストラリア、ニュージーランドの superannuation の研究」『オイコノミカ』第三三巻第一号、二五〜四六頁、一九九六年。

下野恵子『公的年金制度と租税制度の統合――中間報告』名古屋市立大学経済学部附属経済研究所、一九九七年。

下野恵子『公的年金制度と租税制度の統合――最終報告』名古屋市立大学経済学部附属経済研究所、一九九八年。

下野恵子・布施麻理香「課税最低限と給与所得の累進度」『オイコノミカ』第三四巻第三・四号、三九～四七頁、一九九八年。

下野恵子「バブル崩壊以前と以後の金融選択行動」村本孜編著『日本人の金融資産選択』一一三～一三六頁、一九九八年。

下野恵子・足立雄一「貯蓄性の準公的年金制度の問題点――小規模企業共済を中心として」『生命保険文献論集』第一二七号、一～二六頁、一九九九年。

下野恵子「高齢者の生活費用と資産管理リスク」橘木俊詔編著『ライフサイクルとリスク』東洋経済新報社、二〇〇一年。

下野恵子・大日康史・大津廣子『介護サービスの経済分析』東洋経済新報社、二〇〇三年。

下野恵子「ホームヘルパーの労働供給と雇用条件――介護労働者の人材確保」*ESP*（内閣府）、no.392、三一～三五頁、二〇〇四年一二月。

下野恵子「平成の『自主的』合併について――スウェーデンにおける地方自治体の『強制』合併と分離運動から考える」『会計検査研究』第三三号、一三七～一四七頁、二〇〇六年。

下野恵子・上山仁恵「資産選択における実物資産の位置づけ」『金融経済研究』第二六号、四一～六二頁、二〇〇八年。

下野恵子「介護サービスと人材確保」『家計経済研究』no.82、一三～二三頁、二〇〇九年。

下野恵子・前野貴生「PFI事業における経費節減効果の要因分析――計画時VFMと契約時VFMの比較」『会計検査研究』第四二号、四九～六二頁、二〇一〇年。

下野恵子・大津廣子『看護師の熟練形成――看護技術の向上を阻むものは何か』名古屋大学出版会、二〇一〇年。

下野恵子・竹内滋子「遺族厚生年金の課税化による税・社会保険料収入増の試算――非課税所得と租税・社会保障負担の公正性」『日本経済研究』第六五号、二三～四二頁、二〇一一年。

須田美矢子『リスクとの闘い――日銀政策委員会の10年を振り返る』日本経済新聞社、二〇一四年。

須藤時仁・野村容木康『日本経済の構造変化――長期停滞からなぜ抜け出せないのか』岩波書店、二〇一五年。

セン、A『不平等の経済理論』（杉山武彦訳）、日本経済新報社、一九七七年。

髙山憲之『不平等の経済分析』東洋経済新報社、一九八〇年。

田口さつき「賃金と物価下落」『農林金融』第五七巻第八号、一六～二二頁、二〇〇四年。

田近栄治・八塩裕之「税収の確保と格差の是正――給付付き税額控除の導入」土居丈朗編『日本の税をどう見直すか』日本経済新聞社、二〇一〇年。

橘木俊詔・下野恵子「内部収益率からみた厚生年金制度の所得分配効果」『日本労働協会雑誌』no.227、二～一四頁、一九八二年。

橘木俊詔・下野恵子「企業年金制度の分析と課題」『週刊社会保障』vol.38、一四～一七頁、一九八四年。

橘木俊詔・下野恵子「家計貯蓄と生命保険、公的年金」『生命保険文献論集』第八二巻、二三～五八頁、一九八八年。

橘木俊詔・下野恵子『個人貯蓄とライフサイクル』日本経済新聞社、一九九四年。

橘木俊詔『消費税15％による年金改革』東洋経済新報社、二〇〇五年。

橘木俊詔編『政府の大きさと社会保障制度――国民の受益・負担から見た分析と提言』東京大学出版会、二〇〇七年。

橘木俊詔『貧困大国ニッポンの課題』人文書院、二〇一五年。

富岡幸男『税金を払わない巨大企業』文春新書、二〇一四年。

内閣府政策統括官『個人所得税の課税ベースと税負担について』（政策効果分析レポートNo.15）、平成一四（二〇〇二）年一二月一六日。

中島将隆「なぜ赤字国債の無制限発行が可能となったか」『証券経済研究』第八一号、一七～三五頁、二〇一三年。

中本淳「所得税の課税ベースの日・米・欧国際比較」『フィナンシャル・レビュー』第一一八号、三一～四六頁、二〇一四年。

ピケティ、T『21世紀の資本』（山形浩生・守岡桜・森本正史訳）、みすず書房、二〇一四年。

藤井亮二「予算における国債費見積もりの課題」『専修大学社会科学年報』第四六号、一一五～一二二頁、二〇一二年。

古川章好・下野恵子「公共投資の集中・分散政策の選択」『日本経済研究』no.45、一～二三頁、二〇〇二年。

古川章好・下野恵子「公共投資の性質と最適人口規模」『応用地域学研究』no.13、八一～九二頁、二〇〇八年。

ヘドバーグ、ハーカン／ペテルソン、クリステル『福祉国家の悩み――流氷に乗ったスウェーデン』サイマル出版会、一九八一年。

村上雅子・浅野哲・下野恵子「所得税率構造の公平性」『国際基督教大学・社会科学ジャーナル』第31号(2)、一～二八頁、一九九二年。

藻谷浩介『デフレの正体――経済は「人口の波」で動く』角川ｏｎｅテーマ21新書、二〇一〇年。

森田長太郎『国債リスク――金利が上昇するとき』東洋経済新報社、二〇一四年。

森信茂樹・中本淳「わが国所得課税ベースの新推計」『フィナンシャル・レビュー』第一一二号、一〇三～一二二頁、二〇一二年。

森信茂樹『税で日本はよみがえる――成長を高める改革』日本経済新聞社、二〇一五年。

吉野直行・中野英夫「公共投資の地域配分と生産効果」『フィナンシャル・レビュー』第四一号、一六～二六頁、一九九六年。

吉野直行・中島隆信『公共投資の経済効果』日本評論社、一九九九年。

米村紀幸『スウェーデンの教訓――財政危機と福祉社会のゆくえ』ジェトロ業書、一九八四年。

ロールズ、J『公正としての正義』(田中成明編訳)、木鐸社、一九七九年。

「(特集)今そこにある危機上げ潮路線の死角」『エコノミスト』二〇一五年六月三〇日。

「(特集)北欧に学べ」『週刊ダイヤモンド』二〇一五年三月一四日号。

Amemiya, T., Saito, M. and Shimono, K., "A Study of Household Investment Patterns in Japan: An Application of Generalized Tobit Models", *Economic Studies Quarterly*, vol. 44, 13–29, 1993.

Barro, R. J., "Are Government Bonds Net Wealth?", *Journal of Political Economy*, vol. 82, 1095–1117, 1974.

Cingano, F., "Trends in Income Inequality and its Impact on Economics Growth", *OECD Social, Employment and Migration Working Paper*, no. 163, OECD Publishing, 2014.

Economist, on the cover, "Slicing the cake : The rights and wrongs of inequality", November 5th–11th, 1994.

Kaldor, N., "Alternative Theories of Distribution", *Review of Economic Studies*, vol. 23, 83–100, 1955.

Lazear, E. P. and Rosen, S., "Rank-Order Tounaments as Optimum Labor Contracts", *Journal of Political Economy*, vol. 89, 841–864, 1981.

Mirrlees, L., "An Explanation in the Theoty of Optimum Income Taxation", *Review of Economic Studies*, vol. 38, 175–208, 1971.

Moriguchi, C., "Top Wage Incomes in Japan : 1951–2005", *Journal of Japanese and International Economies*, vol. 24, 301–333, 2010.

Murakami, M., Asano, S. and Shimono, K., "Equity in the Income Tax Rate Structure – Mesurrment on the Income Elasticity of Marginal Utility and its Application", in Sato, R., Ramachandran, R. and Hori, H. eds., *Organization, Perpormance, and Equity : Perspectives on the Japanese Economy*, Kluwer Academic Press, 1996.

OECD, *Caring for Frail Elderly People : Policies in Evaluation*, OECD Publishers, 1996.

OECD, *Health and Long-term Care : A Health and Care System for All Ages? in OECD*, OECD 2000, OECD Publishers, 2000.

Persson, T. and Tabellini, G., "Is Inequality Harmful for Growth?", *American Economic Review*, vol. 84, 600–621, 1994.

Saez, E., Slemrod, J. and Giertz, S. H., "The Elasticity of Taxable Income with Respect to Marginal Tax Rates : A Critical Review", *Journal of Economic Literature*, vol. 50, 3–50, 2012.

Shimono, K. and Tachibanaki, T., "Lifetime Income and Public Pension : An Analysis for Redistribution Effect with a Two Period Analysis", *Journal of Public Economics*, vol. 26, 75-87, 1985.

Shimono, K., "The Relationship between Human Capital Investment and Bequest in Japan", *ANU Working papers in Economics and Econometrics*, no. 208, 1990.

Shimono. K, "Low Unemployment Rate and Female Labour Supply in Japan", in Schober, F. and Matsugi, T. eds., *Labor Market Issues in Japan and Germany*, Duncker & Humblot : Berlin, 1998.

Shimono, K. and Ishikawa, M., "Estimating the Size of Bequests in Japan : 1986-1994", *International Economic Journal*, vol. 16, no. 3, 1-22, 2002.

Shimono, K. and Otsuki, H., "The Distribution of Bequests in Japan : 1986-1994", *Journal of Japanese and International Economies*, vol. 20, 77-86, 2006.

Shimono, K., "Why It Is Important to have a Kind Daughter-in-Law in Japan : Long-term Care for the Elderly in Japan and Australia", *Economic Papers*, vol. 26, no. 3, 196-210, 2007.

Tachibanaki, T. and Shimono, K., "Saving and the Life-Cycle : A Cohort Analysis", *Journal of Public Economics*, vol. 31, 1-24, 1986.

あとがき

財政赤字の危険性は、財政破綻リスクだけではなく、真綿で首を絞めるように日本人の生活水準を低下させ続けていることにある。増税なしの財政赤字の拡大で、借金返済を除いた政府が自由に使える歳出は減少し、その結果、社会保障給付の縮小、教育費の削減、公務員の削減がすすんでいる。特に気になるのは、安倍政権が進める介護サービスの縮小により、成長産業であったはずの介護サービス産業が縮小していることである。政府はＩＴ産業を成長産業として期待しているが、ＩＴ産業の雇用吸収力は小さい。多くの女性が輝けるのは、専門職として働くことのできる介護サービス産業である。

ニュースでは多くの経済問題が取り上げられるがあまりに断片的である。私はこの本で一九九〇年以降の日本経済の変容を通じて、日本経済の全体像を提示することを試みたつもりである。統計データを用いてマクロでみた日本経済の現状、国際比較からみた日本の姿を明らかにし、財政・所得税制・社会保障制度・労働市場などの現状と問題点を論じた。日本はすでに製造業中心の輸出国ではなく、内需に依存するサービス産業中心の国になっているにもかかわらず、いまだに経済ニュースでは製造業・輸出企業の動向に注目が集まる。賃金の上がりにくい非正規労働者が就業者の四割を占める国になってしまったのは、政府の労働政策による誘導であり、自然な変化ではない。また一九九一年には共稼ぎ世帯数が専業主婦世帯数を上回ったのに、日本社会はいまだに女性を一人前の労働力とみなさず、政府は専業主婦世帯を標準世帯にしていることの矛盾を知って欲しい。

私は新潟産業大学、東京経済大学、名古屋市立大学に勤務し、「労働経済学」、「計量経済学」、「マクロ経済学」、「ミクロ経済学」、「統計学」、「経済統計」、「財政学」、「経済政策」、「社会保障論」など多くの科目の講義を行ってきた。幅広い科目を教えてきたことは、自分の研究分野を広げるきっかけにもなったし、経済を広い視野からみることを可能としたと思う。

また市民相手のセミナーや講演会も数多く行ってきたが、二〇一二年から二〇一三年にかけての三鷹市民大学と世田谷市民大学での長期の連続講義は特別な経験であり、この本を書く直接的なきっかけとなった。出席者は熱心で、質問も多く、個人的にはとても楽しかった。しかし出席者の大部分は経済のメカニズムを理解せず、日本経済の現状を知らず、税制、金融制度、労働市場、社会保障制度などの経済制度の知識を欠いていた。しかしよく考えれば当たり前である。経済学部の学生でさえ、マクロ経済学とミクロ経済学を学び、さらに日本経済論など日本経済の現状を説明する科目をとり、経済データの性質や見方などを学習するものは多くない。大学進学率は五〇％程度であり、高校ではマクロ経済の基礎理論を教えられず、日本の政治や経済の現状を体系的に教えられる機会もほとんどない。

私は経済学者なので、多くの経済分野の理論・実証研究の論文を読み、理論に基づいて日本の経済データを分析し、日本語・英語で数多くの専門論文や専門書を書いてきた。しかし上記の市民大学をきっかけとして、専門家だけを相手に議論していてはいけないと思うようになった。なぜならば、人は経済や政治と無関係に生きていくことはできないからである。もし今後も財政赤字が膨らみ続ければ、財政破綻により大多数の日本人の生活が破壊される。経済学者として、そのときに〝想定外〟と言い逃れることはできない。日本人全員にかかわる大きな危険が迫っていることを知らせる義務がある。それがこの本を書いた動機である。

大学で学生相手に講義をしているときには、いつも少しでも経済理論や経済の現状に興味を持って欲しいと思っていた。知識は力であり、社会に出る学生の身を守る手段となりうるからである。それは働く市民、引退した市民にとっても真実だと思う。

例えば、労働経済学は労働者の権利を教えてくれる。経営者は個別の労働者と話し合う義務はないが、労働組合の交渉の要求には応えなくてはならない。労働組合は交渉権や争議権を持ち、経営者に対し賃金や労働時間などの労働条件の改善を要求できる。高校の段階で、労働基本法を説明し、労働者の権利を教えるべきだと思う。例えば、マクロ経済学は長期的には成長率＝金利であることを教える。それゆえ、成長率よりも非常に高い金利を約束する企業に対しては詐欺を疑うべきである。例えば、ファイナンス理論は、株式市場は完全ではないので、常に株価が合理的に決定されているのではないことを教える。毎日の株価をみて、その動きを逐一解説することにはほとんど意味がない。重要なのは長期的な株価の動向である。つまり株で大金持ちになるには、ウォーレン・バフェットのように成長が見込める株式を安く買い、長く持ち続けるという長期投資戦略が有効である。デイ・トレーダーの収益は平均でマイナスになるという研究結果が多く出されていることを知って欲しい。

なお、この本では「所得増税」を強く求めている。日本では増税を言い出した政権は必ず選挙に負けており、所得増税は政治的に困難であるように思える。しかし決して不可能ではない。オーストラリアにジョン・ハワード（一九九六年三月一一日〜二〇〇七年一二月三日、自由党）という首相がいた。彼は一九九八年に長期的な財政収支の均衡のためには歳出削減ではなく、一〇％の消費税の導入が必要であると主張し（所得税は十分に高いので）、選挙を戦い勝った。私はちょうどその選挙運動期間中にオーストラリアにおり、ハワード首相が言葉を尽くして国民を説得し、増税に反対する労働党の財政政策の矛盾を明らかにしていく姿をみた。言い逃れをせず、人任せにせず、どんな批判を受けても逃げずに正面から答えていたのには、心から感服した。そしてハワード政権下で財政収支は黒字を継続し、次の政権にフリーハンドを与えたのである。

この本で明らかにしたように、今の日本には減税する財政的余裕はない。日本の抱える政府債務は一一〇〇兆円を超え、GDPの二・三倍にもなる。社会保障費、防衛費、公共事業費などの歳出削減で何とかできる水準ではない。社会保障制度を維持し、財政赤字を縮小するためには、所得増税が必要である。ハワード首相のように増税（消費増税ではなく所得増税であるが）の必要性を粘り強く国民に説得することのできる政治家、政党が、日本にも現れることを祈るばかりである。

なお、この本は私がこれまでマクロ経済学、財政学、金融経済学、労働経済学、社会保障など多くの分野で行ってきた研究成果を基にして書いているので、この本で示した参考文献の多くが著者のものである。特定のトピックに興味のある場合には、著者の論文や本書に示されている参考文献リストをみて欲しい。また、税・財政関係など日本国内で公表されるデータは年度データ（四月〜次年度の三月）が多く、OECDなど国際比較のためには暦年データ（一月〜一二月）を用いることが多いが、その差は大きくない。問題は長期動向である。

最後になるが、この本の出版に至るまで、多くの方に支えられてきた。まず、著者が二〇一〇年秋に海外研究から戻ったものの再就職がうまくいかず精神的に参っていたときに、研究や教育の場を紹介していただき、激励の言葉をかけていただいた、浅子和美教授（一橋大学）、村上雅子教授（元国際基督教大学）、チャールズ・ホリオカ教授（元大阪大学）、野田知彦教授（大阪府立大学）、村瀬英彰教授（学習院大学）、雨宮健教授（スタンフォード大学）には深く感謝する。さらに長い研究生活は内外の多くの研究者仲間に支えられてきた。海外の学会やセミナー報告では常に率直な疑問を表明する学者が多く、それがありがたかった。日本人の研究者でも率直な意見を述べてくれる友人は貴重である。

次に研究上の恩師を挙げて感謝したい。大学時代に経済理論・計量経済学の面白さを教えてくださったのは村松久良光教授（元南山大学）である。大学院生のときには、森口親司教授（元京都大学）に計量経済学・計量モデル、橋木俊詔教授（元京都大学）には共同研究の楽しさを教わった。どの先生も女性に対する偏見がなく、学生・大学院生相手でも対等に議論してくださったことは、研究者の卵として幸運であった。大学院の指導教官であった故上河泰男教授（元神戸商科大学、国際経済学）は一生涯研究に取り組まれ、研究の話をするときの楽しそうな姿が忘れられない。また名古屋大学経済学部助手のポストを与え研究者としてスタートするチャンスを与えてくださったのは、真継隆教授（元名古屋大学）である。

二〇一二年から二〇一三年にかけて世田谷市民大学、三鷹市民大学で著者の講座に参加していただいた市民の皆さんとの活発な意見交換の経験はこの本に活かされている。率直な意見には考えさせられることも多かったし、説得することの難しさも知った。大学や大学院の授業に出席してくれた学生や院生の疑問や質問には改めて考えさせられることも多かったし、説明のしかたを工夫することで彼らの理解が進んだときの喜びは教員だけのものである。講演会・セミナー・講座や授業に参加してくれた市民の皆さん、学生・院生の皆さんにも感謝する。

ミネルヴァ書房が出版を引き受けてくれたのは私の幸運であったが、編集者の堀川健太郎氏にはずいぶん苦労をかけたと思う。深く感謝する。

二〇一六年一一月

下野恵子

索　引

（＊は人名）

あ　行

か　行

さ　行

た　行

な　行

は　行

ま　行

や・ら・わ行

《著者紹介》

下野恵子（しもの・けいこ）

岐阜県に生まれる。

名古屋大学経済学部卒業。経済学博士（神戸商科大学，現兵庫県立大学）。

名古屋大学経済学部助手，新潟産業大学経済学部講師・助教授，東京経済大学経済学部助教授，名古屋市立大学大学院付属経済研究所教授・所長などを歴任。

この間，オーストラリア国立大学，ニューサウスウェルズ大学，マッセイ大学，オックスフォード大学などに客員研究員，客員教授として研究滞在。

現　在　大阪大学社会経済研究所招へい教授・法政大学大原社会問題研究所客員研究員。

著　書　『資産格差の経済分析』名古屋大学出版会，1991年。
『個人貯蓄とライフサイクル』（橘木俊詔氏との共著）日本経済新聞社，1994年，日経・経済図書文化賞。
『介護サービスの経済分析』（大日康史・大津廣子氏との共著）東洋経済新報社，2003年。
『看護師の熟練形成』（大津廣子氏との共著）名古屋大学出版会，2010年，など。

「所得増税」の経済分析
――日本における財政再建と格差縮小――

2017年2月20日　初版第1刷発行　〈検印省略〉

定価はカバーに
表示しています

著　者　下 野 恵 子
発行者　杉 田 啓 三
印刷者　坂 本 喜 杏

発行所　株式会社　ミネルヴァ書房
〒607-8494　京都市山科区日ノ岡堤谷町1
電話代表　(075)581-5191
振替口座　01020-0-8076

冨山房インターナショナル・新生製本

ISBN 978-4-623-07916-2
Printed in Japan